소경섭 지음

청소년

#비행의_늪 #비행의_공식 #비행의_저주

비행 의

모든 것

청소년 비행 에 대한 새로운 패러다임

청소년들의 비행화 과정을 사실적으로 담은 세상에 없던 책!

하움

청소년 비행의 모든 것

1판 1쇄 발행 2024년 8월 17일

지은이 소경섭

교정 신선미 편집 이새희
마케팅·지원 김혜지

펴낸곳 (주)하움출판사 펴낸이 문현광

이메일 haum1000@naver.com 홈페이지 haum.kr
블로그 blog.naver.com/haum1000 인스타 @haum1007

ISBN 979-11-6440-660-9(03180)

말은 인격이고 가치이며

표정은 힘이고 행동은 영향력이다

蘇鏡燮
소경섭

비행청소년의 새로운 패러다임

청소년 비행의 모든 것

#비행의_늪 #비행의_공식 #비행의_저주

막다른 길에 선 그들의 실상

개인의 결핍과 가정의 잘못된 훈육으로 시작된 청소년 비행은

그들만의 세상에서의 준거집단 속 이중생활로 강화되어 뿌리내리게 되고

일관된 비행화 과정에서 형성된 그릇된 삶의 기준으로 인해 삶이 악순환으로 몰린다.

저자 서문

　비행청소년을 지도하고 올바른 길로 인도하기 위한 다양한 교육과 프로그램은 오래전부터 존재해 왔다. 수많은 전문가를 비롯하여 학교 현장에서 학생 지도와 교육에 여념 없으신 교사, 자녀의 일탈 행동으로 노심초사하는 나날을 보내는 부모 모두가 그들을 지도하기 위해 노력하고 애써 왔다. 하지만, 핵가족화와 저출생의 영향으로 청소년 인구는 감소하고 있음에도 우리 사회에서의 품행과 청소년 비행 관련 문제는 줄어들지 않았다. 각계각층에서 다각적인 노력을 기울였음에도 청소년 범죄는 나날이 심각해지고 있으며 큰 사회적 문제로 대두되고 있는 실정이다. 가정과 학교, 사회의 많은 노력에도 불구하고 이러한 문제를 해결하지 못한 이유는 무엇일까?

　산에 불이 난 것을 '산불'이라 한다. 산불이 나게 되면 우선적으로 진화 鎭火 작업부터 해야 한다. 골든타임을 놓쳐 산불 진화가 더뎌지면 많은 자원을 잃게 되고 원상태로 되돌리는 데도 많은 자원과 시간, 노력이 필요해진다. 저자는 '비행'을 '산불'에 비유하여 설명한다. 산불과 비행 모두에서 가장 중요한 것은 단언컨대 '예방'과 '조기 진화'일 것이다. 청소년 비행이 가속화되고 심화될수록 가정과 일상은 완전히 붕괴되고, 청소년의 건강한 성장과 발달은 저해된다. 이러한 방황의 시간이 길어질수록 그들의 건강한 자원과 성장의 기회는 줄어들게 되고, 시간의 흐름 앞에 무너진 삶을 되돌리기엔 더더욱 많은 노력과 자원이 필요해진다. 산불이 나면 우선 불부터 끄는 것이 중요함에도 불구하고 우리는 비행청소년이 지른 엄청난 위력의 불을 우선 진화하려고 노력하기는커녕, 그들에게 "왜 불을 지른 거니 어쩌다 그런 행동을 하게 되었니?", "그때 너의 마음은 어땠어?"와 같이 그들의 공감을 이끌어 내지 못하는 방법으로 겉도는 지도를 해 왔다. 그 결과 비행의 산불은 멈추지 못하였고 가속화되어 더욱 많은 자원을 잃게 되었으며 더 크게 번지게 되었다. 이와 같은 위기 상황에서는 비행청소년들을 정확하게 이해하고 그들의 눈높이와 관점에서 현 상황을 파악하여 그들이 변화의 골든타임을 놓치지 않도록 위험 행동을 일단 멈추게 하는 것이 무엇보다 중요하다. 이를 위해 비행청소년의 세상과 삶에 대해 보다 자세하고 분명하게 이해하고자 노력을 기울여야 한다.

청소년 비행 非行 은 잘 알려지지 않은 음지 陰地 의 영역에서 이루어진다. 이것은 청소년들의 세상 내에서 발생하며 사회 통념상 해서는 안 될 바람직하지 않은 그릇된 일들이기에 보이지 않게 은밀하게 진행된다. 많은 부분들이 은폐되어 있기에 우리 사회가 이를 해결하고 예방하기 위한 다양한 노력을 기울였음에도 불구하고, 그 노력이 겉돌며 비행청소년들에게 제대로 스며들지 못했다고 생각한다.

비행은 곰팡이처럼 퍼지고 전염된다. 저자는 본서 本書 가 우리 사회에서 청소년들의 비행을 음지의 영역에서 양지 陽地 의 영역으로 끌어올리는 중요한 교두보 橋頭堡 와 견인 牽引 의 역할을 하게 될 것이라 생각한다. 그간 명확히 알려지지 않았던 청소년의 비행의 원인과 경로, 문화, 현황과 실상, 심리적 기제, 핵심 요인, 개입 방법들을 모두 담아 집대성 集大成 한 본서는 청소년 비행의 패러다임 paradigm 을 전환시키며 지금까지와는 다른 방식으로 이해할 수 있게 하는 전환점이 될 것이다.

이 책은 저자가 오랜 기간 학교, 교육지원청, 청소년상담센터, 사회복지기관, 경찰서, 보호관찰소, 소년원 등 다양한 청소년 관련 기관에서 8,000여 명의 문제 행동을 보이는 청소년들을 지도하며 발견한 비행화 과정을 사실적으로 담은 책이며, 저자의 경험을 바탕으로 스토리텔링 storytelling 하여 기술한 비행청소년 백서와 같은 책이다. 본 책에서는 [비행의 늪: 그들만의 세상]이라는 주제로 초기 청소년의 성장 과정에서 비행이 시작되는 전형적인 경로를 밝히며, [비행의 공식: 가치 없는 초가집]이라는 주제로 비행청소년이 보이는 일관된 비행화 과정을 도식으로 정형화하여 설명한다. [비행의 저주: 그릇된 삶의 기준]이라는 주제는 비행의 결과로 나타나는 후기 청소년의 심리적 기제와 실상, 그리고 지도와 개입 방법에 대해 논한다.

'청소년 비행의 모든 것'을 정리한 이 책은 아동과 청소년의 건강한 성장과 발달에 관심 있는 독자들은 물론, 사랑하는 자녀가 사춘기에 접어들면서 나타나는 갑작스러운 변화와 이상 행동에 당황하고 큰 충격을 받아 어떻게 도와줄지 고민하는 부모, 학생들의 지도에 온 마음을 쏟았으나 그 노력과 마음이 회의감으로 남은 교사, 적절한 교육과 지도를 받지 못해 방황하며 되돌릴 수 있는 타이밍을 놓친 상처받은 아이들, 한때 비행청소년이었으나 이제는 성장하여 자신의 삶을 되돌아보고자 하는 성인, 비행청소년들에게 효과적으로 접근하고 도움을 주고자 하는 각계각층의 전문가들이 청소년 비행을 전반적으로 이해하고 적절한 개입 방법을 모색하는 데 있어 나침반과 같은 안내자의 역할을 할 것으로 기대한다.

이 책의 집필 과정에서 감사의 마음을 전할 많은 분들이 떠올랐다. 먼저 부족한 저자에게 심리학의 세계를 펼쳐 보여 주시고, 청소년 외현화 문제의 전문가가 될 수 있도록 많은 가르침을 주신 경북대학교 심리학과의 장문선 교수님께 깊은 감사의 마음을 전한다. 아울러, 항상 곁에서 삶의 순간순간 지혜로 가득 찬 조언을 해 주시며 아버지처럼 따뜻하게 격려해 주시는 경북대학교 심리학과의 명예 교수이신 곽호완 교수님께도 감사와 존경의 마음을 꼭 전하고 싶다. 또한 저자의 성장을 응원하며 늘 에너지를 북돋아 주시는 육군3사관학교 심리학과의 송경재 교수님께도 항상 감사한 마음이다. 이 책을 저술하면서 함께 고민해 준 마인드플러스 심리상담센터 부설 청소년 비행 연구소의 조해성 연구원을 비롯한 경북대학교 심리학과 임상심리연구실의 대학원 선후배들에게도 그간 감사하고 힘이 되었다고 전하고 싶다. 끝으로 그간 수많은 지역사회 기관의 강의와 슈퍼비전 장면에서 저자와 함께하며 책의 출간을 기다린다며 응원해 주신 모든 분이 떠오른다. 그분들께 이 책을 전해 드리고 싶고 또 함께할 미래를 기대해 본다.

자랑스러운 대한민국의 미래 우리 청소년들의 건강한 성장과 발달을 위해 각자의 자리에서 최선을 다하시는 모든 분께 사랑과 존경의 마음을 표하며, 『청소년 비행의 모든 것』이라는 이 책이 우리 사회를 더욱 건강하게 만드는 데 조금이나마 작은 도움이 되길 진심으로 바란다.

「청소년 비행의 모든 것」

저자

비행의 늪
[그들만의 세상]

공통적으로 시작되는 문제

비행의 공식
[가치 없는 초가집]

공통적으로 나타내는 문제

비행의 저주
[그릇된 삶의 기준]

공통적으로 보여지는 문제

책 사용 설명서

유의사항

● 이 책은 저자가 오랜 기간 수천 명의 비행청소년을 지도하고 연구한 **경험을 바탕으로 청소년의 비행 과정을 사실적으로 담아낸 종합 보고서와 같은 책입니다.**

● **비행의 늪 [그들만의 세상]**은 청소년의 성장 과정을 중심으로 초기 청소년기 비행이 시작되는 전형적인 경로를 밝힙니다. **비행의 공식 [가치 없는 초가집]**은 비행청소년이 보이는 일관된 비행화 과정을 정형화하여 설명합니다. 마지막으로 **비행의 저주 [그릇된 삶의 기준]**은 비행의 결과로 나타나는 후기 청소년의 심리적 기제와 실상, 그리고 지도 방법에 대해 논합니다.

● 다양한 영역에서 활동하시는 각계각층의 전문가를 비롯하여 부모와 교사 등 많은 사람이 쉽게 이해할 수 있도록 가급적 전문용어를 배제하고 일상의 관점으로 최대한 쉽고 재미있게 이해하실 수 있도록 **스토리텔링** storytelling 으로 기술하였습니다. 책을 읽으시면서 그림을 그리듯 이해하신다면 큰 도움이 되리라 생각합니다.

● 책의 내용에는 청소년이 실제 사용하는 용어를 담기도 하였으며, **사실에 근거한 비행화 과정을 적나라하게 기술**하고자 하였습니다. 따라서 청소년들이 사용하는 비속어가 책에 일부 등장함에 책의 일부 표현에 양해 부탁드립니다.

● 본 책은 **저자의 경험에 의한 주관적 입장이 개입**되어 있으며, 특정 기관이나 대상을 비난하려는 의도는 전혀 없습니다. 저자의 시각과 관점이 청소년의 비행을 폭넓게 이해하고, 이로 인한 심각한 현실의 사회적 문제 해결에 작은 도움이 되길 바라는 애절한 마음으로 기술되었음을 너그럽게 이해해 주시길 바랍니다.

미성년자의의 연애 · 자연기 풍속 · 테라스커페 · 내가 풍속 · 스크린골프 · 사행 놀이시설 배달 · 조직폭력 · 현재

자치 없는 초가집

전통결혼도 · 단구 · 불멍 · 홈트 · 마음 · 특별한의식 · 보여지는 삶 · 과시 · 부정적 정서 · 춘재감

노래방 · PC방 · 스크린야구 · 매를 미움 · 우월감 · 증폭환 · 이기적인 생각 · 대처능력 결여

비행청소년 · 부족한된삶 자가능력 · 편협한생각 · 양가 감정 · 검정고시 · 괴리감

행복한미래 · 정서 조절 · 기회비용 · 미래 고민

비행의 대물림 · 행동 수정 · 그릇된 삶의 기준 진로

마성독한 방어기제 · 막연한 기대와 논리 풍행 문제의 정당화 · 모델링

굶힐 결심 · 막다른 길 · 사회적 지지

비행청소년들의 이길길 마음의 성장 · 굶바를 가지판

비행의 지구

청소년의 성장과 발달

학교 및 사이버 폭력

급식 교육

가정환경

위클래스

심리검사　청소년병원

정신건강의학과

사춘기

상담

약물 남용　외현적 부적응

지각 조퇴 결석　이중 생활　학교 밖 청소년

교사와의 갈등　교권 침해

비행의 늪

그들만의 세상

무질서　상담 내성

존거진단　무법자

외모 집착

몸의 성장

우월한 신체　무리 지음

학생부장　생활부장

생활교육위원회　생활 지도　특별 교육

운동 선수

계부 중무의 운동

늦은 귀가

비행의 늪

[그들만의 세상]

빠져나올 수 없는 늪 : 외현화 문제의 시작

청소년의 성장과 발달
[1] 주도적이고 싶으나 주도적이지 못한 시기
[2] 내현적 부적응과 외현적 부적응

공통적으로 시작되는 문제

1 가정생활 불화 및 부모와의 갈등

2 학업 동기의 급속한 저하와 성적 하락

3 늦은 귀가와 투명하지 못한 생활

4 학교생활 부적응 및 등교 거부, 지각, 조퇴, 결석

5 교권 침해, 학교폭력 등 생활교육위원회 회부

청소년의 성장과 발달

　모든 아이는 청소년이 된다. 초등학교를 졸업하고 중학생이 된 청소년들은 사춘기를 맞이하며 몸과 마음에 큰 변화를 경험하게 된다. 아이에서 어른으로 성장하는 과정에서 청소년들은 극심한 변화를 경험하며 혼란을 느낄 수 있다. 이러한 청소년 시기의 과도기는 도전과 성장의 기회가 되기도 하지만 혼란과 불안 속 위기로 다가오기도 한다. 청소년기의 '결정적 시기'를 얼마나 건강하게 보내느냐에 따라 건강한 성인으로 도약하기 위한 개인의 자원이 달라지며 인생의 시작점과 노선도 달라진다.

　청소년이 성장 과정을 건강하게 보낸다면 올바른 가치관을 확립하고 자신의 정체성을 형성할 수 있다. 이를 통해 청소년들은 자신의 잠재력을 최대한 발휘하여 앞으로의 삶에서 자아실현의 초석을 다질 수 있다. 반면 건강한 성장 과정을 보내지 못한 청소년들은 위기 상황에 노출되며 그릇된 가치관을 삶의 기준으로 형성하게 되고, 자신의 초기 정체성을 확립하는 데 어려움을 겪게 된다. 이로 인해 이들은 삶의 악순환에 빠지게 되고 자신의 잠재력을 발휘하지 못한 채 공허한 삶 속에서 허황된 미래를 꿈꾸며 방황하게 된다.

　건강한 청소년으로 성장하기 위해서는 청소년들에게 적절한 지원과 성장을 도모하기 위한 노력이 필요하다. 이를 위해 그들의 성장과 발달을 깊이 이해하는 것은 매우 중요하다.

1 주도적이고 싶으나 주도적이지 못한 시기

청소년기는 주도적이고 싶지만 주도적이지 못하는 모순된 혼란의 시기다. 청소년기의 발달을 정확히 이해하려면 청소년 이전의 발달 과정을 함께 살펴보는 것이 좋다. 청소년기는 '제2의 분리-개별화 시기'로, '내가, 안 해, 싫어'를 반복하던 어린 시절의 주도권을 다시 찾으려는 시기라고 볼 수 있다.

첫 번째 분리-개별화 시기는 프로이드 Freud 이론에서 항문기에 해당한다. 구강기에는 아무것도 혼자 할 수 없어 전적으로 부모에게 의존하지만, 근육이 발달하는 항문기에는 누워 있던 아이가 걷고 뛰기 시작한다. 이 시기는 부모에게 전적으로 의존하던 시기를 지나 모든 것을 스스로 하려는 시기이며 운동 발달과 함께 언어 발달도 나타난다. 이러한 신체적 활동은 삶의 반경을 넓히고 넓어진 삶의 영역에서 새로운 조망을 가능하게 한다. 이 시기의 아동은 표현하지 못했던 것을 언어로 표현하기 시작하며 자신의 독립성을 주장하고 부모의 의존에서 벗어나고자 노력한다. 자신의 감정을 언어로 표현하고 '싫어!', '안 해!', '내가!'를 외치며 부모로부터 독립하여 자신만의 주체성을 확립하려고 애쓴다. 가족들이 식탁을 옮길 때도 '내가', 마트에서 카트를 끌 때도 '내가!', 엄마가 무거운 짐을 들 때도 '내가'를 외치며 모든 것을 자신이 하려 한다. 때로는 스스로 할 수 있는 것이 별로 없음에도 불구하고 '싫어'를 남발하며 도움을 거부하고 스스로 하려 떼쓰는 모습을 보인다. 이때 우리는 너그러운 마음으로 이해하고 아동이 다치지 않게 배려하며 아동의 욕구를 충족시켜 준다. 그러나 몸의 성장이 이루어지지 않아 자신의 뜻대로 일이 풀리지 않게 되고 이러한 실패와 좌절은 자존감에 상처로 다가오기도 한다. 하지만 부모의 따뜻한 훈육과 보살핌 속에서 아이는 이러한 좌절을 건강하게 극복하며 성장해 나간다.

어린 시절 부모와 힘겨루기를 통해 주도성과 독립성, 자율성을 주장했던 시기가 청소년기에 다시 도래하는데, 이 시기 바로 사춘기이다. 이 시기는 이전의 분리-개별화 시기와 마찬가지로 한편으로는 독립하여 분리하고 싶으면서도 다른 한편으로는 의존하고 싶고, 의존해야 하는 '양가적인 시기'이다. 사춘기 아이들은 엄마에게 '아무것도 간섭하지 말라'며 '스스로 알아서 하겠다'고 큰소리를 친 지 5분도 채 되지 않아 '양말이 어디 있냐'고 투정을 부린다. 에릭슨 Erikson 은 2~3세의 분리-개별화 시기가 자율성과 수치심의 위기가 공존하는 시기이며, 4~5세가 주도성의 절정을 이루는 시기라 설명하였는데, 이러한 상황이 청소년 시기 그대로 반복되는 것이다.

청소년기 발달 과정에서 나타나는 제2의 분리-개별화 단계는 어린 시절과는 확연히 다르다. 이러한 차이의 근원은 성인과 유사해지는 신체적 성장, 즉 '몸의 성장'이다. 아무것도 할 수 없었던 어린 시절과는 달리, 엄마 없이 마음껏 돌아다닐 수 있는 신체적 힘이 생겨 버린 것이다. 몸의 성장으로 실질적인 힘과 에너지가 주어짐에 따라 삶의 영역이 크게 확장되며 자신이 어른이 된 것으로 착각하게 만든다. 이 시기의 청소년들은 자신이 어른이 되었다고 생각하며 부모와 교사처럼 자신에게 간섭하고 영향을 미치는 사람들이 싫어지고, 그들에게서 벗어나 스스로 자신의 영역을 만들고 그 안에서 뿌리를 내리려 한다.

제2의 분리-개별화 시기인 청소년기는 혼란스러운 성장 과도기이다. 어른으로 인정받지도, 아동으로 대접받지도 못하는 이도 저도 아닌 역할에 혼미한 혼란스러운 시기이다. 주변 어른들은 신체적 성장에만 관심을 두고 청소년을 이미 다 큰 사람으로 생각하며 평가하기도 한다. "너도 이제 다 컸는데, 앞으로 뭐 해서 먹고살래? 꿈이 뭐니? 너도 무슨 생각이나 계획이 있을 것 아니야?"와 같이 성인의 삶에 초점을 맞추면서도, 여전히 청소년을 통제하고 어린아이처럼 보는 시각도 함께 존재한다. 청소년이 친구와 여행을 가도 되냐고 물으면, "청소년이 무슨 친구들이랑 여행을 가니? 애들끼리 말이야 안 돼!"와 같은 어린아이로 바라보는 시각이 혼재되는 시기이다. 청소년들은 평소에는 아이 취급을 받다가, 자신이 불리한 상황에서만 어른 대접을 받는 것에 불만을 느낀다. 어른들은 종종 그들이 생각이 없다고 치부하기도 하는데, 이는 청소년들이 어른들에게 충분히 공감받지 못한다고 느끼게 만든다.

이러한 사춘기 시기의 역할에 대한 혼란으로 인해 청소년들은 불편함을 느끼고 부모의 통제를 거부하며 자신의 정체성에 대해 더 깊이 고민하게 된다. 자신의 꿈과 미래의 비전을 이야기하기에는 너무 어렵고 추상적인 내용들이며, 친구들과 좋은 추억을 만들기 위해 여행을 가겠다는 말에 전적으로 반대하고 제지하는 부모의 통제는 무엇보다 싫고 답답하며 짜증스럽다. 부모가 자신의 마음을 이해해 주지 못한다고 생각하여 더욱 자신들만의 세상을 갈망하고 또래 친구들과 어울리며 자신들만의 영역을 굳건하게 만들고자 노력한다.

청소년들은 주류 문화가 아닌 자신들끼리의 비주류 문화를 형성하고 자신들만의 특별한 문화이자 어른들이 알 수 없는 자신들의 유행, 은어, 속어, 문화를 만들어 간다. 이러한 과도기 시기에 몸의 성장에 따른 힘을 가진 청소년이 자신들의 삶의 기준을 공유하며 독립성과 자율성을 공감하며 나눌 수 있는 또래 청소년으로 구성된 '준거집단'을 만들게 된다. 준거집단은 청소년들에게 삶의 기준이 되며, '우리들만의 세계'라는 생각을 더욱 강화시켜 준다. 분리-개별화 시기에 부모와 교사로 형성된 초기 참조집단은 청소년기의 제2의 분리-개별화 시기가 도래하면서 분리되기 시작한다. 이 시기에 청소년들은 부모와 교사, 어른들이 아닌 또래 친구들과 또래들만의 준거집단을 형성한다. 청소년기에는 친구가 전부인 시기로 친구를 목숨보다 중요하게 생각하며, 그 거점 據點이 준거집단이 된다. 이 시기의 청소년들은 친구와 주변 또래 관계를 끊임없이 모델링하며, 친구와 자신을 비교하고 함께 어울리려 노력한다. 자신이 소속된 준거집단에서 어떤 역할을 하고 어떤 소속감을 가지고 있으며 얼마나 의미 있는 사람인지를 통해 자기개념을 만들어가며 자신의 정체성을 형성해 나간다. 청소년 시기의 가장 중요한 핵심 발달 과업은 '정체감의 형성'이며, 이는 자연스러운 청소년의 발달 과정이다. 이 시기에는 '나는 어떤 사람이고, 과거에는 어떤 사람이었으며, 미래에는 어떤 사람으로 살아갈 것인가?'와 같은 고민을 반복하며 스스로에 대한 정체감을 형성해 나간다. 모든 정체성이 청소년기에 형성되고 완성되는 것은 아니지만, 초기 정체성을 형성하는 데 있어 가장 중요한 시기이다. 청소년의 정체감과 삶의 기준을 형성하는 데 핵심적인 역할을 하는 준거집단이 '어떤 영역에서 어떻게 형성되는가'를 이해하는 것은 대단히 중요하다. 이는 '외현적 부적응'의 시작에 결정적 요소가 되기 때문이다.

내현적 부적응과 외현적 부적응

일반적으로 아동과 청소년은 학생의 신분과 역할을 다한다. 학생이라 함은 학교에 소속되어 학교에 다니면서 교육을 받는 사람을 뜻한다. 청소년의 건강한 학교생활은 적응적인 생활이라 표현할 수 있다. 학교에서의 규율과 규칙을 지키며 또래 친구들과 원만한 관계를 맺고 교사의 지도 아래 작은 사회를 배워 나간다.

현재 우리나라는 초등학교와 중학교가 의무 교육이며, 아동들은 인생의 첫 학교인 초등학교에 100% 진학을 하게 된다. 초등학교에서는 학업은 물론 생활에 대한 많은 부분을 교사로부터 배우게 된다. 학교에 잘 적응하게 된다면 교사가 해 주는 다양한 가르침을 열심히 배우게 되고 학업 성적도 좋을 수밖에 없다. 공부를 잘한다고 적응을 잘했다고 볼 수는 없지만, 학생의 본분을 다한다면 공부를 잘하는 것이 매우 중요하다. 학교에서의 대부분의 시간은 수업을 위한 시간이고 수업 시간에 교사의 가르침대로만 한다 하더라도 초등학교는 만점이 나온다. 의무 교육인 중학교로의 진학은 인근 지역의 학교로 배정되며, 학생들은 초등학교에서 배웠던 것들을 기반으로 상급 학교에서 수준이 향상된 학업을 수행하고 학교생활을 해 나간다.

초등학교와는 달리 중학교에서는 고등학교 입시를 위해 삶에 있어 첫 번째 TEST, 인생 과제를 경험하게 되는데 그것이 바로 '내신'이다. 중학생들은 학교에 다니는 동안 '얼마나 성실하게 학교에 다녔는가?'를 비롯하여 '시험 성적, 수행평가, 과제, 출석률, 봉사활동, 교칙 준수 여부, 교내 특별 활동' 등 3년의 학교생활을 종합하여 평가받는다. 기본적으로 중학교의 경우 교사가 가르쳐 주는 대로만 하면 평균 60점은 나온다고 한다. 지역마다 차이는 존재하겠지만, 일반적으로 평균 60점이 넘으면 소위 인문계 고등학교에 진학할 수 있는데, 이러한 점수조차 내지 못해 고민인 경우가 많다. 인문계 고등학교를 가야 좋은 것이고 특성화 고등학교가 나쁘다는 말은 절대 아니다. 그러나 성적이 충분히 여유가 있어 특성화 고등학교든 인문계 고등학교든 '원하는 학교를 선택하여 진학을 하는 것'과 진학할 학교가 없어 원서를 쓸 때 '자신의 성적으로 어디를 갈 수 있을지' 고민하는 것은 차원과 맥락이 전혀 다르다.

학교생활에 잘 적응하여 결정적 시기에 해당 교육과정에서 마음껏 배우고 체험하며 미래를 그리며 자신만의 큰 꿈을 그려 나가야 함에도 불구하고, 교육의 흐름을 겉돌며 학교생활 적응에 어려움을 보이는 경우가 있다. 이를 우리는 '부적응'이라 한다. 부적응은 몇 가지로 구분할 수 있다. 다양한 관점에서 부적응을 논할 수 있겠지만, 저자는 부적응을 두 가지 범주, 즉 '내현적 부적응'과 '외현적 부적응'으로 구분하여 설명한다. 내현적 부적응과 외현적 부적응을 설명하는 아래의 그림은 중학교를 기준으로 설명된다.

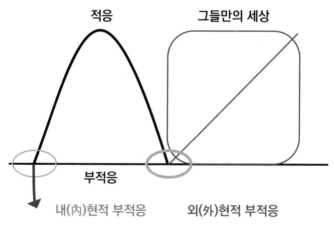

적응

그들만의 세상

부적응

내(內)현적 부적응

외(外)현적 부적응

내^內현적 부적응은 안으로 파고들어 가는 부적응을 말한다. 안으로 파고들어 가는 부적응에는 어떤 유형이 있겠는가? 불안하고 우울하며 고민과 걱정이 많고 생각이 많은 친구들, 학교생활에 잘 적응하지 못해 마음이 쓰이는 위축되고 처진 친구들이 내현적 부적응의 모습을 나타낸다고 볼 수 있을 것이다. 다시 말해, 안으로 파고 들어가는 부적응의 내현화 문제는 우울, 불안과 같은 내재화된 문제를 비롯한 대인관계의 어려움, 강박, 트라우마 등이다. 이러한 내현화된 문제를 지닌 친구들은 당연히 일반적인 학교생활의 적응에도 어려움을 나타낼 수밖에 없다. 불안해서 학교에 잘 가지 못했다면 불안을 잘 다루어 해결해 주면 학교생활에 잘 적응할 것이다. 우울해서 학교생활이 어려웠다면 우울감을 잘 다루어 준다면 학교생활에 원만하게 적응할 힘이 생길 것이다. 이와 같이 내현화된 문제는 적응의 영역과 같은 범주이다. 이러한 친구들을 도와주기 위해 학기 초 교육지원청에서 정서와 행동의 발달을 살피는 심리검사를 진행하며, 학생들의 정서적 안녕을 위해 위클래스와 위센터 등과 같은 청소년 지원 기관에서 다각도로 지원한다.

내현적 부적응의 반대말인 외현적 부적응은 이와는 다른 양상이다. 외^外현적 부적응은 내현적 부적응의 반대 개념으로 밖으로 뻗어 나가는 부적응을 말한다. 흔히 외현화 장애는 주의력 결핍, 과잉행동, 분노 및 공격성 문제를 보이는 보편적인 품행 문제로 인식된다. 품행의 문제의 원인이 정신병리적인 소인素因 에 있다면, 병리적 증상에 초점을 두고 도움을 주는 것이 바람직하다. 하지만 병리적인 소인이 없음에도 불구하고 비행을 일삼고 품행의 문제를 나타내는 청소년들이 많다. 우리 책에서는 이러한 청소년들의 행동과 문제에 관심을 둔다. 저자가 설명하는 외현적 부적응은 정신병리적 문제의 증상에서 비롯된 행동을 의미하지 않는다. 다시 말해, 우리의 초점은 병리적 문제가 없는 청소년의 외현적 부적응으로부터 비롯되는 비행과 품행 문제이다. 이는 부적응적 대처 기술의 습득과 잘못된 준거집단에 의해 형성된 부적응적 행동 양상을 의미한다.

외현화 문제와 내현화 문제를 명확히 구분하여 설명하기는 쉽지 않다. 인간의 정신과정과 심리적 문제는 대단히 복잡하고 다양한 원인과 영향을 받기에 부적응의 심리적 기제를 이분법적으로 단정 지어 양분하기엔 어려움이 있다. 비행청소년들도 우울감을 경험할 수 있으며, 비행청소년들에게도 비자살적 자해 혹은 자살 위험과 같은 위기 상황이 발생하는 것이 예가 될 수 있다. 이러한 우울감으로 인한 학교생활 적응 문제로 나타난다면 내현화된 문제의 범주로 살펴볼 수 있겠지만, 우울을 원인으로 품행 문제를 함께 나타낸다면 외현화된 문제에 우선적으로 접근하는 것이 좋다. 이들의 품행 문제를 막는 것은 또 다른 위험으로부터 보호하기 위함이며, 이로써 개인의 좋은 자원을 보호할 수 있게 된다. 이들에게는 생활 지도를 비롯하여 행동 수정을 함께 진행하며, 심층적인 심리적 기제와 원인에 접근하는 것이 효과적이다.

부적응의 원인은 개인의 상황과 맥락에 따라 다르겠지만, 외현적 부적응의 발전 양상은 비행청소년들의 준거집단 속에서 일정한 패턴을 보인다. 일반적인 외현화 문제와 품행을 나타내는 청소년의 경우 그들이 나타내는 공통되고 일관된 비행화 과정이 존재하며, 그들만의 문화가 분명하고 뚜렷하게 존재한다. 일반 범주의 청소년이 아닌 품행 문제를 보이는 비행청소년들은 일반 친구들과는 또 다른 그들만의 새로운 하위 비주류 문화를 만들어내며, 그 문화 속에서 자신들의 준거집단을 형성한다. 이것이 바로 '그들만의 세상'이다.

앞서 이야기 나누었던 바와 같이, 청소년기 성장과 발달 과정에서 또래 준거집단은 매우 중요하다. 교사나 부모가 아닌 또래 친구들과의 무리를 만들고, 이 준거집단을 통해 자신의 정체성을 확립하고 자기 개념을 형성하기도 하며 자신의 존재 가치를 느끼고 세상의 질서와 규칙을 배워 나간다. 청소년의 성장 과정에서 준거집단이 적응적인 영역에서 만들어졌는지, '그들만의 세상'이라 불리는 외현적 부적응의 영역에서 만들어졌는지에 따라 모든 것이 달라진다고 할 수 있다. 외현적 부적응의 문제를 나타내는 청소년들은 '그들만의 세상'을 자신의 준거집단으로 만들게 되고, 이로써 빠져나올 수 없는 비행의 늪으로 빠져들게 된다. 이것이 외현화 문제의 시작이다. 지금부터 외현화 문제의 시작이 어떻게 진행되는지에 대한 보편화된 과정을 설명한다.

일반적으로 가정생활의 불화와 부모와의 갈등 → 학업 동기의 급속한 저하와 성적 하락 → 늦은 귀가와 불투명한 생활 → 학교생활 부적응 등교 거부, 지각, 조퇴, 결석 → 교권 침해, 학교폭력, 교칙 위반 등의 생활교육위원회 회부의 순서로 외현화 문제가 발현되며, 이 과정에서 그들만의 세상이라는 비행청소년 준거집단과의 이중생활을 시작한다. 이들은 개인의 결핍과 가정의 잘못된 훈육으로 그들만의 세상에서의 준거집단 속 이중생활로 강화되어 뿌리내리며 비행의 늪으로 빠져든다.

공통적으로 시작되는 문제

가정생활 불화 및 부모와의 갈등

저자는 오랜 기간 청소년을 지도해 왔으며, 1996년생부터 2014년생까지 품행 문제를 보이는 수천 명의 아동과 청소년을 만났다. 이들을 지도하면서 느낀 공통점 중 하나는 대부분의 비행이 가정에서 시작된다는 점이었다. 이 책을 읽는 부모들은 마음이 불편할 수 있지만, 저자는 그동안의 경험을 솔직하게 정리하여 용기 내 기술하고자 하니, 너그럽게 이해해 주시고 더 나은 우리 아이들을 위해 열린 마음으로 함께 생각해 주시길 바란다. 학생이 밖에서 사고를 쳤더라도 우리는 그 아이가 '집에서 나왔다는 점'을 기억해야 한다. 지금부터 저자가 보아 온 보편적인 가정불화와 부모와의 갈등의 전형적인 패턴에 대해 소개하고자 한다.

청소년기의 성장에서는 '아동기 중요한 시기에 필요한 발달 과제를 잘 이루었는가', 그리고 '그 과정에서 정서적으로 건강하게 성장했는가'의 주제에 관해 살펴보는 것은 중요하다. 흔히 비행의 원인으로 양육 환경의 부재와 같은 어려운 가정환경을 이야기한다. 경제적 어려움, 조부모 가정, 다문화 가정, 한부모 가정, 가정폭력, 방임, 방치, 그리고 좋지 못한 동네와 교육환경 등 어려운 가정환경과 성장 배경이 중점적으로 논의된다. 어려운 가정환경이라면 각 발달 단계에서 결핍이 존재할 확률이 높다. 하지만 이러한 어려운 가정환경이 있다고 해서 모든 청소년이 비행청소년으로 변모하는 것은 결코 아니다. 도시 내 가난한 동네에 비행청소년이 많다고 하지만, 그렇다고 해서 비교적 부유한 동네에 비행청소년이 없는 것도 아니다. 저자가 만난 비행청소년 중에는 어려운 가정환경의 친구들도 많았지만, 그렇지 않은 경우도 꽤 많았다. 그렇다면 평범하거나 비교적 양호한 환경에서 자란 청소년들에게는 무엇이 문제였을까?

평범하거나 양호한 가정환경의 경우 부적절한 양육 태도로 인해 문제가 발생하는 경우가 많았다. 일관성 없는 양육은 잘못된 행동을 강화하고, 자녀의 요구에 일관성 있는 태도와 메시지를 전달하지 못하는 결과를 보였다. 이는 결국 아이의 요구에 순응하고 끌려가는 양육 패턴으로 형성되는 모습으로 반복되었고, 이는 가정 내 질서가 무너지고 잘못된 행동이 반복되는 결과를 초래했다. 또한 부모가 자신의 욕구를 대리 충족시키기 위해 자녀를 강하게 통제하며 자녀의 의사나 정서를 수용해 주지 않는 경우도 흔했다. 자녀의 의사와 관계없이 공부와 성적에만 관심을 두고, 무리하게 일방적으로 좋은 학군으로 전학시켜 버리거나, 학원만 많이 다니게 하며 자녀의 마음과 정서를 무시한 채 입시와 성적에만 몰두하는 경우들이었다.

'보고 싶은 것만 보고 듣고 싶은 것만 듣는 갑甲의 위치의 부모', '건강한 욕구와 정서가 표출되지 못하는 답답하고 꽉 막힌 가정 분위기', 그리고 '공부를 강요하며 끊임없는 압박과 통제만을 가하는 것'이 평범하거나 양호한 가정에서 보이는 비행의 원인이 되는 공통된 환경이었다. 일부의 경우, 부모가 자녀에게 잘해 주고자 하는 마음이 과잉보호로 이어져 부모가 너무 많은 역할을 대신하게 되었는데, 그 결과, 자녀가 살아가면서 필요한 적절한 대처 기술과 삶의 다양한 과정을 경험하지 못하게 되어 부적응의 양상으로 빠지기도 했다. 안전한 환경의 성장 과정에서 실패와 좌절을 경험하지만, 이를 건강하게 받아들이며 미래의 교훈으로 삼아 성장해 나가는 것이 중요하다. 이 과정에서 쌓인 작은 성공 경험들이 자존감을 향상시키며 성취감, 보람, 자긍심, 자신감을 느끼게 하는 요소가 되기 때문이다.

청소년은 모든 것을 자신의 힘으로 행하고 싶어 하며, 자율성과 독립성을 추구하고 스스로 행동하고자 하는 욕구가 매우 강한 시기이다. '성장 과정에서의 결핍'은 성장과 발달에 매우 중요한 요소다. 정신병리가 없는 청소년의 비행은 성장 과정에서의 결핍을 제2의 분리-개별화 단계인 사춘기 시기에 '몸의 성장을 통해 생긴 힘으로 스스로 그 결핍을 채우고자 함'에서 비롯된다. 사춘기에 접어들면서 신체적 성장이 왕성하게 나타나며 폭발적으로 빠르게 성장한다. 이때 힘이 생기고, 이 힘은 스스로의 욕구를 충족시키는 데 활용된다. 엄마 없이 아이스크림 가게에 가지 못했던 때와 달리, 이제는 엄마 없이 아이스크림 가게에 갈 수 있게 된다. 이러한 몸의 성장은 힘으로 작용하며, 이 힘은 권력이 된다. 자신의 결핍을 채우기 위한 청소년 비행은 '자신에게 주어진 권력을 남용한 결과'다.

청소년을 지도하는 잘못된 방법의 훈육과 지도

청소년의 신체적 발달은 육체적 성장뿐만 아니라 뇌의 발달과 호르몬 변화도 포함된다. 이러한 변화들이 결합되어 다양한 청소년 문제로 나타나기도 한다. 인간은 태어나면 세상에 적응하고 살아가기 위해 많은 뇌의 신경회로를 만들어 낸다. 뉴런과 뉴런이 연결되는 시냅스를 형성하며 뇌가 발달한다. 유년기에는 뉴런의 회로망이 감각기능과 운동기능에 집중되어 생성되고 많은 가지치기를 통해 성장해 나가는데, 유년기에 이어 제2의 신경회로망이 가장 많이 생성되고 가지치기가 활발히 이루어지는 시기가 바로 청소년기다.

청소년기에는 특히 뇌의 작전사령부라 불리는 전두엽의 가지치기가 가장 많이 일어난다. 전두엽은 의사 결정, 계획, 실행, 판단, 충동 조절, 학습, 고등 개념 형성, 주의 집중을 담당하는 뇌의 영역이다. 청소년기에는 전두엽이 아직 완전히 발달하지 않았고, 이러한 다양한 기능 중 필요하지 않은 부분들을 가지치기하는 시기라 뇌가 많이 불안정하다. 따라서 청소년기에는 계획을 세우고 실행하며 인내하고 충동을 조절하며 주의를 집중하는 전두엽의 능력이 미숙하다. 이로 인해 충동적인 행동을 자주 보이고 정서를 조절하기 어려우며 계획적이고 체계적으로 생활하기가 힘들다.

아이의 어린 시절, 부모는 사랑스러운 아이의 성장과 발달에 매우 많은 관심을 둔다. '25개월 된 아이를 둔 부모는 26개월 아이가 어떻게 성장했는지', '옆집 28개월 아이는 어떤지' 궁금해하며 엄마 모임에 나가 정보를 주고받는다. 육아 일기를 쓰며 온 정성을 다하기도 하고, 인터넷과 책을 찾아보며 공부를 하기도 한다. 유아기를 지나 아동기인 초등학교 2~3학년이 되면 이제 한시름 놓게 된다. 잠깐의 외출을 해도 아이는 부모의 기대보다 더 잘하고 있기에 부모는 마음의 여유가 생긴다. 초등학교 저학년 시기가 되면, 부모가 잠시 외출하더라도 식탁 위에 준비해 둔 음식을 전자레인지에 잘 데워 먹을 수 있기에 부모는 여유를 부리며 유아기 때 잃었던 자신의 삶과 일에 더 많은 시간을 보낸다. 이때 부모는 집안에서 갑의 위치에 있다. 부모의 훈육에 어린이가 된 아이는 부모의 말을 잘 듣는다. 부모와 교사가 그들의 참조집단이기 때문이며, 아동기의 아이들은 참조집단의 피드백에 절대적인 영향을 받기에 수월하다. 부모는 이 강력한 파워가 영원할 거라고 생각하지만, 사춘기가 오면서 가정의 흐름이 달라짐을 시간이 흐름에 따라 조금씩 체감하기 시작한다.

사춘기가 다가오면서 아이는 권위에 반항하며 자신들의 삶에서 잔머리를 굴리기 시작한다. 부모의 지시와 통제에 저항하기 시작하고, 자신의 자율성과 독립성을 추구하며 주도성을 확립하고자 애쓴다. 이는 청소년기의 자연스러운 발달 과정이지만, 부모는 이러한 변화가 감당하기 어렵게 느껴지며 스트레스로 다가온다. 어른처럼 변화한 몸과는 달리 어린아이처럼 생각하는 청소년의 모습은 부모에게 당연히 만족스럽지 않을 수 있다. 아이의 첫 번째 인생 과제인 입시를 앞두고 부모는 마음이 조급해진다. 하지만, 부모의 마음과는 다르게 천하태평의 자세로 철부지 같은 생각을 하는 것을 보면 답답하고 한심하게 느껴질 때가 많다. 더군다나 늦은 귀가, 친구들과의 잦은 외출, 학업에 대한 소홀함, 부모에 대한 감정적 반응과 반항 등 사춘기에 접어들면서 나타나는 변화들이 부모의 마음을 불편하게 한다. 구체적이지 못한 지도 방법은 청소년과의 소통을 방해한다. "한두 살 먹은 어린아이도 아니고 왜 그러니?"와 같은 말은 구체적이지 않다. 이러한 대화는 청소년들에게 답답함과 혼란을 초래하며, 부모가 자신의 마음을 알아주지 않는다고 느끼게 할 수 있다. 어른처럼 성숙해져 가는 모습을 기대하고 있는 부모는 청소년의 이러한 미숙한 행동과 태도가 마음에 들지 않는다.

아이의 갑작스러운 성장에 따른 변화에 부모는 아이를 훈육하고자 하는데, 이때 훈육 방법은 부모가 갑의 위치에서 아이의 어린 시절에 사용하던 그 방법 그대로 하게 된다. 유아기와 초등학교 저학년 때 사용했던 '그 방법 그대로', 부모는 단호한 명령과 지시, 체벌과 단순한 보상을 통해 청소년을 통제하고 다루려 한다. 이러한 지도 방법은 청소년의 성장과 발달에 맞지 않으며, 청소년의 자율성과 독립성을 억압하고 그들의 감정과 생각을 무시하는 결과를 초래할 수 있다. 이는 자율성과 독립성을 추구하는 청소년의 발달 특징과 상반된다. 결국 청소년들은 부모의 과도한 통제와 지시에 반발하며, 자신이 존중받지 못하고 이해받지 못한다고 느끼게 된다. 부모와 청소년 간의 갈등은 더욱 심화될 수 있으며, 이때 자녀는 가정과 부모로부터 느낀 불만과 이해받지 못한 마음을 해소하기 위해 또래 친구들에게 의지하고 가정 밖에서 스스로 해결하려 한다. 가정 내에서 충족되지 못한 정서적 결핍을 자신과 상황이 비슷한 친구들과의 관계에서 채우려고 하고, 이 과정에서 자신을 이해받고 존중받는다고 느낀다. 이때 청소년은 자신과 비슷한 친구들과 더 많은 시간을 보내게 되며, 가정에서의 시간과 대화, 정서적 소통, 부모와의 관계는 점차 줄어들게 된다. 이러한 상황의 진전은 부모와 자녀 사이의 거리감을 크게 느끼게 만드는 계기가 되고, 부모와 자녀와의 관계는 피상적으로 바뀌게 된다. 부모는 겉도는 자녀의 삶을 바로잡기 위해 이전의 훈육 방법을 더 강하게 사용하게 되고 통제와 지배는 반복된다. 이와 같은 반복된 과정들은 부모와 자녀 간의 심리적 거리를 더욱 멀어지게 하는 '관계의 악순환'으로 다가오게 된다.

편협하고 미성숙한 인지적 사고

"전쟁이 나서 밥을 못 먹으면 라면을 끓여 먹으면 되지 않아요?"

전두엽의 발달이 완전히 이루어지지 않은 인지적으로 미성숙한 청소년들에게 어른들은 주로 결과론적인 태도를 보인다. 청소년들은 '자신이 누구인지, 무엇을 하고 있는지, 현재 이것을 왜 해야 하는지, 미래에 무엇을 하고 싶은지, 앞으로 어떤 가치관으로 살아가야 할지' 고민하는 시기에 있다. 신체적 성숙으로 인해 그들의 삶은 아동기와는 크게 달라졌다. 부모는 이러한 신체적으로 성숙해진 청소년을 두고 '정신적으로도 어른스러워야 한다'며 청소년을 어른처럼 대하고 탓하며 꾸짖는다. 어느 날 갑자기는 *"너도 꿈이 있을 거 아냐? 무엇을 하고 싶어?"*와 같은 추상적인 질문을 던지기도 한다. 청소년들은 이런 질문에 대답하기가 매우 어렵다. 이러한 결과론적 질문들은 그들의 현재 혼란한 감정과 상황을 배제한 것으로 느끼게 한다.

청소년들에게 자신의 생각을 정리하여 이야기하게 하는 것은 매우 어려운 일이다. 아직 깊게 생각하고 자신의 생각을 정리하는 것이 서툴고 어려운 시기가 청소년기이기 때문이다. 특히 현대 사회와 환경에서는 이러한 경향이 더 두드러진다. 이전에는 긴 문장으로 일기나 편지 등을 쓰며 자신의 생각을 정리하기도 했지만, 요즘 세대는 SNS로 짧은 단어들 혹은 이모티콘이나 맥락으로 의사소통을 하기 때문에 자신의 생각이나 뜻을 정리해 볼 기회가 적다.

중학생을 지도하면서 가정에서 정한 귀가 시간이 지나 버린 학생에게 *"귀가 시간인 10시가 넘었는데 왜 빨리 들어가지 않는 거야?"*라고 질문을 한 적이 있었는데, 그 질문에 그는 "이미 늦었잖아요, 어차피 늦어서 혼날 거 그냥 좀 더 놀다가 들어가면 돼요."라고 답했다. 이들의 생각은 단순하고 편협하다. 이는 청소년기의 특징일 뿐이며, 그들이 부족해서가 아니다. 몸은 성장했지만 마음의 성장은 아직 이루어지지 않았다. 전쟁이 나서 밥을 먹지 못하면 라면을 끓여 먹으면 된다고 생각하는 것이 그 예다. '물과 가스가 없지 않으냐'고 말하면 그들에겐 소위 '꼰대'가 되는 것이다. 그들은 우리들의 질문에 "물이 없으면 생수를 사서 먹으면 되고, 가스가 없으면 부탄가스를 사다 놓고 필요할 때 사용하면 되는 거 아니에요?"라고 반박한다. 청소년들은 하나의 주제에 대한 생각을 논리적으로 풀어 나가는 능력은 조금씩 발달해 가지만, 미성숙한 편협한 사고로 인해 자신의 생각을 확장하고 다른 생각이나 환경과 연결하는 부분에서는 아직 미흡하다. 이들은 자신의 관점을 넓히고 다양한 시각을 수용하는 데 어려움을 겪는다. 이러한 과정에서 청소년들은 새로운 아이디어나 상황에 대한 이해를 깊게 하지 못하고 종종 자신만의 틀에 갇혀 버리기 쉽다. 교사와의 갈등에서 교권을 침해한 청소년이 자신의 잘못과 상황, 학생으로서의 도리는 생각하지 않고 '선생님이 먼저 짜증 나게 했잖아요'라는 말만 반복하며 자신의 부정적 정서의 표출에만 몰두하고 억울함만 호소하는 이유도 바로 이 때문이다.

마음의 성장이 이루어지지 않아 깊이 생각하는 힘이 부족한 청소년들은 몸의 성장으로 생긴 스스로의 욕구를 충족할 수 있는 힘을 가진 채, 자신의 결핍을 스스로 채워 나가려 한다. 입시의 압박과 부모의 답답하고 공감받지 못한 생활과 삶이 아닌, 자신만의 새로운 세상으로의 접근을 시작하며 편협하고 단순한 생각으로 중무장한 커진 몸을 이끌고 그들만의 세상에서 '달콤한 맛'을 경험하게 된다.

학업 동기의 급속한 저하와 성적 하락

부쩍 성장한 청소년에게 부모님은 대화보다는 성적을 우선시하는 경우가 많다. 저자가 만난 비행청소년들은 대부분 똑똑하고 공부를 잘하던 아이들이었다. 초등학교 때 전교 회장을 했던 친구들도 있었고, 전교 1등을 했거나 수학 경시대회에서 입상한 친구들도 있었다. 이들의 부모는 자녀가 과거에 원만한 생활을 했기 때문에 학교생활이나 인성, 품행에는 크게 관심을 두지 않고 주로 공부와 성적에만 신경을 썼다. 공부를 잘하는 것과 비행을 하지 않는 것은 별개의 문제임에도 불구하고, 방황하고 헤매는 자녀의 생각과 정서 이면을 고려하기보다는 통제와 압박을 강화하여 학생의 본분인 공부를 강요한다. 학생의 본분을 지키고 성실한 학교생활을 하면 성적이 좋게 나오는 것은 당연하지만, 올바른 생활 태도를 지닌 것과 높은 성적은 다를 수 있다. 인성과 올바른 생활 태도는 성적만으로 평가할 수 없으며 청소년 시기의 혼란을 무시한 채 부모가 성적만 이야기한다면 자녀는 그 상황을 더욱 답답하고 힘들게만 느낄 것이다.

청소년기의 성장과 발달이 반영되지 않은 양육 환경과 중학생으로서의 첫 번째 인생 과제인 입시가 접목되면서 청소년들은 심리적으로 큰 압박과 혼란을 경험한다. 대부분의 청소년은 인내심을 갖고 최선의 노력을 다하며 주어진 과업에 도전적으로 임하지만, 어린 시절 성장 과정에서 결핍을 경험한 청소년들은 악순환의 굴레 속에서 심리적인 압박을 더욱 강하게 느낀다. 이들은 압박과 압력을 통제와 구속으로 받아들이며 이를 벗어나 점점 더 자신만의 시간을 확보하기 위해 노력한다.

비행의 늪[그들만의 세상]

교사에 대한 오해와 학교와의 갈등

우리 아이가 너무 사랑스럽고 예쁜 것은 부모로서 당연한 마음이다. 아래의 예시는 중학교 1학년 자녀를 둔 부모가 자녀의 품행 문제로 저자를 찾아와 상담을 받으면서, 자녀가 비행청소년이 아닌 증거로 설명한 전형적인 말들이다.

> "우리 아이는 아직도 엄마랑 같이 자려 해요. 엄마 껌딱지예요."
> "우리 아이는 아직도 엄마랑 뽀뽀도 해요."
> "우리 아이는 아빠랑 장난도 치고 대화도 많이 해요."
> "우리 아이는 할머니가 제일 좋대요. 할머니 없으면 안 된다던데요?"
> "우리 아이는 저한테 비밀이 없어요. 제가 묻는 말은 다 이야기해요."
> "집에서는 문제가 없는데… 평소에는 전혀 이렇게 행동하지 않아요."

비록 사소한 말썽을 부리기도 하지만, 아직 엄마에게 애교를 부리고 함께 자려고 하는 아이를 보고 부모는 그 아이가 비행청소년이 아니라고 생각한다. 학교와 사회에서 일탈 행동을 하고 있음에도 불구하고, 이러한 가정에서의 보편적인 행동만으로 아무런 문제가 없다고 단언하는 방어적인 태도는 아이를 건강하게 성장시킬 소중한 기회와 결정적 타이밍을 잃게 할 수 있다. 가정 내 예쁜 행동을 하고 있는 것은 아직 좋은 긍정적인 행동과 자원이 가득하다는 것인데, 상황을 객관적으로 보지 않고 믿고 싶고, 보고 싶은 대로만 보며 확증편향하면 그 자원마저 잃게 된다. 처음부터 나쁜 아이는 없다. '가랑비에 옷 젖듯' 서서히 나쁜 방향으로 나아가게 되는 것이다. 보고 싶은 것만 보고, 듣고 싶은 것만 들으며 자신의 마음이 편한 쪽으로 믿고 싶은 정보만 받아들이는 태도는 훗날 더 큰 문제로 다가올 수 있음을 꼭 기억해야 한다. 상황을 있는 그대로 바라보고 예방하며 청소년기의 성장과 발달에 맞게 잘 성장할 수 있도록 이끌어 주어야 한다.

부모가 타이밍을 놓치는 경우는 너무 흔하다. 중학교에서 근무하는 교사는 중학교 1학년 학생을 직업인의 입장에서 본다. 물론 사랑과 정성으로 학생들을 지도하지만, 이 학생들을 어린아이가 아닌 중학교 1학년 학생으로 생각하고 바라보게 된다. 많은 학생을 지도하는 교사들은 보편적 또래의 행동이나 생각, 태도 등을 일반적인 발달의 평균 범주로 인식하고 있기 때문에 그 범주에서 벗어난 일탈이 쉽게 눈에 띈다. 중학교 1학년 학생을 지도하는 교사가 행동이 일탈되는 학생의 담배 소지를 발견하고 부모에게 "어머니, 경섭이가 담배를 피우는 것 같아요. 지난번에도 담배를 들고 온 것 같던데요. 가방에서도 라이터가 발견되었어요. 요즘 수업 태도도 많이 불량하고요."라며 가정에서의 지도를 요청하게 된다. 이 전화에 부모는 "선생님, 우리 경섭이는 그런 애가 아니에요. 어제도 밤에 이야기하면서 같이 잠도 자고 했는데, 우리 애만 너무 나쁘게 생각하시는 거 아니에요? 주변 친구들이 그런 것 같던데 우리 애는 그 정도는 아니에요. 담배를 피우는 다른 애들이 우리 아이에게 접근하지 못하게 학교에서 좀 지도해 주세요."라고 답하며 방어한다. 이런 상황과 맥락은 중학교 연수에서 교사들이 가장 많이 호소하는 주제 중 하나이다.

아이가 가정에서 부모에게 일탈을 숨기는 것은 당연하다. 자신의 일탈을 부모에게 자랑하며 으스대는 경우는 없다. 부모가 보는 아이의 모습과 실제 아이의 모습은 차이가 있을 수 있다. 자녀의 일탈을 믿기 어려운 부모는 그러한 행동이 상당한 충격으로 다가온다. 이를 자신의 잘못으로 여기

42

는 부모도 많으며, 믿고 싶지 않은 이 현실을 정서적으로 수용하지 못해 부정한다. 부모가 상황을 객관적으로 바라보지 못하면 교사와 갈등을 빚게 된다. 교사는 부모와 함께 자녀의 건강한 성장을 돕는 매우 중요한 역할을 맡고 있다. 교사가 가정에 전화하여 이러한 문제를 보고하기까지 얼마나 많은 고민을 했는지 한번 생각해 보아야 한다. 교사가 자녀의 문제로 가정에 전화를 하는 것은 부모의 도움이 필요하고, 아이에게 많은 가능성이 있으며 지금 함께 노력하면 바로잡을 기회가 충분하기 때문이다. 교사와 부모가 협력하여 아동과 청소년이 비행의 늪에 빠지는 것을 막는 것이 정말 중요하다. '가정 내에서 충족되지 못한 정서적 결핍을 자신과 상황이 비슷한 친구들과의 관계에서 채우려고 한다'는 점을 고려할 때, 이러한 모습이 가장 쉽게 먼저 포착되는 장소가 학교임을 꼭 기억해야 한다. 그 전화가 온 시기가 바로 이를 바로 잡을 최적의 타이밍이다. 상황에 대한 올바른 이해와 관조가 적절한 대처의 타이밍이자 결정적인 기회가 될 수 있다.

가정에서의 생활과 밖에서의 생활이 다른 이중생활의 시작

그 달콤한 맛은 일상생활의 질서와 흐름을 깨뜨리고 무너뜨리게 된다. 그 일상이 가장 먼저 무너지는 곳은 학원과 학교이다. 기본적으로 학원에 지각하고 숙제를 하지 않아 학원 강사에게 혼나는 경우가 많아진다. 이렇게 지도가 되지 않자, 학원 강사는 부모에게 가정에서의 지도를 부탁하는 전화를 하게 된다. 학교에서도 마찬가지다. 또래 집단이 되어 가는 비슷한 친구들과 무리 지어 다닌다. 쉬는 시간에는 복도를 활보하고 소리를 지르며 과격하게 장난치는 등 학교의 기본적인 질서를 깨뜨리는 행동을 많이 한다. 교사들도 이러한 행동을 지적하며 부모에게 가정 지도를 부탁하는 전화를 하게 되는데, 이러한 전화를 받은 부모는 자녀에게 화가 많이 난다. 화가 난 부모는 이전의 양육 방법으로 청소년을 통제하려 하며 현재 청소년의 상태나 정서, 생각은 고려하지 않고 일방적으로 훈육한다. 정서와 행동, 생각의 이면을 고려하는 것이 중요하고 필요함에도 화가 난 부모들은 이러한 전화들에 크게 당황하며 자녀를 더욱 강하게 통제하며 훈육을 하게 된다. 이러한 촘촘한 훈육과 부모님의 꾸중에 청소년은 잠시 고개를 숙이는 듯 보이지만, 그것은 잠시 눈속임일 뿐 대체로 그렇지 않으며 변화되지 않는다. 그 이유는 '준거집단이 이미 형성되어 버렸기 때문'이다. 부모는 단순 관리의 부재와 소홀에 따른 일시적인 문제라 생각하며 촘촘하게 관리하면 된다고 생각하지만, 그 촘촘함은 자녀를 더욱 밀어내는 요인으로 작용하며 '달콤한 맛을 본 자녀의 생활이 원인'이라는 생각을 하지 못한다.

과거의 충족되지 않았던 결핍과 이미 맛본 달콤한 맛, 현재의 충족되지 않는 결핍과 불만, 부정적 정서가 결합되어 청소년은 가정에서의 생활

비행의 늪 [그들만의 세상]

과 밖에서의 생활이 다른 '이중생활'을 시작한다. 근본적이고 전향적인 가정의 노력이 없다면 청소년은 가정에서 조심하며 밖에서 더욱 강화된 비행의 이중생활을 가속해 나갈 뿐이며, 이는 '모든 악순환의 시작'이 된다. 이미 준거집단이 형성되었고 비행의 달콤한 맛을 본 경우라면 청소년을 되돌리는 데 많은 노력과 에너지가 필요하다. 저자는 비행을 산불에 비유한 적이 있다. 산에 불이 나면 불부터 빨리 꺼야 하듯, 비행도 신속히 막지 않으면 가속화되어 더 많은 자원을 잃게 된다. 큰불이 나면 회복하는 데 시간이 오래 걸리는 것과 마찬가지로 비행에 오래 스며들면 되돌아올 자리가 좁아지고 자원과 기회가 사라진다.

　학교나 학원에서 연락이 온 경우, 이미 준거집단이 형성되었을 가능성이 크다. 만약 이러한 연락이 중학교 1~2학년 시기에 왔다면, 지금이 절호의 기회라 생각하고 현재가 가장 빠르다는 마음으로 심각하게 상황을 받아들여야 한다. 청소년을 그들만의 세상에서 벗어나게 하기 위해 모든 노력을 다해야 한다. 초등학교 5~6학년 시기라면 상황의 심각성을 인식하고 아동이 그들만의 세상에 스며들지 않도록 주의해야 한다. 이 시기의 관계와 패턴을 보면 준거집단의 형성 방향을 예측하고 교정할 수 있다.

늦은 귀가와 투명하지 못한 생활

부모의 통제된 삶 속에서 청소년은 '본격적인 이중생활'을 시작한다. 건강한 삶의 영역에서 올바른 가치를 배우고 작은 성취들을 이루어 나가며 삶의 보람과 자부심을 느끼고 성취감과 도전 정신을 함양하는 것이 건강한 청소년으로서의 발달이다. 하지만 맛보지 않아야 할 달콤한 맛을 본 청소년들은 건강한 생활이 아닌 자신만의 삶의 영역을 따로 만들어 가기 시작하며 이중생활을 영위해 나간다. 청소년기의 준거집단은 적응적인 영역에서 건강하게 뿌리를 내려야 한다. 그러나 잘못된 영역인 그들만의 세상에서 뿌리를 내리게 되면, 그 환경에서 성장할 수밖에 없다. 준거집단은 청소년의 가치관과 행동 양식에 절대적인 영향을 미치기에 올바르게 성장하기 위해서는 올바른 환경에서 뿌리를 내려야 한다. 잘못된 영역에서 내린 뿌리에서 청소년은 잘못된 삶의 기준과 대처 방법, 생활 패턴을 학습하게 된다. 청소년들도 본인이 서 있는 영역이 잘못되었음을 알고 있다. 그렇기에 부모와 교사에게 숨기며 이중생활을 해 나가는 것이다. 이때 청소년은 편협한 생각으로 부모에게 자신의 삶을 최대한 감추려 노력하고, 청소년의 삶을 이해하지 못한 부모는 이 결정적인 타이밍을 놓쳐 버리게 된다.

학교생활에 대한 교사의 전화, 학원 강사의 어긋나는 학습 태도에 대한 제보, 담배와 라이터의 발견 등 우연히 발견된 청소년의 일탈은 많은 일탈 중 하나일 뿐이다. 빙산의 일각과 같이 보여지는 일부가 전부가 아니다. 하지만, 이를 모르는 부모들은 앞서 이야기한 바와 같이 상황을 대수롭지 않게 생각하고 외면하며 자율성과 독립성이 중요한 청소년을 촘촘하게 감시하고 강하게 통제한다. 그러나 이러한 방법은 전혀 효과적이지 못하며, 비행을 멈추지 못한다. 저자가 만난 수많은 비행청소년들은 가정에서의 그러한 상황을 답답하게 느꼈으며 부모의 이러한 노력을 '소용없는 행동'으로 표현했다. 이들은 어린 시절과는 달리 불편한 상황을 면피 免避 할 힘을 가졌으며, 그 힘으로 부모의 감시망을 피해 자신들의 영역을 더욱 공고히 하려 노력했다. 자율성이 강화되고 독립적으로 행동해야 하는 시기에 일방적인 통제가 있으면 엇박자가 난다. 물론 이러한 조치는 부모로서 최선의 선택일 수 있다. 그러나 부모가 먼저 알아야 할 것은 청소년기의 발달 특징과 문화, 자녀의 행동과 그 이면의 정서, 그리고 진정성 있는 소통이다. 전화기를 빼앗고 주말에 친구들을 만나지 못하게 한다고 비행을 멈추지 않는다. 일시적으로 멈춘 것처럼 보일 뿐, 이는 임시방편의 눈속임일 뿐이다. 부모와의 관계는 더욱 깨어지며, 그사이에 비행의 늪에 더 깊게 빠진 청소년들은 더 치밀하게 자신들의 삶을 준비한다.

이 시기에 부모는 용돈을 끊거나 현관문의 비밀번호를 바꿔 버리는 등 강경한 훈육 방법을 사용하기도 하고, 자녀의 일탈에 놀라 고사를 지내거나 굿을 하는 등 일방적으로 종교에 의지하기도 한다. '애가 마음을 잡아야지, 부모가 노력한다고 됩니까?' 이런 말을 하는 부모도 종종 있었는데, 이는 잘못된 생각이다. 함께 노력해야 한다. 굿을 하는 정성과 노력보다 자녀의 마음을 이해하기 위해 노력하는 것이 더 우선이다. 너무나도 잘해 왔던 자녀의 이러한 모습이 충격적이기도 하고 왜 이런가 생각이 들어 오죽하면 그런 생각까지 할까 이해도 가지만, 그 시간에 산불은 점점 더 번진다는 것을 깨닫고 모든 자원을 동원해서라도 우선 불부터 꺼야 한다.

| 늦은 귀가와 투명하지 못한 생활

형제 프리미엄과 준거집단의 잘못된 의리

청소년 비행의 본격적인 시작점은 중학교 1학년이다. 준거집단이 형성되는 사춘기 시기인 중학교 1학년은 비행의 보편적인 시작점이며, 성장이 빠른 경우에는 초등학교 고학년 시기부터 그들만의 세계에 스며들기도 한다. 청소년 비행에는 지역적 특성과 주변 환경, 또래와 형제의 비행 여부가 매우 중요한 영향을 미치기 때문에 가족 내 형제간의 서열에 따른 영향과 환경을 살펴보는 것이 필요하다.

첫째의 경우라면 집에는 초등학생인 동생이 있을 가능성이 높고 집안 분위기는 주로 초등학생을 중심으로 형성될 확률이 높다. 이때는 초등학생의 신분이 아닌 중학생으로의 신분 변화를 존중하며 중학생의 방 분위기를 만들어 주는 것이 도움이 될 수 있다. 하지만 집 전체가 초등학생 중심의 분위기라면 사춘기를 겪는 청소년에게는 더욱 지루하고 불편하게 느껴진다. 이중생활이 시작된 경우라면, 깨어진 일상에 대한 부모의 통제와 잔소리에 더욱 '가고 싶지 않은 집'으로 인식될 것이다. 자신의 일상을 통제하고 잔소리하는 부모로 인해 집에 머무르는 것을 더욱 싫어하게 될 수 있다. 늦둥이의 경우 기존 형제들과 많게는 띠동갑 이상 차이가 나는 경우도 있었다. 이들은 어린 시절에는 귀여움과 사랑을 독차지했을 수 있지만, 가정의 주요 흐름은 주로 성인이 된 형제들에 맞춰져 있는 경우가 많았다. 달라진 시대에 대한 이해가 부족한 어른들의 지도 환경에서 막둥이는 공허함을 느끼고 자신이 공감받고 이해를 받지 못한다고 생각할 수 있다. 이로 인해 또래 집단에 더 얽매이게 되고 그들만의 세상에 스며드는 경우도 존재했다. 막내 혹은 동생의 위치라면 더욱 중요하다. 특히 이때 형제들 중에 비행청소년이 있는 경우라면 더욱 주의를 기울여야 한다. 반대로 첫째가 비행청소년의 모습을 보인다면 부모는 첫째뿐만이 아니라 아래 동생들에게도 모든 영향이 그대로 전해짐을 꼭 기억하고 정말 주의를 기울여야 한다. 저자는 이를 '형제 프리미엄 premium '이라 부른다. 어린 초기 청소년이 폭발적으로 비행화가 진행하는 경우 형제의 위험 요인인 '형제 프리미엄' 또는 믿는 구석이라는 소위 '빽'이 뚜렷하게 존재했다.

비행청소년인 오빠나 형이 있는 경우, 동생은 학교생활을 하면서 주변에서 '누구의 동생'이라는 이야기를 많이 듣게 된다. 보고 배우고 들은 것도 그들만의 세상에 대한 이야기가 많을 것이고 익숙한 정보와 함께 주변 비행청소년 친구들이나 선배들이 다가오기 때문에 비행청소년으로 성장할 확률이 크게 높아진다. 자신의 다른 형제가 학교를 제대로 가지 않고 부모에게 하는 행동을 보면서 "형도 학교에 안 가지 않았나?" 이렇게 말하며 잘못된 생활을 정당화하며 학습해 나가기도 한다. 형이 비행청소년인 경우에는 형들의 친구들이 자신의 든든한 빽이 되어 으스대며 생활하기도 했으나, 형에게 직접 통제를 당했다. 하지만 형과 형의 친구들이 제재를 가하기 때문에 그나마 일탈의 선을 지키지만, 가장 최악의 경우는 누나가 비행청소년인 경우이다. 비행청소년은 대부분 비행청소년들끼리 사귄다. 이성교제를 포함하여 자신들의 영역 안에서 모든 인간관계가 이루어지기 때문에 누나의 남자 친구도 비행청소년일 확률이 아주 높다. 그 비행청소년에게 누나의 남자 친구는 매형과도 다름없으며 그들은 그렇게 성인들처럼 느끼고 생각하려 한다. '아직 아이인 청소년이 어른의 역할과 책임을 다하진 않으면서 어른인 척 성인 흉내만 내는 것'이 비행이라 생각하면 이해가 쉽다. 매형의 위치에 있는 그 비행청소년은 자신의 여자 친구에게 잘 보이기 위해 처남 격이 되는 그 청소년에게 물심양면 잘해 준다. 이때 무엇을 잘해 주겠는가? '담배의 제공, 오토바이의 시승, 동네에서 아무도 건드리지 못하게 막아주기' 등이다. 처남 격에 있는 청소년은 '눈에 뵈는 게 없다'는 비유에 걸맞을 만큼 빠른 속도로 비행청소년으로 나아간다.

초기 청소년들의 경우, 그들만의 세상에서 이미 비행청소년이 된 선배들에게 돈을 빼앗긴다거나 불편한 연락이 오는 것을 부모가 인지하고 잘못된 대처를 하는 경우가 많다. 이를 두고 가족이나 부모의 지인 중 수소문하여 더 힘이 센 비행청소년들에게 부탁하여 자신의 자녀를 보호해 주기를 요청하는 경우가 있는데, 이는 결코 바람직한 방법이 아니다. 비행청소년들에게 돈을 주고 자신의 자녀를 보호해 달라고 부탁하는 경우와 가출한 당신의 자녀를 찾아 달라고 돈을 주고 의뢰한 경우도 종종 보았는데, 이는 완전히 고양이에게 생선을 맡긴 꼴이 된다. 형제 프리미엄과 마찬가지로 이와 같이 형성된 '빽'을 믿는 해당 청소년은 더욱 빠르게 비행청소년이 된다. 이러한 조치를 취하는 부모는 자신의 자녀와 부탁한 청소년들이 그들만의 세상 속 비행청소년이 아니라고 믿기 때문인데, 앞서 강조한 바와 같이 자녀에 대해 객관적으로 살펴보는 것이 선행되어야 한다.

자녀가 귀가하지 않는다고 자녀의 준거집단에 전화하여 자녀를 찾고 부탁하는 경우도 흔했는데, 준거집단을 잘못 건드리면 자녀와 관계가 멀어질 수 있으므로 주의를 기울여야 한다. 위급하고 특수한 상황이 아님에도 불구하고 자녀와 소통이 잘되지 않아 자녀의 준거집단에게 자주 전화를 하는 경우가 많았다. 이는 또래 친구들에게 '그들만의 세상의 문화'에서 언급될 [③ 그들의 서열: 패드립]에서의 원천이 되며 놀림감의 소재가 된다. 어른의 시각으로 바라봐서는 안 된다. 그들만의 세상의 '잘못된 의리'도 주의해야 한다. 자녀 친구들과 전화 통화에서의 말과 태도를 믿어서는 안 된다. "경섭이를 보게 되면 아줌마, 아저씨에게 전화해 줄래?" 하는 말에 정말 예의 바르게 "네, 그렇게 할게요. 경섭이 보면 제일 먼저 전화드릴게요!"라고 대답하지만, 연락이 안 되는 그 모든 과정을 숨겨 주고 있으며 실시간으로 정보를 전달하고 상황을 거짓 진술하고 있다는 것을 알아야 한다. 찾는 자녀가 전화를 받는 옆자리에 앉아 스피커폰으로 전화 내용을 함께 듣고 있는 경우가 허다하니, 그들을 아군으로 생각하고 쉽게 믿어선 안 된다. 그들만의 세상은 자신들의 일탈을 위해 이렇게 자신들의 이중생활을 서로 지켜 주며 도와준다.

잘못된 준거집단의 방향과 이중생활의 가속화

아이의 이중생활은 생각보다 치밀하다. 밖에서 친구들과의 생활을 알 수 없는 부모는 '눈에 보이는 것'만 보게 된다. 앞서 언급했듯 학원 숙제를 잘했는지, 학교에서 별일이 없는지 등과 같은 것들이다. 때로는 부모가 중요하게 생각하는 것을 잘 아는 청소년들은 '부모의 체크리스트에 맞게 행동'하기도 한다. 실례 實例 로 교회를 열심히 다니는 것을 중요하게 생각하는 신앙심이 깊은 비행청소년 가정에서 부모는 "우리 아이는 어제도 교회에 나왔고 얼마나 열심히 교회에 다니는데, 아무 문제가 없다."고 했지만, 정작 중학생이었던 그 아이는 흡연은 물론 교회에 무면허로 오토바이를 타고 온 것이었는데, 부모는 자녀의 이러한 품행 문제를 전혀 알지 못했다.

이처럼 이중생활은 점점 깊어져만 간다. 밖에서의 생활은 너무나도 달콤하고 짜릿하다. 이중생활에 심취해 있는 청소년은 일상생활에 큰 지장을 초래하게 된다. '마음이 콩밭에 가 있는데 어찌 삐그덕 소리가 나지 않을까?' 기본적으로 귀가 시간이 늦어지게 되며 늦어진 귀가 시간으로 부모와 잦은 마찰을 경험하게 된다. '가고 싶지 않은 집'과 '너무 즐겁고 재미있는 밖에서의 생활' 속에서 자녀는 살아간다. 뻔한 결과가 나오지 않겠는가? 자녀는 당연히 귀가가 점점 늦어지게 된다. 늦어진 귀가는 부모를 더욱 화나게 하고, 부모는 이러한 자녀를 이전의 양육 방법으로 더욱 강하게 통제하려 한다. 자녀는 더욱 가정을 부정적으로 생각하며 '가고 싶지 않은 집'으로 인식하고 부모가 자신의 마음을 공감하고 이해하지 못한다고 생각하며 결과적으로 부모와의 갈등은 점점 심화되고 청소년은 자신만의 영역에서 만들어진 그들만의 세상에 깊게 빠져들게 된다. 늦은 귀가로 인해 밖에서 보내는 시간이 길어지면서 늦은 시간까지 귀가하지 않는 친구들을 만나게 된다. 이들은 자신과 나이와 처지가 비슷한 친구들과 깊은 유대 관계를 맺는다. 자신의 삶에 불만족과 공허함을 느끼는 외로운 청소년들은 밖에서 겉돌며 함께 비행을 일삼는다.

비행 非行은 말 그대로 '하지 말아야 할 행동'을 의미한다. 청소년의 건강한 성장을 위해 금지된 행동들이 있다. 청소년 보호법은 유해 매체, 유해 업소, 유해 약물, 폭력과 학대 등 유해 환경으로부터 청소년을 보호한다. 그러나 집 밖에서 맴도는 청소년들은 유해 환경에 노출되어 하지 말아야 할 행동을 찾아 헤맨다. 가장 대표적인 것이 흡연이다. 이러한 비행 과정에서 비슷한 처지의 또래를 만나게 되며, 그들과 공감대를 형성하게 된다. 이들은 '나의 마음을 알아주는 소중한 친구'이자 '함께 놀 친구'가 되어, 자연스럽게 그들만의 준거집단이 형성되는 것이다. 외현적 부적응 양상을 보이는 청소년은 '그들만의 세상'이라는 '준거집단'을 만들고, 그 집단은 그들만의 특별하고 독특한 문화를 가진다. [그들만의 세상의 문화]에서 설명하는 바와 같이 행동한다고 해서 비행청소년이라고 단언할 수는 없다. 그러나 저자가 지도한 수천 명의 비행청소년들은 공통된 행동을 하며 특이한 문화 속에서 지내 왔다. 만약 우리의 청소년이 아래의 문화와 비슷한 부분이 있다고 생각된다면, 우리 아이가 비행청소년인지, 혹은 아이의 주변에 이러한 그들만의 세상과 비행청소년의 문화가 존재하고 있지는 않은지 염두에 둘 필요가 있다.

그들만의 세상의 문화

10가지의 그들만의 세상의 문화는 저자가 오랜 기간 비행청소년들을 직접 지도하며 관찰한 공통된 부분을 최대한 군집하여 추려 낸 것이다. 이러한 행동을 한다고 해서 모두 비행청소년이라 단언할 수는 없지만, 비행청소년들이 이러한 행동을 하지 않는 경우는 매우 드물다.

그들만의 세상에 빠져 품행 문제를 나타내는 청소년들은 보편적으로 중학교를 기준으로 약 1% 정도의 비율을 차지한다. 그리고 그들을 추종하는 5%와 추종 세력의 영향을 받는 10%의 비율이 나타난다. 학교에서 직접적인 외현화 문제를 보이는 청소년들부터 그들 주위에서 약간 어슬렁거리는 모습까지 보이는 친구들의 비율을 포괄적으로 말하자면 그렇다. 일반 중학교를 기준으로 그들만의 세상의 비율이 5% 이상이 되면 그들을 추종하는 세력이 규모도 커지고 추종 세력의 영향을 받는 비율도 크게 증가해 학교 전체가 흔들리고 정상적인 학교 교육과 운영이 어려워진다. 그들만의 세상의 문화는 비행청소년에 대한 관찰과 경험을 바탕으로 추출된 대표적인 그들의 행동 패턴과 문화를 설명한 것이다. 그들만의 세상의 대표적인 10가지 문화를 소개하며, 다음의 특징을 많이 나타낼수록 그들만의 세상에서 준거집단을 형성하고 뿌리내리고 있을 확률이 높다고 볼 수 있다. 그들만의 세상의 특징은 지형과 인구 등 지역별 차이는 존재할 수 있으며, 도시 규모가 클수록 뚜렷하다.

그들만의 세상의 10가지 문화

① 성숙한 그들: 나이
② 처세술: 그들의 언어
③ 그들의 서열: 패드립
④ 세력의 건재함: 졸업식
⑤ 그들의 패션: 특이하면서 트렌디한 복장
⑥ 이동 수단: 택시
⑦ 그들의 꿈: 사업가
⑧ 친구의 영역: 1+1+1+1+1+1+1
⑨ 그들의 생일 선물: 돈
⑩ 비행의 시작: 흡연

▎① 성숙한 그들: 나이

청소년은 '성숙'해 보이고 싶어 한다. 특히 비행청소년은 더 그렇다. 비행청소년인 중학생이 가장 듣기 싫어하는 말 중 하나가 '아직 중학생이니까' 또는 '어리다'는 맥락의 말들이었다. 이들은 자신의 나이를 '연도'로 이야기한다. 예를 들면 자신들의 나이를 학교를 배경으로 한 '중2, 중3' 혹은 실제의 나이인 '15살, 16살' 이렇게 이야기하는 것이 아니라 '07년생, 08년생, 11년생, 13년생'과 같이 연도로 이야기한다. 할머니, 할아버지들께서 자신의 나이를 용띠, 토끼띠와 같이 이야기하는 것과 유사하다. 성숙해 보이고 싶기 때문이다. 본인의 신분이 학생이고 그 신분을 늘 생각하고 지낸다면 *"몇 살이야?"*라고 누군가 물었을 때 *"중요입니다."*라고 하는 것이 기본일 텐데, 그들은 자신들의 나이를 '학년이 아닌 연도'로 이야기하며 그들만의 세상에서도 당연히 그렇게 소통한다. 일반적인 범주에 있는 청소년들도 요즘엔 이렇게 이야기하는 경향이 많이 있긴 하다. 저자는 오랜 시간 강의를 해 오며 이러한 언어의 사용이 보편화되어 가는 것을 몸소 느끼며 얼마나 그들만의 세상의 문화가 일상에 스며들어 있는가에 대해 고민을 한 적이 많다. 비행청소년이라는 소수의 비주류 문화가 일반 청소년들의 세상에 주류 문화로 스며드는 것이다. 청소년의 문화에서 그들만의 세상은 청소년들에게 비주류의 하위 문화지만, 트렌디하고 강력한 모습으로 비칠 때도 많다. 비행청소년을 소위 '잘나가는 애들'이라 칭하는 이유가 무엇인지 생각해 보면 이해가 될 것이다. 나이를 연도로 이야기한다고 비행청소년이라 볼 수 없지만, 저자가 만났던 모든 비행청소년은 나이를 연도로 이야기했다. 어른이 아니지만 어른처럼 대접받고 싶고 성숙해 보이고 싶은 비행청소년들의 '주도성과 독립성, 자율성'의 심리적 기제가 내면화되어 표현되는 가장 기본적인 청소년 비행의 문화라 볼 수 있다.

▎② 처세술: 그들의 대화법

그들만의 세상에서는 놀랍게도 아주 어려 보이는 청소년들도 조차도 '처세'라는 용어를 사용한다. 후배가 선배에게 똑바로 하지 않았을 때 선배는 후배에게 "야, 처세 똑바로 해라!" 이렇게 이야기하고, 그 말을 들은 한 살 어린 후배는 "네, 형."이라고 깍듯하게 대답한다. 비행청소년들은 주변인과 대화에서 자신보다 나이가 많은 사람들에게 "네, 형."과 같이 특정 문장과 대답 뒤 '존칭'을 붙인다. 이는 '가장 대표적이면서도 중요한 비행청소년의 문화이자 처세'이다. 예를 들면 "네, 형.", "지금 가요, 형.", "어디십니까, 형?", "알겠습니다, 형.", "잘하겠습니다, 형."과 같다. 여러분의 조카나 자녀가 혹은 학생이 "네, 형."이라고 말하는 것을 한 번이라도 목격한 적이 있다면 바로 '비행 청소년이 아닌가' 의심해 볼 필요가 있다. 품행의 문제가 있는 경우와 없는 경우는 지도하는 방법이 다를 수밖에 없고 다른 방법으로 지도해야 효과적이다. "네, 형."이라는 말과 같이 청소년이 주변인과 대화에서 특정 문장과 대답 뒤 존칭을 붙이며 선배에 대한 예의를 갖추며 처세하는 독특한 모습을 보인다면 '이미 그들만의 세상에 젖어 들었다'고 볼 수 있다. 해당 청소년이 그렇지 않다면, 주변 청소년들이 그러한 말투를 사용하는가를 알아보는 것이 좋다. 왜냐하면 주변 환경이 그들만의 세상인지 아닌지를 살펴볼 수 있는 좋은 기회가 되기 때문이다. 때로 그들은 어떠한 말이나 대답 뒤에 호칭을 하는 자신들의 습관이 그대로 몸에 배어 선생님이나 부모님에게도 "네, 형.", "네, 쌤." 이렇게 말을 하기도 한다.

여학생도 마찬가지이다. 그들만의 세상은 기본적으로 남학생이 주도하는 판이며, 실제 비율도 남학생이 훨씬 더 많다. 여학생은 남학생과는 달리 가려져 쉽게 보이지 않을 수 있으며, 신체적이고 외현적인 공격성이 앞선 남학생이 품행의 문제를 더 쉽게 드러내는 것이 일반적이다. 여학생끼리도 "네, 언니.", "아니에요, 언니."와 같이 처세를 해야 하며, 관계적 공격성을 보이는 여학생의 특성상 내집단과 외집단의 구분이 뚜렷하기 때문에 여학생의 비행은 훨씬 더 복잡하고 어렵다. 남학생은 대체적으로 남자들끼리의 관계만 신경을 쓰면 되지만, 여학생은 여자들끼리의 관계에 신경을 쓰면서도 남학생이 주류를 이룬 그들만의 세상에서 남학생들과의 관계도 신경을 써야 하기 때문이다. 여학생과 남학생 사이에서는 처세가 뚜렷하지는 않다. 여학생이 나이가 많은 오빠들에게 "네, 오빠." 이렇게 대답을 하고 남학생이 자신보다 나이가 많은 여학생에게 "네, 누나." 이렇게 하는 모습들이 종종 목격되긴 했으나, 그건 그들에게 아주 무서운 정말 친하지 않은 이성의 선배에게 연락이 왔을 경우 경직된 모습으로 그러한 처세를 하는 것이다. 보편적으로, 성별과 나이가 다름에도 불구하고 연락을 주고받는 것은 이성 간의 호감을 가진 관계에서 이루어지는 것으로 생각할 수 있다. 이는 서열이나 처세보다는 자연스럽고 편안하게 소통하는 관계로 여겨질 수 있다. 따라서 그들의 처세는 '동성끼리의 관계'에서 뚜렷하고 분명하게 나타난다. 자신이 거주하는 지역과 영역에서 비행을 하려면 자신들의 영역인 세력권을 관리하는 선배들의 일종의 '승인'을 받아야 하는데, 이때 이 처세는 꼭 필요한 대화 기법이자, 그들만의 세상 속 구성원이라는 암묵적인 인증이 된다. 이러한 과정에서 비행화는 대단히 빠른 속도로 가속화되어 진행된다.

▎③ 그들의 서열: 패드립

그들은 또래 친구끼리 놀면서 욕설과 패드립을 일삼는다. 보편적으로 '친구의 이름을 부르지 않고 친구의 부모님 이름을 대신해서 부르는 것'과 같이 부모를 언급하며 비하하는 것인데, 엄청나게 악의적으로 욕을 하는 것은 아니다. 저자도 이를 연구할 때 '도대체 왜 이렇게 할까' 그 이유가 궁금하여 라포 Rapport 형성이 잘된 청소년들에게 반복해서 물어봤는데, 그들의 대답은 한결같이 단순히 '재미있어서'였다. 그런 대답이 처음에는 잘 이해가 되지 않았지만, 오랜 시간 청소년의 세상에 직접 들어가 그들을 경험하고 장면을 지켜보면서 청소년들이 한 대답의 맥락을 비행청소년의 심리적인 기제들로 이해할 수 있었다.

그들만의 세상에는 분명하고 뚜렷한 서열이 존재한다. 도시 규모가 클수록 그들만의 세상의 인원이 많기에 뚜렷하게 서열이 존재하며 그들만의 세상의 문화가 분명하게 존재한다. 반대로 중소도시나 규모가 작은 경우에는 학생의 숫자 자체가 적기 때문에 앞서 설명한 적응적 범주의 일반 청소년들의 집단과 그들만의 세상의 청소년 비행 집단이 명쾌하게 구분되진 않는 경향이 있다. 광역시 정도의 규모에서는 뚜렷하고 분명한 서열이 존재했는데, 그 서열 속에서 상위 서열에 있는 친구가 자신들의 서열 하위 쪽에 위치한 친구들의 부모님 이름을 부르며 하위 친구를 '약 올리는 것'이다.

자신들의 세상에서 만들어진 준거집단의 무리는 대체로 '7±2'명으로 구성된다. 그들만의 세상에서의 패드립은 '가족은 건드리지 말자'는 자신들의 암묵적 룰을 범하며 자신들끼리의 시간을 보내고 말장난을 하는 것이다. 그 집단의 상위 서열의 아이들은 하위 서열의 친구들과의 관계에서 모든 선을 범람하며 약을 올린다. 이러한 자극에도 자신들을 공격하지 못하고 선을 넘지 못하는 모습에 우월감을 느끼는 것이며, 자신이 이 그룹 내에서 암묵적인 룰을 넘나들 수 있는 유일한 존재임에 특권 의식을 느낀다. 상위 서열의 친구들이 하위 서열에 존재하는 그들을 자극시키며 가지고 노는 상황에서 상위 서열의 친구들을 공격하지 못해 자존심이 상해 있는 하위 서열의 아이들은 비슷한 수준의 상대를 맹렬히 공격하며 서로 자존심 싸움을 하기도 한다. 실제 상위 서열의 아이들은 이들의 싸움을 부추기며 그 상황을 즐기고 관람하며 즐기는 모습을 보였다. 상위 서열의 아이들은 이러한 모습의 하위 서열의 친구들을 자신들의 '서커스단'이라 부르며 비하하기도 했다.

7±2명의 준거집단 구성 공식에 8명으로 구성된 집단은 다음과 같은 세부 역할로 구분되기도 한다. 8명은 상위 구성원들 4명, 하위 구성원들 4명으로 반반 나뉘었으며, 상위 구성원들은 자신들을 서로 담당 일진이라 칭하며 하위 구성원들을 1:1 매칭을 해 관리를 하는 척하며, 그들을 장난감처럼 가지고 논다. 일반적으로 무리에서는 리더 격의 메인 1명, 그 리더를 보좌하는 리더의 단짝 1명, 권력을 가진 비슷한 급의 1명, 이렇게 3명이 무리를 형성하는 모습을 보인다. 8명인 경우에도 3명으로 집단이 형성되긴 하나, 1명이 더 끼어 4명으로 상위 집단이 나뉘고, 그 상위 집단이 나머지 4명을 관리 아닌 관리를 하며 그들의 응집력을 강화시켜 나간다. 하나하나 따져 보면 모두 학교폭력의 맥락으로 설명될 수 있지만, 이중생활의 그들만의 세상에서는 학교폭력으로 잘 이어지진 않는다. 그 이유는 우선적으로 이중생활에서 발생한 일들이기 때문에 자신의 이러한 불편한 감정과 상황을 있는 그대로 솔직하게 부모나 교사에게 말하기는 어렵다. 또한, 신고를 하거나 있는 그대로의 상황을 말하게 되면 그들만의 세상을 배신하는 것이 되기 때문에 현실적으로 쉽지 않다. 결정적으로, 하위 집단의 4명도 이 준거집단이 너무나도 소중하기 때문에 그 속에서 벗어나기 어렵다. 상위 클래스의 친구들과 함께 어울린다는 것만으로도 자부심을 느끼기 때문에 상황이 더욱 힘들어진다.

　이들은 지역에서 급이 높은 준거집단의 무리에 들어가는 것만으로도 영광으로 생각하는 모습을 보인다. 힘으로 지배당하는 맹수들의 집합체와 같은 아주 삭막한 그들만의 세상에서 살아남기 위해서는 상위 클래스의 친구들을 자신의 친구로 두고 있는 것이 매우 중요하다. 지역에서 자신들의 대외적인 서열과 위치를 본인이 속해 있는 준거집단을 배경으로 유지할 수 있기 때문이다. 이러한 이차적 이득이 있기 때문에 그들은 자신들의 준거집단, 특히 상위 서열의 눈밖에 벗어나지 않기 위해 동갑내기지만 상위 서열인 친구들에게 엄청난 저자세의 모습을 보이며 그들에게 놀라울 정도로 충성을 맹세한다. 때때로 이들은 그들의 놀림감이 되는 상황이 싫어 그들을 벗어나고 싶어 하기도 하지만, 이차적인 이득과 그들이 장악한 세상에서 그들 없이 혼자 살아남을 수 없음을, 그리고 되돌아갈 길이 없는 자신의 상황을 인지하여 그들과 함께 어울린다. 시간이 흐름에 쌓인 그들끼리의 추억도 정이 들어 버린 마음이 되어 '그들만의 세상의 응집력을 가속화'한다.

이러한 서열화가 청소년 비행의 대표적 특징이며 나이가 어릴수록 이러한 서열화는 두드러진다. 이러한 그들의 이해관계, 집단 역동, 서열화와 그 이면의 관계를 가장 쉽게 파악할 수 있는 것이 바로 '그들의 패드립과 그와 관련된 행동들'이다.

┃ ④ 세력의 건재함: 졸업식

그들은 무리 지어 다니며 자신의 세력의 건재함을 드러낸다. 왜냐하면 그 세력의 건재함은 곧 자신의 건재함이라 생각하기 때문이다. 학교의 졸업식 시즌, 이들은 다른 학교의 졸업식에 참석하기 위해 여러 학교를 돌아다니는 모습을 보인다. 이는 [⑧ 그들의 영역]에서 설명되는 바와도 같은 맥락에서 살펴볼 수 있는데, 다양한 지역이나 인근 학교에 가서 그들만의 세상에서 맺어진 선후배의 졸업을 축하해 주러 다닌다. 대도시의 경우 도시 안의 다른 구 또는 인근 학교에 다니다 졸업하는 친구들을 축하해 주러 다니는 경우가 많으며, 인구가 비교적 적은 중소도시의 경우 그들만의 세상의 청소년의 수가 적기 때문에 인근 지역 선후배의 졸업을 축하해 주러 다니는 경우가 많다. 친인척이나 서로 알고 있는 친분이 있는 졸업식이 아닌, 부모가 전혀 알지 못하는 타 학교의 선배나 후배의 졸업을 축하하러 가겠다는 자녀를 둔 부모와 학생이 졸업식 날 타 학교에서 온 선배들에게 인사하러 다니는 모습을 본 초등학교 5~6학년 및 중학교 1~2학년 담당 교사들은 해당 청소년이 '그들만의 세상'에 속해 있는지 살펴보며 지도할 것을 권장한다.

그들의 건재함은 일상생활에서도 나타난다. 자신들의 영역에서 빈틈없이 어슬렁거리며 자신을 세상에 드러내려는 모습도 관찰할 수 있었다. 그들이 주로 생활하는 반경에는 늘 그들만의 세상의 아이들이 가득하다. 이는 그들만의 세상에 있는 친구들이 비주류 하위 문화를 형성한다고 앞서 설명했듯이, 그들이 가는 노래방, 당구장, 카페 등 모이는 동선과 장소가 정해져 있기 때문이다. 비행청소년들은 이 세상에서 자신의 존재감을 확인하고, 돌아가는 상황을 알기 위해 노력한다. 이러한 모습은 공허한 마음을 자신의 세상에서 존재감으로 바꾸려는 처절한 몸부림으로 볼 수 있다.

⑤ 그들의 패션: 특이하면서 트렌디한 복장

비행청소년을 두고 소위 '잘나가는 애'라고 칭하는 것을 들어본 적이 있을 것이다. 이들은 실제로 트렌디 trendy 하다. 좋은 옷을 입기도 하고 패션 감각이 뛰어난 모습을 보이기도 한다. 유행에 매우 민감하며 자신들을 잘 꾸밀 줄 안다. 저자가 봐 온 많은 비행청소년들은 대부분 잘생기고 예뻤다. 중학교 1학년인 남학생의 키가 180cm를 훌쩍 넘기도 했으며, 대부분 또래에 비해 신체적 성장이 우월했고 인물도 참 좋았다. 청소년기에는 신체적 성장이 폭발적으로 일어나지만, 개인차는 존재한다. 이때 또래보다 우월하고 빠른 신체적 성장은 비행의 관점에서 중요한 위험 요인으로 작용할 수 있다. 빠른 성장을 했다고 모두 비행청소년이 된다고 할 수 없지만, 청소년에게 외모와 신체적 성장은 청소년기의 또 하나의 권력이 된다. 앞서 설명한 바와 같이 마음의 성장이 이루어지지 않은 상황에서 이루어진 몸의 비약적인 성장은 자신의 권력이 되고, 자신에게 주어진 권력을 함부로 휘두르는 것이 비행이라는 관점에서 바라본다면 우월한 외모와 빠른 신체적 성장과 특징은 비행의 위험 요인으로 작용될 수 있다.

우월한 그들은 그들만의 세상에서 생활하며, 그들만의 세상 속의 비행청소년에게 SNS로 연락도 많이 받게 된다. 돋보이다 보니 지역이나 학교에서 또래 유명인사가 되어 선배들의 연락이 오기도 하고, 반대로 먼저 선배들에게 잘 보이려고 애를 쓰기도 한다. 선배들과의 관계가 이어지고 또래의 관심을 받는 이러한 연락 속에서 자신의 존재감이 부각됨을 느끼며 인정받는 느낌도 받는다. 권력을 가진 자신에게 친구나 주변 사람들이 도움을 요청하기도 하고 그 과정에서 자신이 문제를 해결해 주면서 아무도 자신을 쉽게 건드리지 못한다는 것을 확인하게 된다. 이로 인해 자신의 영향력과 권력을 확인하게 되며 결과에 강화되어 간다. 도움을 요청한 친구뿐만 아니라 그 과정을 지켜본 친구들이 자신에게 잘 보이려 애쓰게 됨에 따라 우월감에 빠지게 된다. 우월감이라는 또 다른 달콤한 맛을 본 청소년은 자신의 위치를 더 공고하게 유지하고자 더 강하고 자극적인 모습을 친구들에게 보이며 과시하게 되는데, 이것이 초기 청소년이 학교에서 학교폭력을 일으키며 비행으로 접어드는 전형적인 과정들이다. 이러한 과정에서 학생은 잘못된 자존심을 내세우며 교칙을 위반하는 생활을 하게 되고, 학교에서 교사와 잦은 마찰을 빚으며 대립하게 된다.

오토바이를 타는 중·후기 청소년들은 오토바이를 튜닝하고 외모를 꾸미는 데 에너지를 쏟으며, 최신 패션과 고급 휴대폰에 관심을 기울인다. 그들은 자신의 패션을 뽐낼 수 있는 환경을 중시한다. 비행의 늪에 빠진 청소년들은 외현적 부적응의 영역으로 성장 방향이 전환되면서 그들만의 세상에 관심을 갖기 시작한다. 이들은 점점 그들만의 복장과 유행을 따르려 한다. 이러한 패션은 때로는 건재함을, 때로는 우월감으로 표현되는 열등감의 가림막으로, 때로는 소위 잘나간다는 건재함의 상징으로 표현된다. 어린 청소년일수록 유행에 민감해 특정 브랜드의 옷을 사 달라고 부모와 갈등을 빚기도 하는데, 이는 가정불화가 가속화되는 원인이 되기도 한다.

이처럼 자신의 우월감을 증명받은 아이들은 그들만의 세상에 더욱 맹렬히 빠져들며 트렌디한 특이하고 독특한 복장과 특정 브랜드나 패션, 액세서리에 집착하게 된다. 물론 유행은 지역마다 차이가 존재할 수 있고 시대마다 변화한다. 90년대 '일진' 학생들은 염색과 넓은 바지통이 유행이었고, 이후에는 좁은 바지와 왁스로 손질한 머리 스타일이 유행했다. 유행은 변하지만, 각 시대를 대표하는 특이한 복장과 액세서리를 한 청소년 무리가 존재한다는 점은 모두가 공감할 것이다. 2024년 현재, 트레이닝 바지를 스포츠 양말 속에 넣어 입는 것, 교복이나 생활복 바지 단을 두 번 정도 걷어 입는 것, 특정 브랜드의 신발과 옷을 입는 것, 여학생이 학교 교칙을 어기고 짙은 화장과 검은 마스크를 쓰는 것 등이 큰 지역 차 없이 보편적으로 나타나는 모습인 것 같다. 청소년들은 빨리 어른이 되고 싶어 하며, 여학생의 경우 옷을 야하게 입거나 어른처럼 꾸미고 다니기도 한다. 유행은 시간

64

이 흐를수록 계속 변화할 것이다. 하지만 한 가지 뚜렷한 특징은 '남학생은 남성성을, 여학생은 여성성을 크게 강조하며 성인을 흉내 내는 모습'과 '비행청소년들이 사용하는 특정 브랜드의 특정 제품이 분명하게 구분되어 있으며, 그것이 독특하면서도 트렌디하다는 것'이다. 이들은 명품을 선호하며, 액세서리, 금목걸이와 팔찌에 매우 관심이 많다.

▎⑥ 이동 수단: 택시

'대한민국의 택시는 그들이 없으면 돌아가지 않는가?'라는 생각이 들 정도로 이들은 택시를 많이 이용한다. 수시로 기회가 될 때마다 이동을 위해 택시를 이용하며 지하철이나 버스보다는 택시를 습관적으로 이용한다. 우리 어른들도 필요에 따라 택시를 이용하지만, 대중교통이 있거나 이용이 용이하다면 버스나 지하철 같은 대중교통을 이용하고자 한다. 하지만, 이들은 택시를 우선적으로, 그리고 습관적으로 이용한다. 비행청소년을 지도하면서 '매일 택시를 타고 다니는 청소년, 대구에서 부산 해운대까지 인증샷을 찍기 위해 택시를 타고 다녀오는 청소년, 아르바이트에 가기 위해 매일 택시를 타고 왕복으로 이동하는 청소년' 등 놀라울 정도로 많은 택시와 관련된 이야기를 들었다. 저자가 지도한 중학생이 저자에게 인사를 하기 위해 찾아오겠다고 하여 "어떻게 오려 하니? 먼 길을?"이라 물었더니 "택시 타면 금방 가요, 왕복 5만 원밖에 안 나와요."라고 말한 것이 기억이 난다. 법무부에 강의가 있던 어느 날, 저녁에 회식이 예정되어 있어 지하철을 타고 출근한 적이 있는데, 저자가 지하철을 타고 다니는 것을 보고 그 자리에 있던 청소년들이 모두 크게 놀라던 기억도 난다. 그들은 회식이 있어 운전을 하지 못하면 '당연히 택시를 타고 올 것'이라고 생각했다.

초등학교 고학년과 초기 중학생들은 자전거를 많이 타는데, '자전거 폭주'처럼 무리 지어 차도에서 위험하게 타는 경향을 보인다. 택시 이전에는 개인형 이동장치인 '전동 킥보드'를 탄다. 위험하게도 안전모를 착용하지 않고 승차 정원을 위반한 채 한 킥보드에 2명 혹은 3명이 타고 다니기도 한다. 전동 킥보드는 어린이의 탑승이 불가하며, 청소년도 면허가 필요함에도 부모의 아이디나, 다른 계정을 빌려 탄다. 비행청소년들의 이동 문화는 주로 킥보드와 오토바이, 그리고 택시를 이용하는 것이다.

┃ ⑦ 그들의 꿈: 사업가

수천 명의 비행청소년을 만났었는데 신기할 정도로 그들 대부분의 꿈은 '사업가'였다. 그들은 기본적으로 돈을 많이 벌고 싶어 했고, 사업가가 되는 것이 꿈이었다. 이들이 말하는 사업가는 경제와 경영을 공부한 경영자를 말하는 것이 아니라, '술집 사장, 고깃집 사장'이다.

> *"저는 사업가가 꿈이에요. 술집을 차려서 운영할 거예요."*
> *"고깃집 사장을 하려고요. 돈 많이 벌잖아요."*
> *"배달해서 나중에 배달 업체 운영하려고요."*

라는 말을 자주 한다.

비행청소년들은 학교생활과 무관하게 돈을 찾아다닌다. 일부는 학교를 다니지 않기에 빠르게 경제 활동에 뛰어드는 경우도 많다. 이들은 빨리 돈을 벌고 싶고 많이 벌고 싶은 욕심에 '돈에 집착하는 모습'으로 경제 활동을 시작한다. 돈의 맛을 알게 된 청소년들은 학교에 다닐 가치가 없다고 생각한다. 몇백만 원의 큰돈을 만져 본 경험이 있는 청소년들은 어른들의 지도를 잔소리로만 여기고 전혀 귀담아듣지 않는다. 이들은 단기적인 금전적 이익에만 집착하며, "저 학교 선생님보다 돈 더 잘 벌어요. 학교 다니는 시간에 차라리 배달을 더 하면 돈을 더 많이 벌 수 있을 것 같은데 시간이 너무 아까워요."라고 말하며, 눈앞의 돈만을 생각한다. 자신의 잘못을 지적하는 선생님에게 "저 돈 많은데요? 학교 이딴 거 필요 없어요."라고 말하는 청소년을 실제로 목격한 적도 있다.

중학생임에도 불법 세계에서 수천만 원을 벌어들인 이들도 있었다. 50,000원짜리 현금 100장, 즉 500만 원을 지갑에 넣어 들고 다니며, 오른팔에는 600만 원짜리 순금 팔찌를 하고 다니던 청소년도 기억에 남는다.

청소년기라는 소중한 시기에, 안전한 환경에서 배워야 할 성장 과업들을 내팽개친 채 돈에만 집착하는 이들이 너무 많다. 비행청소년 강의를 하러 가서 청소년들에게 가장 많이 듣는 질문은 "선생님은 얼마 벌어요?"와 "돈 많이 버는 법 좀 알려 주세요."이다. 땀을 흘려 돈을 버는 일은 매우 가치 있고 훌륭하다. 그러나 이들이 돈을 버는 이유가 경제적 자립이나 생활비 보충을 위해서가 아닌, 비행 행동을 강화하고 과시하기 위함이라는 점이 더욱 안타깝다. 비행청소년들은 절약과 근면으로 배우는 올바른 경제관의 정립에는 전혀 관심이 없고, 오로지 자신의 우월감을 증명하고 비행 문화를 지속하는 데 돈을 사용하게 된다. 이러한 과정이 반복되면서 '비행 생활의 삶의 규모'는 점점 커지게 된다. 비행청소년들은 돈에 대한 가치를 전혀 알지 못한 채, 돈을 벌어 유흥을 즐기고 택시를 타고 다니며, 담배를 사서 피우고 자신을 과시한다. 이로 인해 중요한 시기에 학생으로서의 역할을 소홀히 한다.

┃ ⑧ 그들의 영역: 1+1+1+1+1+1+1 = 100%

그들만의 세상의 친구들과 일반 친구들은 친구 관계의 '영역의 범주'가
완전히 다르다. 보편적으로 적응의 영역에 있는 일반적인 청소년들은 같은
학교의 또래 친구들과 잘 어울려 지낸다. 같은 초등학교를 졸업했지만 서
로 다른 중학교로 진학하게 되면, 시간이 흐르면서 초등학교 때 친했던 친
구들과도 조금씩 멀어지게 된다. 대신 본인이 소속된 학교의 또래 친구들
과 새로운 유대 관계를 맺으며 가까워진다. 이전의 친구들이 소중할지라도,
새로운 친구들과 함께 시간을 보내며 생활하면서 준거집단을 새롭게 형성
하여, 함께 공부도 하고 운동도 하며 학창 시절의 재미있는 추억을 만들어
가는 것이 보편적이다. 중학교를 기준으로 99%의 청소년들은 같은 학교 친
구들로 '100%의 인간관계'를 만들며 재미있는 학창 시절을 보낸다.

하지만 학교생활에 부적응하며 외현적인 특징을 나타내는 1%
의 청소년들은 '흩어진 1%를 모아 100%를 만들어 낸다.' 다시 말해,
'1+1+1+1+1+1+1 = 100%'의 형태를 보인다. 이들이 타 학교나 지역의
졸업식을 축하해 주러 다니는 이유도 바로 이 때문이다. 서로 떨어져 있는
이들은 아지트처럼 만나고 모이는 장소와 생활 반경, 동선이 정해져 있으
며, 해당 장소로 이동하기 위해 킥보드나 택시 등의 이동 수단을 이용하게
되는 것이다. 그들만의 세상의 청소년은 다른 동네 ^{지역}나 타 학교의 친구
들과 주로 어울리거나 많이 만난다. 대도시의 경우 자신의 학교 인근 학교
와 동네 위주로 많이 모여 다니며 다른 지역구의 선후배들로 자신의 영역

을 100%로 채워 나간다. 인구가 비교적 적은 중소도시의 경우 인근 지역으로 영역을 채워 나간다. 인구 규모가 아주 작은 지역이나 학교의 경우에는 때로 적응적인 친구들의 영역과 어울려 경계선 없이 지내기도 한다.

그들만의 세상에서 저자가 유명인사가 되고 많은 비행청소년들이 저자를 기억하며 '경섭이 팬클럽'을 자칭해 응원하고 따라다닐 수 있었던 것도 '그들만의 세상에 있는 청소년들이 모두 연결되어 있기 때문'이었다. 인터넷과 정보통신 기기의 발달로 인해 이러한 인적 네트워크는 아주 손쉽게 만들어질 수 있게 되었으며, 그들만의 세상에 들어와 SNS를 시작한다면 비슷한 생각의 또래 청소년을 만나기는 너무나도 쉬워졌다. 그들의 생활 반경과 동선, 장소가 정해져 있기 때문에 그들만의 세상에 공유된 동선만 따르게 되면 더욱 쉽게 그들만의 세상의 친구들을 만나게 된다. 이렇게 해서 외현화의 문제를 가진 준거집단이 빠르게 형성되는 것이다. 때때로 SNS를 통해 타지에 가게 된 동생을 소개하고 인사시켜 보호받게 해 주기도 한다. 이로 인해 소개받은 선배 청소년은 건재함과 존재감을 후배들에게 확인받고, 인사받고 보호받은 후배 청소년은 안전하게 그들만의 세상에서 선배의 후광을 입어 자신의 영역과 보폭을 넓혀 가게 된다. 그리고 그 후배는 선배에게 충성하게 된다.

그들의 생활 반경이 넓고 영역이 광범위하기에 서로의 위치를 공유하는 애플리케이션 application 을 사용하기도 한다. 애플리케이션마다 차이가 있을 수 있지만 대체로 많은 정보가 공유된다. '배터리의 잔량, 걸음걸이의 속도, 얼마나 오래 머물렀는지, 어느 방향으로 걸어가는지, 이동 속도는 어떻게 되는지' 등의 정보가 공유되며, 서로 이러한 정보를 실시간으로 주고

받는다. 지역마다 상황에 따라 사용하는 애플리케이션이 다르지만, 이러한 정보를 통해 선배가 후배를 관리하기도 하고 친한 친구들끼리 소통하며 만나기도 한다. 서로 연결된 사람들의 위치는 공유되어 모두가 볼 수 있는데, 이를 통해 누가 누구와 함께 있는지 서로 알게 된다. 이러한 과정은 그들만의 세상을 더욱 흥미진진하게 만든다. 자신의 준거집단의 친구들이 모여 있는 것을 실시간으로 알고 무엇을 하는지도 생중계하듯 보고 있기 때문에 서로가 서로를 자극하게 되고, 이러한 자극에 노출된 비행청소년들의 준거집단의 갈망과 소외당할까 하는 걱정은 더욱 심화된다.

저자도 위치 공유 애플리케이션을 비행청소년들과 함께 사용해 본 적이 있는데 처음에는 도대체 왜 이런 걸 하는지 이해할 수 없었지만, 시간이 지나 맥락을 살펴보니 이러한 위치 공유가 청소년 비행의 주요 소통 수단으로 자리 잡았다는 점을 알 수 있었다. 애플리케이션 자체가 나쁜 것은 아니다. 이러한 현상은 과학 기술의 발전으로 인한 시대적 변화이자 세대 간의 문화 차이로 설명될 수 있다. 현재의 청소년들은 태어날 때부터 스마트폰을 사용해 온 세대이기 때문에 빠르게 변화하는 세대 간의 문화적 차이는 불가피하다. 이러한 애플리케이션을 사용한다고 해서 모두가 비행청소년인 것은 아니지만, 비행청소년들 중 대부분은 이러한 정보통신기술을 활용하여 그들만의 세상에서 쉽고 긴밀하게 소통하며 준거집단을 더욱 단단하게 만들어 가고 있다.

⑨ 그들의 생일 선물: 돈

저자가 청소년 비행에 관해 연구하면서 가장 속상하고 회의감이 들었던

비행의 늪 [그들만의 세상]

내용 중 하나가 바로 '생일 선물을 돈으로 준다는 것'이었다. 돈에 집착하는 비행청소년들은 생일 선물로 '돈'을 주고받는다. 이는 어른들이 축의금을 주고받는 것과 유사하다. 생일날 돈을 주고받는 것은 불법이 아니지만, 저자는 이것이 큰 문제라고 생각한다. 이는 가치관이 성립되지 않은 청소년들에게 돈에 대한 잘못된 가치관을 심어주는 안타까운 비행청소년의 문화이다. SNS에 계좌번호를 올려놓거나, 생일 선물을 돈으로 주고받는 것을 우연히 보게 된다면, 바로 그들만의 세상에 젖어 있지 않은지 정말 심각하고 엄중하게 살펴보아야 한다 예: OOO뱅크 32346-24125464-2331, 친구, 선후배의 생일날 4,500원 보내기. 선후배나 친구의 생일날 4,500원을 보내는 것이 가장 기본적인 것인데, 담배 한 갑의 가격이 4,500원이기 때문이다. 당연히 금액이 오를수록 친분을 과시하는 수단이 되며, 후배들의 뇌물이 되기도 하고 선배들의 갈취 수단으로 작용하기도 한다. 받은 돈과 메시지를 SNS에 실시간으로 중계하며 자신의 건재함을 자랑하고, 받은 총금액을 현금으로 인출하거나 전체 금액을 스크린 캡처하여 자랑한다. 돈을 많이 받은 청소년은 50만 원, 100만 원을 훌쩍 넘기기도 하며, 학년과 나이가 증가할수록 받는 돈의 액수도 커진다. 당연히 그들만의 세상에서 상위 서열에 있고 입지가 좋을수록 후배들은 잘 보이기 위해 줄을 서게 되고, 받는 금액은 이러한 서열에 비례한다.

실례로, 100만 원이 넘는 돈을 생일 선물로 받은 지역의 상위 서열 중학생이 1주일 만에 그 돈을 다 쓰는 모습을 목격한 적이 있다. 그들은 100만 원으로 친구들과 차돌박이를 먹고 택시를 타고 돌아다니며 유흥을 즐기고, 주변 동생들에게 용돈이라고 돈을 뿌렸다. 생각해 보라! 이렇게 돈을 썼던 청소년들이 일상으로 쉽게 돌아올 수 있을까? 우리는 알아야 한다. 생일 선물로 받은 100만 원을 하루 수십만 원씩 써가며 7±2명의 준거집단 친구들과 함께 플렉스flex 하게 지출하고 놀았다면, 돈을 쓰는 청소년은 물론, 함께 소비한 구성원들 역시 마찬가지로 그들만의 세상의 또래들에게 자신들의 존재감과 준거집단의 우월감을 뽐내는 기회를 얻게 된다. 이러한 과시에 도취되어 준거집단의 응집력은 더욱 강화된다.

결정적으로, 이러한 '말도 안 되는 소비'가 최소 7±2번 반복되면서 비행의 삶의 규모가 점점 증가한다. 세상에 공짜가 없듯, 자신이 많이 베푼 만큼 다른 친구들의 생일에 또 대접을 받고자 하며, 준거집단 7±2명의 친구들의 생일을 모두 이런 식으로 즐긴다. 중학교 3학년이나 고등학교 1학년의 준거집단이 함께 사용하는 비행의 삶의 규모와 비용이 최소 용돈을 포함하여 1년에 1,000~2,000만 원에 이를 수 있다는 것을 우리 어른들이 알아야 한다. 더 놀라운 점은 비행청소년이 많은 돈을 받았다는 것을 부모에게 자랑했는데, 부모가 문제의 심각성을 전혀 인식하지 못하고 '엄마 구두를 한 켤레 사 달라', '회를 시켜 달라'며 자녀에게 요구했다는 것이다. 실제로 비행청소년들이 저자에게 와서 '그것이 잘못된 것이 아니냐'며 말한 적이 있었다. 무엇이 옳고 그른지 부모조차 모르는 경우가 많다. 이는 분명히 청소년으로서 좋지 못한 방법으로 돈을 얻은 것이며, 이런 식으로 돈을 만지면 돈의 가치를 전혀 알지 못하게 된다. 비행청소년들도 이것이 잘못된 것임을 알고 있었으나, 받은 것이 있기에 다른 친구의 생일을 챙겨야 했고 또 그동안 자신이 준 돈을 회수해야 한다고 생각했다. 돈의 가치를 올바르게 아는 것이 매우 중요하다.

⑩ 비행의 시작: 흡연

결국은 흡연의 유무를 파악하기 위함이라 생각할 수 있다. 9가지 문화에 해당이 많이 될수록 흡연의 가능성이 높아진다고 볼 수 있다. 그들만의 세상에 들어갈 수 있는 입장권, 즉 티켓 Ticket 이 있어야 하는데 그 티켓이 바로 담배이다. 담배를 피우지 않고서는 그들만의 세상에 들어가기 어렵다. 흡연을 한다면 위의 9가지의 문화가 즐비한 영역에서 준거집단을 형성해 뿌리내리며 성장해 간다고 볼 수 있다.

우리나라의 모든 비행은 흡연에서부터 시작된다. 가끔은 음주를 먼저 접하고 뒤이어 흡연을 하거나, 기관지가 좋지 않아 흡연을 하지 않는 경우도 드물게 있다. 하지만 전형적인 패턴으로 그들만의 세상에 스며들며 비행의 늪에 빠지는 대부분의 청소년들의 비행은 '흡연으로 시작'한다. 그들만의 세상의 문화를 연구하고 있는 저자에게 비행청소년들이 다가와 "비행은 딴 거 필요 없어요, 흡연하면 끝이에요."라고 말을 한다. 그만큼 흡연 행동은 청소년 비행에 있어 절대적이다. 그들만의 세상의 문화를 설명하는 것도 '비행을 하는가의 여부를 알기 위해서'이고, 궁극적으로 '흡연 여부에 대한 선별 과정'이라 볼 수 있다. 청소년의 흡연 행동은 곧 청소년 비행과 품행 문제로 직결되기 때문이다.

아래는 청소년의 품행 문제 여부를 파악하는 가장 쉬운 질문이다. 다음의 3가지 질문을 통해 '흡연 여부'와 청소년의 주변 환경을 파악해 보면 된다. 만약 '그렇다'라고 한다면 품행의 문제, 우리가 함께 이야기 나눈 '그들만의 세상의 비행의 늪'에 빠져 있을 확률이 매우 높다고 생각하면 된다.

청소년의 품행 문제 여부를 파악하는 가장 쉬운 3가지 질문

• 현재 흡연을 하는가?
• 지금 흡연을 하지 않는다면, 과거에는 흡연을 해 본 적이 있는가?
• 본인이 흡연을 하지 않는다면, 주변 친구들은 흡연을 하는가?

한 가지라도 '그렇다'라고 답한다면 위의 9가지의 체크리스트를 검토해 볼 수 있으며, 10가지로 나열된 문화의 번호가 커질수록 청소년 비행과 가까워진다고 생각해 볼 수 있다. 흡연 행동 하나만으로 비행청소년이라고 단정할 수 없다고 생각할 수 있지만, 다시 한번 강조하자면 산불과 청소년 비행에서 가장 중요한 것은 예방과 조기 진화라는 점을 꼭 기억하길 바란다. 혹시 전자담배를 담배라고 생각하지 않는 청소년이 있을 수 있는데, 전자담배 역시 일반 담배와 마찬가지로 흡연의 개념으로 봐야 한다.

[비행의 늪: 그들만의 세상]의 진입 여부를 가늠해 볼 수 있는 체크리스트가 제시되어 있다. 외현적 부적응의 품행 문제를 나타내는 13세~18세 전후의 청소년들에게 특히 본 체크리스트가 유용하게 사용될 것이다.

그들만의 세상 진입 여부 확인 체크리스트

▶ 아래 내용은 외현적 부적응의 주요 특징을 나타낸 것입니다.
  다음 항목에 많이 해당될수록 [청소년 비행 문제]에 주의를 기울이는
  것이 좋습니다.

① 청소년이 자신의 나이를 연도로 이야기한다.
(예: 07년생, 08년생, 10년생, 12년생)

② 청소년이 주변인과 대화에서 "네, 형." "네, 언니."와 같이 특정
   문장과 대답 뒤 '존칭'을 붙인다.
(예: "네, 형.", "네, 언니.", "어디십니까, 형?", "지금 갑니까, 형?", "잘하겠습니
다, 형.")

③ 또래 친구끼리 놀면서 지나친 욕설과 패드립을 일삼는다.
(예: 친구의 이름을 부르지 않고 그 친구를 부를 때 친구의 부모님 이름을 대신해서 부
르는 것과 같이 부모를 비하)

④ 졸업식 시즌, 다른 학교의 졸업식에 참석하기 위해 여러 학교를
   돌아다니거나, 자신이 졸업하는 날 타 학교에서 축하해 주러 온
   선배들에게 인사를 하러 다니는 모습을 보인다.

⑤ 그들만의 특이하고 독특한 복장을 하고 특정 브랜드나 패션, 액세서리에 집착한다.

(예: 트레이닝 바지를 양말 속에 넣어 입는 것, 학교 교칙을 넘는 짙은 화장, 바지 걷어 입기 등)

⑥ 수시로 기회가 될 때마다 이동을 위해 택시를 타며, 지하철이나 버스보다는 택시를 습관적으로 이용한다.

⑦ 돈에 집착하며, 돈을 많이 벌고 싶다고 하고 자신의 꿈은 사업가이며 막연히 사업을 하는 것이 미래의 꿈이라 한다.

(예: 저는 사업가가 꿈이에요, 술집을 차려서 운영할 거예요)

⑧ 다른 동네^(지역)이나 타 학교의 친구들과 주로 어울리거나 많이 만난다.

(예: 또래 친구 집단 구성원의 학교가 여러 개인 경우, 도시 규모가 클수록 타 동네 혹은 학교 친구들과 무리 지어 다니며, 중소도시의 경우 인근 지역의 친구들을 만나기도 함)

⑨ SNS에 계좌번호를 올려놓거나, 생일 선물을 돈으로 주고받는다.

(예: OO뱅크 1346-2454254-2731, 친구/선후배의 생일날 4,500원 보내기)

⑩ 본인이 흡연 경험이 있거나 현재 흡연을 하는 경우
또는 본인이 흡연을 하지 않는다더라도 본인을 제외한 주변 친구들이 흡연을 하는 경우

• 체크리스트 아래로 내려올수록, 청소년 비행과 가까워진다고 생각해 볼 수 있습니다.

• 한 가지가 해당되었다고 비행청소년이라 단언할 수는 없습니다. 하지만, 주변에 이러한 그들만의 세상과 비행청소년의 문화들이 존재하고 있다는 것을 염두에 둘 필요가 있겠습니다.

• '산불'과 같이 '비행'의 우선적 핵심은 '예방'과 '조기 진화'라는 것! 꼭 기억하세요!

• 비행과 같은 품행의 문제가 있는 경우와 그렇지 않은 경우는 지도 방법이 다를 수 있습니다. '품행의 문제가 있다'면 '외현화 문제에 맞게 지도하는 것이 효과적'입니다.

부적응적 자기 삶의 몰입: 비행의 늪에 빠지다

그들만의 세상에서 자신의 처지와 비슷한 또래 친구들을 만나 준거집단을 형성하고, 그 준거집단의 친구들과 깊은 유대 관계를 맺으며 그들만의 문화에 스며드는 비행청소년들은 자신들만의 문화에서 우월감을 느낀다. 예를 들어, [⑧ 그들의 영역: 1+1+1+1+1+1+1 = 100%]에서도 이러한 우월감을 경험할 수 있다. 이들은 자신의 학교뿐만 아니라 다른 인근 학교나 지역의 친구들을 만나고 선배들을 알게 되며 후배들에게 인사를 받으며 자신이 잘나가고 있다고 생각한다. 그들만의 세상에서 확장되는 인간관계를 보며 자신의 인맥이 넓어지고 있다고 믿는다. 이 과정에서 만나는 높은 서열의 사람들과의 인연을 통해 자신이 보호받고 있다고 착각하며 자신에게 잘 보이려는 낮은 서열의 친구나 후배들을 보며 상대적으로 우위에 있다고 생각한다. 또한, 자신을 따르는 후배들을 보며 자신의 삶의 기반이 잘 다져지고 있다고 오인한다.

[⑤ 그들의 패션: 특이하면서 트렌디한 복장]도 마찬가지다. 트렌디하고 세련된 복장과 패션을 통해 추종 세력들의 부러움을 받고 선배들에게 인정받으면서 자신이 주도권과 힘을 가졌다고 느낀다. 이러한 주도권과 힘은 [③ 그들의 서열: 패드립]에서 뚜렷하게 반영되어 친구 간에도 서열로 표현되고, 그들만의 영역에 속함을 과시하기 위해 [④ 세력의 건재함: 졸업식]과 같이 무리 지어 행동하는 경향을 보인다. 넓어진 영역에 따른 [⑥ 이동수단: 택시]를 통해 확장되고 넓어진 조망이 비행청소년을 더 설레게 하고 짜릿하게 만든다. [⑨ 그들의 생일 선물: 돈]에서 이야기한 것처럼, 그들은 자신들만의 세상에서 태어나서 가장 넓은 범위의 또래 친구들에게 축하를 받으며 돈의 맛을 보게 된다. 이러한 이중생활이 자신의 삶을 다져 나가는,

앞서가는 생활이라 착각하며 더욱 몰입하게 된다.

자신의 이러한 행동들이 잘못되었다고 생각하지 못하고 오히려 자신이 정말 잘하고 있다고 굳게 믿게 된다. 다른 친구들이 하지 못하는 것을 자신이 하고 있다고 생각하며, 이러한 오인 誤認 된 생각은 편협하고 미성숙한 인지 발달과 맞물려 자신이 앞서가고 있다고 착각을 강화시킨다. 이들은 자신의 행동을 특별하고 독창적이라고 여기며 자신이 다른 친구들보다 더 성숙하고 뛰어나다고 느낀다. 이러한 착각은 자신에게 근거 없는 과도한 자신감으로 이어지고 타인의 조언이나 비판을 무시하게 만든다. 결국, 이들은 자신이 사회에서 잘못된 길을 가고 있다는 사실을 인식하지 못한 채 자신의 행동이 정당하고 바람직하다고 믿으며 행동을 지속해 나가게 된다. 초기 청소년인 중학교 1~2학년 시기에 저자가 만난 대부분의 청소년들은 '그들만의 세상'이라는 문화에 대한 설명만 듣고 '내가 아무 생각 없이 잘하고 있다고 생각했던 대부분의 행동들이 비행청소년의 행동이라니 놀랍다'는 반응을 보였다. 이러한 반응은 그들이 자신의 행동이 문제 있다는 사실을 전혀 인식하지 못한 채 살아왔다는 것을 의미한다.

외현적 부적응을 보이는 청소년들은 그들만의 문화를 형성하며, 자신들만의 세상을 더욱 견고하게 만들어 간다. 이로 인해 그들은 이중생활에 더욱 몰입하게 되고 일반적인 학교생활이나 사회적 적응에 노력하지 않으며 이를 회피한다.

이들 청소년을 단순히 보면 학업에 관심이 없고 공부를 싫어하며 적극적이고 활발해 보여 교내 체육대회를 좋아할 것 같지만, 실제로는 전혀 그렇지 않다. 외현적 부적응을 보이는 이들 대부분은 일반 청소년들이 주도하는 체육대회를 상당히 불편해한다. 운동을 좋아하는 그들이지만, 반티를 만들어 입고 같이 춤추며 다양한 경기를 함께 협력해서 하는 체육대회는 참석하지 않거나 해당일에 결석과 조퇴를 하는 경우가 많았다. 그들은 늘 자신들만의 세상에서 외현적 부적응을 보이는 다른 청소년들과 무리 지어 있었고, 체육대회를 함께 즐기지 않는 이유를 묻는 저자에게 "학교에 친구가 없어요."라고 하소연했다. 간혹 체육대회에 참석하여 자신이 비행청소년이지만 학교 친구들과도 잘 어울린다며, 부적응이 아니라는 것을 증명하려 표면적인 모습에 초점을 맞추며 애쓰는 청소년들도 있었다. 그러나 이러한 때우기 식의 합리화는 자신을 객관적으로 바라볼 수 있는 소중한 기회를 놓치게 한다.

   본인들도 학교생활과 가정생활의 기본적인 일상생활의 흔들림을 잘 알고 있다. 왜냐하면 생활 속에서 항상 지적을 받으며, 이로 인한 스트레스를 많이 받고 있기 때문이다. 이러한 삶의 부적응을 성찰하고 새로운 모습으로 변모하는 과정으로 성숙하게 이해하고 깨닫게 된다면 좋겠지만, 달콤한 맛을 이미 경험한 비행청소년들은 생활 속 결핍과 부적응으로 인한 열등감을 우월감으로 전환해 버린다. 그들은 자신들만의 문화를 우월감으로 착인錯認하며 일반 청소년들이 경험하지 못한 것을 먼저 쉽게 경험했다고 생각해 자신이 일반적인 다른 청소년들보다 월등히 앞서 있다고 믿는다. 그들은 이러한 오인된 생각을 근거로 자신의 미래가 밝고 성공적일 것이며 찬란한 황금 길에 접어들었다고 착각한다. 이러한 착각을 돕는 청소년 발달의 특징이 바로 '자기중심성과 개인적 우화'이다. 때로는 현실의 벽에 부딪혀 그것이 잘못된 것임을 느끼기도 하지만, 그들은 상황과 맥락에 맞지 않는 자신들만의 세상을 지키기 위해 상황을 객관화하지 못하고 무조건적인

80

합리화, 부인, 억압, 회피 등의 방어기제를 사용하여 착각을 유지해 나간다. 이러한 편협한 생각과 미성숙한 부적응적 방어기제를 통해 자신의 삶을 건강하게 성찰하지 못하고, 그들만의 세상인 부적응적인 자신의 삶에 더욱 몰입해 간다. 이와 같이, 청소년들은 서서히 빠져나오기 힘든 비행의 늪에 빠져들면서, 본격적으로 기본적인 학교생활과는 거리를 두고 부적응적인 양상을 뚜렷하게 나타내기 시작한다.

학교생활 부적응 및 등교 거부, 지각, 조퇴, 결석

이중생활로 그들만의 세상에 푹 빠진 청소년들은 학교생활에 적응하지 못한다. 가정에서 부모가 이러한 상황을 눈치채기 어려운 이유는 청소년들이 바람직하지 못한 자신들만의 세상과 삶을 감추기 위해 혼신의 힘을 다해 노력하기 때문이며, 이중생활로 인해 가정에서 보내는 절대적인 시간이 줄어들기 때문이다. 밖에서 보내는 시간이 늘어난 이중생활을 하는 청소년은 귀가 시간이 점점 늦어지고, 귀가를 하더라도 집에서는 잠만 자고 나가는 경우가 많다. 자녀를 아직 어린아이로만 보는 부모는 쉽게 이들의 비행을 눈치채지 못한다. 눈치챌 때쯤이면 청소년은 이미 많이 앞서 나간 상태일 수 있는데, 이때 아이는 부모의 양육과 지시에 대해 완강하게 거부하는 모습을 보인다. 이 과정에서 마찰이 심해져 부모는 당황하게 되고 가정에서 지도하기 어려운 상황에 처하게 된다. 이러한 상황들을 어떻게 해결해야 할지 모르는 경우가 많다.

그들만의 세상의 청소년들은 자신의 마음을 이해하고 공감해 주는 자신들의 세상 속 준거집단에 몰입하여 대부분의 시간과 에너지를 그곳에 쏟는다. 이들은 형성된 준거집단에서 소외되는 것을 가장 두려워한다. 그래서 준거집단의 주도권을 쥔 친구에게 저자세로 다가가거나 본인의 준거집단을 유지하기 위해 필사적으로 노력한다. 이는 준거집단에서 배제되는 것에 대한 두려움과 불안에서 비롯된다. 형성된 준거집단에서 청소년을 벗어나게 하는 것은 매우 어려우며, 이 과정에서 큰 저항에 부딪힌다. 청소년들

비행의 늪 [그들만의 세상]

은 소속된 집단에서 소외되는 것에 대한 두려움과 불안 때문에 이 집단을 떠나는 것을 극도로 꺼린다. 이때 부모가 자녀의 전화기를 빼앗아 차단해 버리고 자녀를 강압적으로 통제하려 하면, 자녀의 반발심만 자극하게 되어 그들의 이중생활의 명분을 추가하며 제공하는 원인이 되어 버리기도 한다. 준거집단을 바꾸더라도 일탈의 달콤한 맛을 본 청소년에게는 자극적인 즐거움을 참아 내는 큰 인내심이 요구된다. 자극적인 그들만의 세상과는 다른 적응적인 친구들이 모여 있는 집단은 청소년에게 심심하고 재미없게 느껴진다. 이처럼 밋밋하게 느껴지는 일상생활에는 흥미를 느끼지 못하고 무난한 일상생활을 따분하다고 생각하여 부적응하게 된다. 결국, 청소년들은 밖에서의 자극적인 생활을 갈망하게 된다.

기본 질서가 깨어져 무너지는 학교생활: 무법자가 되다

학생들이 하루 대부분을 보내는 학교에서는 이들의 깨진 일상생활의 흐름과 패턴이 뚜렷이 보인다. 이러한 행동들은 이들의 일반적인 학교생활의 적응을 방해하며, 다른 학교 구성원들에게도 큰 피해를 준다.

학교는 여러 사람이 모여 함께 생활하는 작은 사회이자 집단이다. 학습을 주된 목적으로 하는 학교생활은 단체생활이니만큼 함께 지켜야 할 규칙들이 많다. 예를 들어, 규정에 맞게 교복이나 생활복을 착용하는 것, 정해진 등교 시간에 맞춰 등교하는 것, 쉬는 시간이 끝나면 시간에 맞춰 수업에 방해되지 않도록 교사보다 먼저 교실에 들어가 수업을 준비하는 것, 급식 시간에 질서를 지켜 식사를 하는 것, 복도에서 뛰거나 과격한 장난을 하지 않고 이동 시 질서를 지키는 것 등이 있다. 이러한 기본적인 규칙들은 유치원부터 초등학교까지 지켜왔던 것들이지만, 그들만의 세상에 스며들면서 하나씩 무너지기 시작한다. 한 번 규칙을 어기기 시작하면 다음번에는 더 쉽게 어기게 되고 시간이 지남에 따라 여러 규칙을 동시다발적으로 어기는 일이 빈번해진다.

이들은 학교의 규칙을 지키는 것을 불쾌하고 자존심이 상하는 일로 여기며 자신들의 위상에 맞지 않는 일이라 생각한다. 자신이 특별한 사람이라 믿고 자신이 하는 행동은 괜찮다고 여기며, 교내의 규칙들이 자신들에게는 해당되지 않는다고 생각한다. 이는 그들만의 세상에서 비롯된 우월감이 청소년기의 자기중심성과 결합되어 잘못된 방향으로 표출되는 것이다. 오히려 규칙을 준수하지 않는 것이 자신의 우월감과 존재감을 증명할 수 있는 수단이라 생각한다. 이들은 쉬는 시간에 다른 친구들의 휴식을 방해하며 소란스럽게 무리 지어 다니고, 학교에서 규정한 교복이나 생활복 대신 특이하고 트렌디한 복장을 입으며 자신들만의 '특권 의식'을 과시한다. 점심시간에는 급식과 관련된 질서를 지키지 않고, 때로는 자신이 더 먹고 싶은 음식을 더 달라고 막무가내로 떼쓰며 소리 지른다. 수업 시간에는 교사의 지시에 불응하고 불청 不聽 하며, 불성실한 태도로 교사를 놀리거나 수업 진행을 방해한다. 이러한 행동들은 다른 일반적인 학생들의 눈살을 찌푸리게 하지만, 이들은 이를 전혀 의식하지 않는다. 그 이유는 쉬는 시간에 다시 모여 서로 위로하고 지지하며 동맹을 형성하기 때문이다. 이들은 무리 지어 쉬는 시간에 지난 시간에 있었던 일들을 과시하며 후기를 나눈다. 이러한 행동에 우월감과 영웅 심리가 더해지면서 또 다른 준거집단의 구성원은 이전 교실에서 있었던 일들을 전달받아 자신의 준거집단과 대립된 교사와의 마찰을 더욱 강하게 이어가며 수업을 방해한다. 이들은 "오늘 국어 때 장난쳤다.", "오늘 수학 울렸다.", "오늘 영어한테 대답 한번 해 줬더니, 좋아 죽더라."는 말을 하며 교사를 조롱한다. 교사가 속상해하거나 화난 모습을 흉내 내며 따라 하기도 하고, 교사를 지시나 지도를 무시하고 비웃는다. 중학교에 다니던 학생이 저자에게 와서 "오늘 선생이 짜증 나게 해서 싸웠어요. 그래서 앞으로 간섭하지 말라 했고 서로 건들지 말자 했어요."라고 말한 적이 있다. 이들은 교사와 자신을 동등한 입장으로 생각하며 교사의 지시와 지도가 자신들을 영역을 침범한 것이라 생각하고 대립한다. 그들은 이러한 자신의 대립 과정을 경험을 실시간 후기로 나누며, 앞으로의 행동 전략을 수립한다. 그들은 자신의 행동을 자랑스러워하며, 이를 자신들만의 특권으로 여겨 과시한다. 이러한 행동을 반복하며 자신의 영역을 지키기 위해 노력한다. 동맹 관계인 이들은 서로의 이야기에 공감하며 서로를 지키기 위해 더욱 결속을 다진다. 이러한 과정을 통해 이들은 점차 학교에서 '무법자'가 되어

간다.

　지역과 도시 규모에 따라 차이는 있지만, 중학교를 기준으로 이러한 무법자들은 일반 학생들을 '찐따, 찌질이, 병신'이라고 칭하며 무시하고, 자신들의 우월감에 도취되어 학교생활에 잘 적응하는 학생들을 무시하는 경향이 있다. 일반 학생들은 그들만의 세상의 무법자들을 '일진, 양아치, 날라리'라고 부르며 거리를 둔다. 서로 '왜 저렇게 살까?'라는 생각을 하면서, 점점 '99%의 일반 학생들의 영역'과 '1%의 그들만의 세상 영역'으로 쪼개지며 뚜렷하게 분리되어 간다. 그들만의 세상에 속한 비행청소년들이 학교에서 친구가 없는 이유도 이 때문이다. 무법자인 이들은 자신들과 비슷한 친구들이나 선후배와 연대하여 자신들의 준거집단에 의지하면서 점점 학교생활에 흥미를 잃어 간다. 결과적으로 이들은 학교와 점점 더 멀어지게 되고, 일반 학생들과의 교류가 줄어들게 되며 전반적인 학교생활에 대한 부적응이 심화되어 간다.

부모의 오판: 착각과 합리화

"잠깐의 일탈이지 않을까요? 사춘기의 방황과 같은···?
저는 우리 아이를 믿어요."

자신들의 아이를 믿지 않는 부모는 없다. 하지만 옛말에 '호미로 막을 것을 가래로 막는다'는 말이 있다. 학교생활의 부적응과 그들만의 세상 속의 비행청소년의 모습을 뚜렷하게 보임에도 불구하고, 부모들은 현실을 인정하고 싶지 않기에 '아니겠지', '잠시 방황하는 것', '믿는다'는 말로 상황을 회피하고 외면하는 경향이 많다. 하지만 이러한 부모의 오판이 훗날 걷잡을 수 없는 일들과 범죄로 이어질 수 있음을 꼭 기억해야 한다. 물론, 사춘기를 경험하면서 일시적으로 방황하고 성적과 기본적인 학교생활에 부적응할 수 있다. 하지만 앞서 설명한 바와 같이, 내현적 부적응과 외현적 품행 문제는 전혀 다른 맥락에서 이해해야 한다. 외현적 품행 문제로 인해 그들만의 세상에서 준거집단을 형성하고 의지하는 경우, 이는 비행의 늪으로 빠져들 가능성이 크다. 늪에 한 번 빠지면 나오기 어렵고, 설령 나온다 해도 신발에 진흙이 묻게 된다. 옷과 신발이 더 진흙으로 뒤덮이기 전에, 그리고 비행의 늪에서 뿌리내리기 전에 청소년을 건강한 환경으로 되돌려야 한다.

타 기관에서 비행 문제로 상담을 받았던 경험이 있던 부모는 상담사가 기다려 주라고 한 말을 듣고 아무런 조치를 취하지 않고 기다리는 경우도 있었다. 시간이 흘러 상황이 더욱 심각해져 저자를 만나서도 저자에게 *"자녀를 믿고 기다려 주면 된다던데, 다시 돌아올 때까지 무작정 계속 기다리면 될까요?"*라고 질문한 적이 있었다. 무작정 믿고 기다리라는 말은 '산불이 났는데 꺼지기를 기다리라'는 말과 비슷하다. 이는 청소년 비행을 잘 알지 못하는 데서 비롯된 무책임한 대응이라고 생각하며, 단순히 기다리는 것만이 답이 아니다. 현재 상황을 최대한 객관적으로 이해하고, 남아 있는 자원과 가용 자원을 잘 파악하여 적절한 타이밍에 자녀에게 개입해야 한다.

"저도 어릴 때 많이 놀아 봤어요.", "저도 담배 피우고 다 했는데 그럴 수 있다고 생각해요."라고 말하는 부모들도 많았다. 그러나 이는 현재 시대의 청소년을 제대로 이해하지 못한 생각이다. 그때와 지금은 시대가 전혀 다르다. 많은 부모들이 사춘기의 단순한 일탈이나 방황으로 치부하지만, 지금의 사회는 이전과는 차원이 다르다. 청소년 비행은 고도화되었으며 더욱 정교해졌다. 과거에는 잠시 방황하고 다시 돌아와도 자리가 있었지만, 지금 시대는 너무 빠른 변화와 심화된 경쟁, 그리고 사회 변화의 가속화가 그들의 되돌아올 자리를 빼앗아버린다. 아무런 조치와 노력 없이 순간의 방황으로 생각하거나 돌아오기를 일방적으로 기다리는 것은 복잡하고 당혹스러운 이 상황에 대한 회피와 합리화일 수 있으며, 우리 아이의 건강한 성장을 위한 결정적인 개입 시기를 놓쳐 버릴 수 있으므로 주의해야 한다. 따라서 부모와 교사는 이러한 청소년을 우리가 성장한 시대의 사춘기 일탈과 방황으로 치부해서는 안 된다. 오늘날의 사회는 핵가족화되고, 인터넷과 스마트폰이 세상을 지배하는 최첨단 정보화 시대이다. 이와 동시에 교사의 권위와 권한은 추락하고 있으며, 청소년들이 맞닥뜨리는 사회적 압박과 유혹은 과거와 비교할 수 없을 정도로 다양하고 강력하다. 이러한 환경에서 청소년의 성장과 발달에 대한 깊은 이해와 예방적 접근이 더욱 강조된다. 부모와 교사는 청소년들이 건강하게 성장할 수 있도록 지속적인 관심과 지원을 제공해야 한다. 단순히 기다리고 믿는 것만으로는 부족하다. 청소년들이 올바

비행의 늪 [그들만의 세상]

른 방향으로 나아갈 수 있도록 실질적 개입과 현실적인 지도가 꼭 필요하다.

학생을 지도하는 교사의 어려움

현실적으로 이러한 무법자를 학교에서 지도할 방법과 여력은 많지 않다. 한 명의 교사가 맡아야 하는 학생 수가 많아 특정 학생에게 모든 에너지를 쏟기 어렵고, 권한도 제한적이다. 개개인의 학생을 지도하는 것도 매우 중요하지만, 한 학생의 편의를 위해 다른 학생들이 일방적으로 반복해서 희생할 수는 없다. 무엇보다 학교는 학생들의 학습권이 보장되어야 하고 부적응 학생에 대한 반복된 배려가 다른 학생에게 역차별로 이어져서는 안 된다. 또한 학생을 지도하기 위해서는 부모의 동의와 협조가 필요한데, "*우리 애만 나쁘게 보시는 거 아니에요?*"와 같은 부정적인 태도나 "*학교에서 알아서 해 주세요.*"와 같은 무관심한 태도들은 교사를 정말 힘들게 한다.

저자가 만난 대부분의 교사는 헌신적으로 학생을 지도하려 애썼으며, 개개인의 학생을 사랑으로 이끌기 위해 온 힘을 다하는 존경스러운 분들이었다. 그러나 때때로 일부 교사의 이기심이 문제였다. 자신의 업무가 아니라는 이유로 학생 지도를 피하거나 자신에게 피해가 올까 걱정하며 자신의 이익만을 챙기려는 개인주의 교사도 있었다. 또한, 승진이나 교내에서의 자신의 입지와 욕구를 위해 엇박자를 내며 학생을 바라보는 시각이 다름을 고수한 채 협력하지 않는 교사들도 존재했다. 특히 일부 학교 관리자의 퇴임 직전 보신 또는 보여 주기식 학교 운영이 교사들의 어려움을 부추기고 학생들의 어려움을 외면하게 만든 경우도 많았다. 이와 같은 교내의 동료들 간의 이해관계나 불화, 학교와 교사 간의 역동은 일관된 학생 지도를 어렵게 한다. 이러한 일은 앞으로 더 이상 없어야 한다.

실제로 외현적 부적응 양상을 보이는 무법자들을 교사들이 통제하기 어렵다는 이유로 학생을 운동부로 배치하여 관리하는 학교들도 존재했다. 물론 한 학생으로 인해 정상적인 학교 운영이 어렵고 다른 학생들의 학습권을 방해한다면 그 학생을 따로 지도하는 것이 필요할 수 있다. 하지만 몇몇 학교에서는 강제로 운동부에 넣어 시간을 보내게 하고 에너지를 소진시키는 방식으로 학생을 관리하려 했다. 저자에게 학생을 설득하여 운동부에 들어가게 해 달라고 부탁하는 경우도 있었는데, 이는 잘못된 방법이라고 생각한다. 운동에 소질이 있고 운동을 좋아해서 하는 것이 아니라, 학교에서 학생을 통제하고 시간을 벌기 위해 학생의 미래와 삶을 고려하지 않고 반강제로 운동을 시키려는 것은 매우 안타까운 일이다. 청소년을 지도하는 것은 그의 인생에 큰 영향을 미칠 수 있기에 항상 책임감을 가지고 임해야 하며, 오늘의 지도와 교육이 청소년에게 진정으로 도움이 되는가에 대해 깊게 고민하는 것이 필요하고 중요하다. 그러나 운동부에 들어가 학교의 보편적인 시정을 따르지 않았던 청소년은 오히려 자신이 특권을 누린다고 생각하며 우월감에 도취되었다. 해당 조치는 훗날 기본적인 학교생활에 더욱 적응하지 못하는 결과를 초래했으며, 되돌아올 자리마저 좁게 만들었다. 이러한 지도 방식은 외현적 부적응을 강화시키고 그들만의 세계에 더 깊이 빠져들게 할 수 있으며, 학생 개인뿐만 아니라 전체 학교 환경에도 부정적인 영향을 미칠 수 있다. '한 명의 청소년이 성장하기 위해서는 온 마을이 함께 노력해야 한다'는 말처럼, 학교에서 학생을 지도하기 위해서는 부모를 비롯하여 상담교사, 보건교사, 생활교육부장, 담임교사, 교과 담당교사, 행정실장, 교감, 교장 등 많은 이들의 협력이 꼭 필요하다. 모두 같은 목표를 가지고 조금씩 자신의 욕심을 양보하며 청소년이 건강하게 성장할 수 있도록 함께 힘을 모아야 한다.

가장 중요한 것은 학생들의 태도이다. 과거에는 교사를 무서워하는 분위기도 있었다. 그러나 지금은 교권이 추락했고 학생이 교사에게 지적받으면 "왜요?"라는 말부터 나오는 세상이 되었다. 학생의 인권이 잘못된 방향으로 악용되어 교사가 학생을 지도하고 통제하기 어려워졌다. 무법자 청소년들은 이러한 상황을 기막히게도 잘 알고 있다. 너무 안타깝게도 자신을 지도하는 교사에게 "선생님, 우리 엄마가 주는 세금으로 월급 받지 않아요? 그런데 왜 저한테 이러시는 거예요?"라는 말을 하는 세상이 되어 버렸다. 많은 학교와 교육지원청에 자문을 하면서 마땅한 지도 방법과 권한이 없어 상처받은 교사들을 많이 보아 왔다. 수업 시간에 장난치는 학생을 지적한 선생님이 '언어를 이용한 정서학대'라는 이유로 경찰에 신고당하기도 했고, 부모들의 악성 민원에 시달리기도 했다. 한 학교에서는 학생이 수업 시간에 잠을 자도 깨우지 않았는데, 이는 극성 학부모의 민원을 피하기 위해서였다. 교과 담당 교사가 할 수 있는 최선은 수업 종료 후 담임 교사에게 학생들의 수업 태도와 관련된 상황을 보고하는 것뿐이었다. 이러한 부모들의 이기심이 학생들의 생활 지도를 방해하며 교사를 무기력하게 만든다. 교육기관에서 발생하는 생활 지도와 관련된 다양한 문제는 우리 모두가 사회적으로 함께 깊이 고민해 보아야 한다.

한계적 지도와 이를 악용하는 청소년 그리고 잘못된 강화

학교에서 무법자가 된 청소년을 지도하는 일은 매우 어렵다. 이들 무법자들은 기본적으로 통제가 되지 않는다. 특히 99%의 일반 학생들과 1%의 외현적 부적응 학생들이 뚜렷하게 구분되지 않는 중학교 1학년 전후 시기에는 학생들이 무리 지어 다니며 학교를 휘저어 놓는다. 그 과정에서 학교폭력까지 빈번하게 발생시켜 교사를 더욱 곤혹스럽고 힘들게 한다. 이들은 학교의 모든 질서를 깨트리며 수업 시간을 방해하고 중간고사와 기말고사, 수행평가, 영어 듣기 시험과 같은 중요한 시간에 방해를 하기도 한다. 이로 인해 학생들의 입시에 예민한, 또는 피해를 호소하는 일반 학생들의 부모들은 아이의 수업권을 보장해 달라며 강하게 학교에 민원을 제기하게 되고, 민원을 받은 학교와 교사는 중간에서 난처한 상황에 처한다. 교사는 이러한 무법자인 학생을 훈육하고 지도하기 위해 애쓰지만, 때로는 다른 학생들의 학습권을 보호하고 피해를 방지하기 위해 "조용히 엎드려 있어라.", "차라리 잠을 자라.", "보건실에 다녀와라.", "상담실에 다녀와라." 등 한계적인 지도 방법을 사용하기도 한다. 그러나 무법자가 된 청소년은 이를 반복적으로 악용해 적응적인 학교생활에서 더욱 멀어지게 된다. 이 과정이 부적응적 행동을 강화시키는 중요한 요인들이 된다. 이들은 기본적인 질서를 지키지 않을 뿐 아니라, 하지 말아야 할 행동을 추가하기도 하는데 대표적인 예가 '교내 흡연'이다. 화장실, 복도, 계단, 화단, 주차장, 운동장, 분리수거장 등 교내의 사각지대에서 전자담배 혹은 연초를 피우며 학교를 무법자의 영역으로 만들고자 한다. 수업 시간에 막무가내로 돌아다니며 소리 지르고, 자신을 지도하려는 교사에게 욕설을 하기도 한다. 이러한 악순환 속에서 점점 자신에 대한 통제와 구속을 따분하게만 느끼게 되고 한계적인 지도를 악용하며 적응적인 영역과 패턴에서 벗어난다. 학교는 흥미도 없고 재미도 없으며, 수업 시간에 들어가도 무슨 말인지 이해하지 못하고 맥락을 전혀 파악하지 못한다. 학급 친구들과의 관계도 불편해지고 모든 것이 귀찮게 느껴지기 시작하며 재미없게 느껴진다. 이로 인해 지각, 조퇴, 결석이 점차 늘어나게 되고, 결국 '등교 거부'로 이어진다. 쉬는 시간에 어울릴 무법자 친구들이 있다면 그나마 등교라도 하겠지만, 학교에 품행 문제를 보이는 학생이 적고 그들의 준거집단이 다른 학교에 있다면 자신이 다니는 학교에 대한 흥미는 대단히 빠른 속도로 떨어지게 된다.

등교 거부가 시작되면 부모는 아이가 '통제 불능 상태'라고 느끼게 된다. 이로 인해 부모는 큰 걱정과 스트레스를 받게 되며, 다양한 방법으로 아이를 다시 학교에 보내려 애쓰지만, 난폭해진 자녀의 폭력적인 언행과 태도에 겁을 먹기도 한다. 한편, 의무 교육 과정인 중학교의 교사들은 학생이 유급되지 않도록 많은 노력을 기울인다. 교사들은 학생의 중학교 졸업을 위해 학생에게 지속적으로 등교를 부탁하는 상황에 처하게 된다. 교사들은 학생을 설득하고 학교 적응을 돕기 위해 개인 면담, 가정 방문, 특별 지도 프로그램 등을 마련하지만, 학생이 계속해서 등교를 거부하면 한계에 부딪히게 된다. 이로 인해 학생의 학업 유지가 더욱 어려워지며 학교의 적응과는 거리가 더욱 멀어진다. 현실적으로 의무 교육인 중학교에서 유급을 하는 것은 학생에게도 좋지 않으며, 차년도 진급하는 학생들에게 불편함을 주는 등 학교 운영에도 차질을 빚는다. 실제로 무법자 청소년이 유급 위기에 처했을 때, 그들로부터 피해를 입은 후배 부모들과 다른 학생 부모들이 해당 학생의 유급을 대단히 우려하며 학교에 대규모 민원을 제기하기도 했다.

성인이라면 자신의 행동 결과를 평가받아 유급과 같은 불이익을 받을

94

수 있지만, 중학생에게는 교사가 매몰차게 유급을 강요하기도 어렵다. 따라서 유급을 피하기 위해 많은 교사와 학교는 해당 학생에게 진급하고 졸업할 수 있도록 출석을 요청한다. 학생의 출석은 당연한 일이지만, 이러한 과정에서 학생이 출결 여부를 선택하며 관계의 주도권을 쥐게 되는 아이러니한 상황이 발생한다. 때로는 교사들이 학생의 출결 인정을 위해 최소한의 교칙을 설명하며 "지각해도 좋으니 학교만 나와 줘.", "하루에 30분만 나와서 선생님 얼굴을 보고 가면 출석을 인정해 줄게.", "학교에 나와서 점심만이라도 먹고 가."라며 학생을 타이르고, 학교에 조금이라도 나오게 하려고 노력하기도 한다. 생활교육부장이 학생에게 전화를 걸어 "내일은 학교에 오니?"라고 물어보는 경우도 있었다. 이러한 상황은 교사에게도 힘들고 지치게 하며, 다른 일반 학생들을 지도하는 데 큰 어려움을 준다. 교사들도 이렇게 해야만 하는 상황이 난처할 뿐이며, 다른 학생들과의 형평성 문제에 때로는 곤욕을 치르기도 한다. 하지만, 학교와 교사의 이러한 노력에도 불구하고 무법자인 비행청소년들은 배려해 주는 학교의 저자세를 더욱 악용한다. 이러한 상황은 학생들로 하여금 자신들만이 누릴 수 있는 특권이라고 생각하게 만들며, 무질서한 삶과 부적응적 행동을 한층 더 업그레이드시키는 강화의 계기가 된다.

무법자들은 학교 교칙을 자신에게 유리하게 해석하고, 마치 직장인이 연차를 사용하듯 결석과 지각, 출결일수를 정확히 계산하며 학교를 다닌다. 교사의 출결 지도에 학생은 "아직 결석 23일 더 해도 되잖아요? 출결일수 넘지 않았어요?"라고 당연한 것처럼 뻔뻔하게 반박한다. 이러한 정보는 자신들의 준거집단에서 습득하며, 그들만의 세상 속 또래들이 등교하지 않고 빠져나가는 모습을 모델링하며 학습해 나간다.

결과적으로, 학교의 무법자가 된 중학생은 학업 동기 저하와 성적 하락 뿐만 아니라 학교생활 전반에 걸쳐 부적응을 겪게 된다. 이들은 지각, 조퇴, 결석, 등교 거부를 반복하며 학교의 기본적인 교칙을 위반하고, 질서를 바로잡으려는 교사에게 반항하는 등 교권을 침해한다. 이러한 행동은 교사와 학생 간의 갈등을 초래하게 되고 학생들 간의 언어·신체·사이버폭력으로 이어지기도 하며, 잦은 교칙의 위반으로 인한 벌점이 가득 쌓여 생활교육위원회를 개최하게 한다.

교권 침해, 학교폭력 등 생활교육위원회 회부

　당연히 지켜야 할 교칙을 반복적으로 위반하는 무법자가 된 학생들은 학교의 무가치함이 커짐에 따라 우월감에 취해 자신의 자존심을 고양시키고자 교권을 침해하고 규칙을 위반하는 행동을 일삼는다. 이러한 학생들은 교사와의 갈등을 유발하며 학교생활 전반에 걸쳐 혼란을 일으킨다. 뿐만 아니라, 이들은 학교폭력의 가해자가 되기도 하며, 때로는 그들만의 세상에서 발생한 사건들로 인해 피해자가 되어 생활교육위원회에 회부된다. 성인이라면 징계를 받겠지만, 성장하고 배우는 학생들에게는 징계보다는 선도라는 표현을 주로 사용한다. 징계위원회 혹은 선도위원회 격인 생활교육위원회에 회부된 학생들은 학교의 정해진 교칙과 기준에 따라 처분을 받는다.

효과적이지 못한 청소년 선도를 위한 교육과 프로그램들

학교생활에 원만하게 적응하지 못하고 갈등을 부추기며 사회적 질서를 위반하는 청소년을 선도하고 올바른 길로 인도하기 위해 일반적으로 행하는 청소년 지도 시스템이 있다.

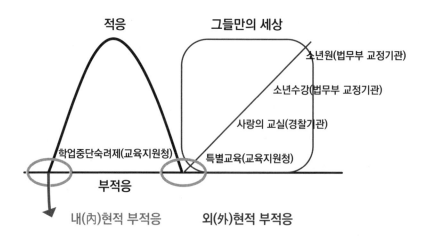

다음은 외현적 부적응을 겪는 청소년들이 받는 교육과정을 도식화한 그림이다. 비록 비행청소년들이 반드시 해당 교육을 순서대로 받는 것은 아니지만, 비행이 진행됨에 따라 그 정도가 심화되기 때문에 대체로 이 순서에 따라 교육을 받게 된다. 이러한 교육을 받은 청소년이 있다면, 그 청소년이 현재 어느 단계에서 방황하고 있는지, 그리고 비행이 얼마나 진행되었는지를 파악하는 데 중요한 기준이 될 수 있다. 이를 통해 청소년들의 현재 상황을 더 잘 이해하고, 적절한 대응 방안을 마련할 수 있을 것이다.

▎ 생활교육위원회의 징계 처분

학교와 교육지원청에서 이루어지는 선도 조치가 있다. 일반적으로 청소년은 학교생활에서 미인정 지각, 조퇴, 결석의 반복, 도박 및 절도, 흡연 및 음주, 가출, 부정행위, 학교 및 사이버폭력, 교사 지시 불이행, 교권 침해, 교내에서의 과도한 스킨십, 성폭력 및 성희롱, 전동 킥보드 및 오토바이 사용, 수업과 시험의 일방적 거부, 불건전한 약물 사용, 생활교육 불응 등의 이유로 생활교육위원회에 회부될 수 있다. 학교마다 정한 기준과 교칙에 근거하여 단계별로 징계가 이루어진다. 학생에 대한 징계는 대체로 문제학생에 대한 처벌과 대응의 조치보다는 예방 교육에 중점을 두고 있으며, 생활교육위원회의 결정은 평소의 품성과 생활 태도를 참작하여 진행된다.

보편적으로 학교에서는 학생에 대한 징계를 크게 '교내봉사, 사회봉사, 특별 교육 이수, 출석 정지'로 구분한다. 통상적으로 '교내 봉사'는 학교 환경미화, 교재 및 교구 정비, 교사들의 업무 보조, 도서관 정비, 예방 캠페인 등 교내에서 각종 봉사활동을 수행하는 것을 의미한다. '사회봉사'는 지역 행정 및 공공기관, 사회복지기관 등에 위탁하여 지역사회에 필요한 일과 관련된 각종 봉사활동을 하는 것을 뜻한다. '특별 교육'은 교육감이 설치·운영하는 특별 교육과정을 이수하는 것으로 교육지원청에서 주관하며 지정된 특별 교육 시설이나 위탁교육을 계약한 특별 교육기관 또는 전문치료기관 등에서 상담 및 교육을 받는 것을 말한다. 특별 교육을 받게 된 경우, 특별 교육 이수증을 반드시 제출해야 하며 이를 제출하지 못한 경우에는 미인정 결석으로 처리될 수 있다. '출석 정지'는 일정 기간 학교에 등교하지 못하고 학교 또는 보호자 책임하에 가정 학습 등 별도의 지도를 받는 것을 의미한다.

생활교육위원회의 징계로 학생들이 반성하고 뉘우친다면 정말 다행이지만, 그렇지 못한 경우가 대부분이다. 저자가 지켜본바, 많은 학생들은 깨닫고 느끼기보단 더 큰 징계를 받지 않아 다행이라고만 생각하는 경향이 많았고, 이행하기 쉬운 징계를 받고자 애쓰는 모습을 보였다. 특히 특별 교육이나 사회봉사에 대해서는 아쉬움이 많았다. 물론 성실하게 임하는 청소년들도 있었고 열심히 청소년을 지도하기 위해 노력하는 사회 각 기관의 종사자들도 있었지만, 저자가 본 징계의 실태와 한계는 다음과 같았다.

▌ 교육기관의 학업중단숙려제와 특별 교육

품행 문제가 심한 청소년의 경우, 학교에서 데리고 있기가 부담되고 힘들어서 사회봉사, 특별 교육, 학업중단숙려제 등으로 돌려 버리는 것을 종종 목격했다. 그러나 이러한 조치는 청소년들에게 아무런 도움이 되지 않는다. '학업중단숙려제'는 징계와는 아무런 관계가 없으며, 해당 교육이 필요한 경우 학교에서 교육지원청으로 신청하게 된다. 학업중단숙려제는 학업 중단을 예방하기 위해 일정 기간 숙려 기간을 두고 교육과 프로그램에 참여하는 제도이다. 지역마다 차이는 있지만, 저자의 지도 경험상 학업중단숙려제의 많은 비율이 품행 문제를 보이는 청소년이었던 것으로 기억된다. 벌을 받는 것은 아니지만, 학업중단숙려제 기간에 부적응 청소년을 지도하게 된다면 그 기회를 놓치지 않고 우리 청소년이 다시 학교로 돌아가 건강하게 잘 적응할 수 있도록 섬세하게 최선의 노력을 다해야 한다.

학교는 교육기관이다. 그러나 학생을 일반적인 지도 방법으로만 교육할 수 없다고 판단할 때 외부 기관에 교육과 지도를 요청하여 진행하는 교육이 바로 '특별 교육'이다. 저자는 여러 기관에서 특별 교육 강사로 활동하며 많은 전문가들이 헌신적으로 학생들에게 교육과 심리적 지원을 제공하는 모습을 목격했다. 그러나 일부 기관에서는 특별 교육이 피상적으로 운영되어 청소년들에게 효과적으로 다가서지 못하는 경우도 있었다. 특별 교육은 기관의 여건에 따라 교육의 편차가 상당히 심했다. 일부 기관에서는 1:1로 교육을 진행하여 학생 개인에게 초점을 맞추어 심층적인 지도를 제공할 수 있었던 반면, 10명이 넘는 학생이 함께 교육을 받는 경우도 있었고 그중에는 학교폭력의 가해자와 피해자가 섞여 있는 경우도 있었다. 때로는 외부 위탁기관이 관리할 여력과 환경이 부족함에도 실적과 이익을 위해 많은 학생을 받아들이려 했다. 이런 경우, 여러 명의 학생이 함께 교육을 받게 되어 중학교 1학년 여학생과 고등학교 3학년 남학생이 함께 교육을 받는 상황이 생기기도 했다. 교육 구성원의 편차가 심한 경우, 성장과 교육 수준의 큰 차이로 인해 교육과 지도에 어려움이 발생한다. 이러한 문제는 학생들에게 적절한 교육과 지도를 제공하지 못하게 하며 결과적으로 그들의 학교생활과 사회 적응에 부정적인 영향을 미칠 수 있다. 학교에서는 특별 교육을 받고 오면 조금은 달라져 있을 것이라 기대하기도 했는데, 효과적이지 못한 교육 진행으로 변화되지 않은 모습에 실망하고 좌절하는 모습을 보이기도 했다. 일부 특별 교육에서는 오히려 그들만의 세상의 인맥이 더 넓어지는 만남의 장이 되기도 하며 부적응적 행동과 태도가 강화되는 시간이 되기도 했다.

교육의 내용도 중요한데, 교육의 질과 프로그램의 커리큘럼에는 더 큰 아쉬움이 있었다. 교육기관별 교육 수준의 편차는 매우 컸다. 일부 외부 위탁기관은 교육 시간 내내 영화를 틀어 주거나 아무런 교육도 하지 않은 채 휴대폰만 보게 하며 시간을 때우는 경우도 흔했다. 특별 교육에 참여한 비행청소년들이 저자에게 연락해 *"특별 교육에서 배운 것이 아무것도 없어요. 쓸데 없는 이야기만 하다가 영상 틀어 주고 끝났어요."* 라고 자주 이야기했다. 무법자라 불리던 그들이 오죽했으면 이런 이야기를 할까 하는 생각도 많이 든다. 프로그램은 대체로 연속된 5일 동안 진행되는데, 기관에서는 다양한 강사와 그럴듯한 프로그램명으로 채우지만, 품행에 문제가 있는 청소년에게는 전혀 도움이 되지 않는 경우가 대부분이었다. 교권을 침해하고 교내에서 흡연하며 무법자로 생활하는 중학생과 고등학생들을 데려다가 '과자로 감정 표현하기, 화분 만들기, 비누 만들기, 풍선 아트, 영화 감상, 보드게임, 떡볶이 만들기, 꽃꽂이, 새싹 키우기' 같은 활동을 시키는 경우가 많았다. 이런 활동들은 실적을 위한 풍성한 사진을 위한 교육들에 불과했다. 이러한 활동들은 겉보기엔 교육이 잘 준비된 것처럼 보이지만, 실제로는 사진 자료와 생색내기의 근거일 뿐 비행청소년 교육으로는 내실이 전혀 없는 교육들이다. 이러한 교육은 초등학생이나 체험의 기회가 필요한 경우에 효과적일 수 있지만, 품행에 문제가 있는 청소년에게는 적절하지 않다.

기관의 전문성이 부족한 경우 이들과 라포를 형성하는 데 어려움을 겪었으며, 이를 위해 사용한 매개의 도구도 적절하지 못했다. 비행청소년인 고등학교 3학년 친구들에게 맥락 없는 타로 카드를 하고 보드게임을 하는 것은 그들의 행동 수정에 도움이 되지 않는다. 이러한 교육은 소화 불량으로 힘들어하는 사람에게 다리에 붙일 파스를 주는 것과 같다. 일부 기관에서는 청소년에게 점심 식사를 제공하는데, 특별 교육 내내 누워서 시간을 보내는 청소년들을 제대로 지도하지 못하고, 그들에게 *"내일도 꼭 와. 선생님이 되자깅 스티게티 시켜줄게. 꼭 출석해야 돼."* 라고 말하는 것을 교육 현장에서 본 적이 있다. 이는 정말 안타깝고 황당한 일이었다. 흡연을 허용해 주는 기관도 있었는데, 이러한 상황들은 청소년들의 부정적인 행동을 오히려 강화시키는 것이었다. 이 글을 읽는 특별 교육기관이 있다면, 이러한 시간 때우기식 프로그램과 운영을 정말 지양止揚 해 주길 바란다. 소중한 시스템인 특별 교육이 의미 있게 제대로 진행될 수 있도록 지혜를 모으는 것이 꼭 필요하다. 무엇이 진정으로 청소년을 위한 길인지 생각해 보아야 하며, 결정적 시기의 타이밍을 놓치지 않도록 사명감을 갖고 최적의 개입을 고민해야 한다. 이들은 문화센터에 취미 활동을 하러 온 것이 아니며, 처벌의 일환으로 그 교육을 받으러 온 것이다. 교육을 통해 배우고 느끼며 정서적 안녕감을 얻어 학교로 돌아가 이전의 행동을 성숙된 행동으로 변화시켜야 한다. 청소년의 나이와 의뢰 사유에 맞는 적절한 교육이 이루어지길 바란다.

특별 교육의 효과를 높이기 위해서는 교육환경을 개선하고 학생들의 개별적인 필요를 충족시킬 수 있는 맞춤형 접근이 필요하다. 이를 위해 교육기관은 충분한 인력과 자원을 확보하고, 학생들의 다양한 배경과 수준을 고려한 교육 프로그램을 개발해야 한다. 특별 교육은 학교마다 의뢰하는 기준과 사유가 달랐고 그것을 진행하는 기관에 따라 운영하는 방식도 모두 상이하였는데, 효과적인 교육을 위해 이러한 부분은 제도적으로 좀 더 뒷받침되어 교육 진행에 따른 기준과 소통 방법의 일관성을 갖추면 좋겠다.

저자가 했던 특별 교육에서 기억에 남는 효과적인 지도의 사례를 하나 소개하자면, 특별 교육은 의뢰되어 처분을 받은 기간 혹은 시간 동안만 진행된다. 특별 교육을 진행하는 어느 지역의 한 교육지원청의 Wee센터에서는 심층 상담 형식으로 개별화되어 진행된 특별 교육이 종료된 후, 일정 기간이 지나 직접 학교에 찾아가 추수 회기를 진행했었다. 학생을 지도했던 강사가 이전에 지도했던 청소년들을 찾아가 학교에 잘 적응하는지 살피며 격려하고, 교사와 학생을 면담하며 추가적으로 적응을 돕기 위해 연속적인 사례 관리를 진행했다. 이러한 지지에 정서적 안정감을 느낀 학생들은 많이 좋아하는 모습이었으며, 이러한 장기적이고 일관된 지도는 학생들의 건강한 학교생활 적응에 큰 도움이 되었다. 무엇이든 꾸준한 관리가 중요하다. 부적응을 지도함에 있어 궁극적으로 가장 중요한 것은 자신의 자리로 돌아가 건강한 환경에서 잘 적응하며 올바르게 성장하도록 하는 것이다.

▌ 교외 사회봉사

사회봉사는 봉사 정신을 함양하고 자신의 잘못과 생활을 되돌아보며 반성하는 기회를 제공하는 것이 목적이다. 사회봉사는 단순히 벌을 주는 것이 아니라, 학생들이 성장하고 성찰할 수 있는 기회를 제공하는 중요한 교육적 기회이다. 하지만, 이러한 취지와는 달리 대체로 외부 기관의 사회봉사는 해당 지역사회 기관에 가서 교육의 의미는 알지 못한 채, 단순노동만 반복하는 경우가 많았다. 기관의 대청소, 복사, 문서 세절 등의 노동을 수행하는 경우가 많았으며, 이러한 시간과 활동이 스스로의 삶을 되돌아보고 성찰하는 시간으로 이어지지 못한 경우가 대부분이었다. 일부 기관에서 청소년을 귀찮아하고 방치하기도 하였으며 봉사활동에 의뢰된 청소년을 일꾼처럼 취급하며 부려 먹는 경우도 있었다. 기관에 종사하는 담당자가 청소년에 대한 이해가 전혀 없는 경우도 허다했다. 사회봉사를 부여받은 비행청소년들이 저자에게 연락해 격려차 기관을 직접 방문하여 관찰하게 된 적이 있었는데, 그들은 컴퓨터실에서 게임만 하며 일주일의 긴 시간을 때웠었다. 서로 다른 학교의 학생들이었지만, 학교에서 각각 생활교육위원회에 회부되어 사회봉사 처분을 받고 한 기관으로 모이게 된 것이었다. 마치 그들만의 세상이 모두 연결되어 있듯, 이들은 복지관을 또 다른 집결지로 삼아 그 장소를 놀이터처럼 사용했다. 관리자는 이들을 통제하지 못했고, 통제하려 하지도 않았다. 이런 상황은 사회봉사의 본래 목적을 완전히 무색하게 만들었다. 활동을 통해 자신을 돌아보고 사회에 기여하는 기회를 제공하기보다 학교와 단절시키고 오히려 그들만의 세상을 더욱 강화하는 결과를 초래했다. 최소한 학교에 가지 않고 사회봉사를 하게 된다면 이러한 봉사를 통해 스스로를 되돌아보고 자신의 행동을 성찰하는 노력이 필요하다. 이를 해결하기 위해서는 사회봉사 프로그램의 질을 높이고, 청소년들이 실제로 봉사의 의미를 체험할 수 있도록 엄격한 관리와 지도가 필요하다. 복지기관에서 학생을 지도할 수 없다면 교내에서 사회봉사 전후 교육을 통해 처분의 의미와 자세 등을 면밀하게 교육해야 한다. 기관의 관리자 역시 책임감을 가지고 학생들의 활동을 지속적으로 모니터링하며 지도해야 한다. 봉사에 참여한 학생들을 단순한 노동력으로만 여길 것이 아니라, 청소년 선도 차원에서 봉사활동의 목적과 가치를 이해시키고 스스로를 되돌아볼 수 있는 기회를 제공하는 활동이 함께 포함되어야 한다.

▎ 경찰기관의 선도 프로그램 사랑의 교실

학교와 교육지원청, 그리고 다양한 지역사회의 노력에도 불구하고 그들만의 세상에 빠진 청소년은 쉽게 변화되지 못한다. 학생이 변화하지 못하고 계속 말썽을 부리게 되면, 범죄의 선상線上에서 결국 경찰을 만나게 된다. 경찰 조사를 받는 청소년들은 경찰기관에서 진행하는 선도 프로그램인 '사랑의 교실'에 참여하게 된다.

사랑의 교실은 경찰청에서 주관하는 청소년 범죄를 예방하고 재범을 최소화하며 건전한 사회 구성원으로 성장할 수 있도록 교육하는 심리 지원 프로그램이다. 사랑의 교실은 일반적으로 10시간, 총 3일의 기간 동안 하루 3~4시간씩 진행된다. 사랑의 교실도 대체로 외부의 청소년 관련 지역사회 기관에서 위탁하여 진행되는데, 이 교육도 특별 교육의 한계점과 실태가 유사하다. 왜냐하면 특별 교육을 진행한 기관에서 사랑의 교실도 같이 진행하는 경우가 많기 때문이다. 같은 기관에서 같은 강사와 같은 프로그램, 똑같은 방법으로 지도를 한다. 저자가 본 불성실한 일부 사랑의 교실 운영기관은 학생들을 모아 놓고 사진을 찍고 교육의 흔적과 보고서 작성을 위한 간단한 인적사항을 작성하게 한 뒤, 영화를 틀어 주고 기관 대청소로 마무리하는 것을 목격한 적이 있었다. 예산이 이렇게 사용되어서는 안 될 뿐만 아니라 현재 문제 행동을 보이는 청소년들의 인생을 위해서도 이렇게 무의미하게 대충 진행되어서는 정말 안 된다. 교육기관들의 일관되고 효과적인 교육을 위해 관련 전문가들이 기준을 수립하고 철저하게 감사를 진행해야 하며, 외부 교육기관들의 효과적인 개입과 운영을 위한 전문 워크숍을 실시하여 교육의 방법과 내용, 진행, 전문성에 대해 지도하고 확인하는 노력이 필요하다.

교정기관 법무부의 소년보호처분과
보호관찰소준법지원센터의 수강명령

가정과 학교, 교육기관, 그리고 경찰기관의 지도 아래 청소년이 사고와 범죄, 재범 없이 건강하게 성장하는 것이 이상적이지만, 그렇지 못한 경우 경찰에 다시 붙잡혀 검찰로 넘겨지고 재판을 받게 된다. 청소년은 성장하는 시기에 처벌보다는 보호와 지도, 교육을 주된 목적으로 하는 '소년보호처분'이 존재한다. 소년보호처분은 형사처분에 관한 특별 조치를 통해 청소년이 건전하고 건강하게 성장하도록 돕는 데 중점을 두며, 반사회적 경향을 가진 청소년의 품행 교정과 환경 조정을 목적으로 한다. 구체적으로 범죄에 상응한 처벌을 받고 형의 실효 등에 관한 법률을 적용받으며, 구체적 형명과 형기가 명시된 범죄경력 자료로 관리되는 형법의 형사처벌과는 달리, 소년법의 소년보호처분은 개선 가능성이 많은 소년에 대해 처벌하기보다 보호하고 교육하며 지도하여 사회에 복귀할 수 있도록 기회를 주는 것이다.

소년법 제32조 제6항에 따르면, 소년보호처분은 청소년의 장래 신상에 영향을 미치지 않는다고 명시되어 있다. 범죄경력 자료에도 '소년보호사건'으로 표기되며, 수사경력 자료로 관리가 이루어진다. 하지만, 때로는 이를 잘 알고 있는 청소년들이 소년법을 악용한다. 소년보호처분은 1호부터 10호까지 있으며,

1호 보호자 위탁

2호 수강명령

3호 사회봉사

4호 단기보호관찰

5호 장기보호관찰

6호 소년보호시설 감호위탁

7호 소년의료보호시설 감호위탁

8호 1개월 이내 소년원 송치

9호 단기 소년원 송치

10호 장기 소년원 송치

로 나뉜다. 1호부터 5호까지는 부모 혹은 주 양육자의 역할이 강조되며 법무부 보호관찰소 담당관의 지도를 받는 사회 내 처분이고, 6호부터 10호까지는 시설 내 처분으로 시설 담당자의 지도를 받는 것으로 구분된다. 재범의 비율이 높고 재판 결과 위법이 클수록 높은 호수의 처분을 받게 된다. 사회 내 처분에서 보호관찰을 제대로 이행하지 않거나, 야간외출제한명령 야간전화, 야간에 외출 제한을 위해 정해진 시간, 당일 22시 – 익일 6시에 무작위의 반복적 전화를 걸어 외출금지 시간 내 생활을 체크하는 자동화된 음성 감독 시스템 이나 소년부 판사 혹은 보호관찰 담당관의 명령을 준수하지 않으면 경고장 발행 등의 절차에 의해 처분이 변경될 수 있다.

청소년에게는 일방적 처벌보다 소년의 보호와 지도가 우선시되어야 하며, 건강한 성장을 위한 적절한 교육과 효과적인 지도가 필요하다. 법무부 보호관찰소에서는 소년보호처분을 받는 청소년의 보호와 지도를 위해 다양한 노력을 기울였다. 분류 등급에 따라 소년보호관찰 대상자를 지도/감독하고, 관련 집중 대상자에 대한 처우 점검 회의를 실시하며 개인 면담 프로그램을 진행하기도 했다. 학교 전담 보호관찰관이 학교로 가서 보호관찰 대상 소년의 학교생활을 점검하는 노력도 했으며, 검정고시 응시 지원 및 저소득층 청소년의 경제적 지원 등 다양한 각도로 재범을 방지하고 사회로의 복귀를 위해 애썼다. 하지만 이러한 좋은 시스템과 많은 사회적 노력에도 불구하고 실제 비행의 늪에 빠져 이중생활에 몰두한 청소년에게는 이러한 노력들이 충분히 스며들지 못하는 현실적인 어려움이 존재했다.

소년보호처분 중 특별 교육과 사랑의 교실과 비슷한 교육 관련 처분은 '2호 수강명령'이다. 수강명령은 준법지원센터 내에서 직접 진행하기도 하지만, 외부 청소년 관련 기관에 위탁하여 진행하는 경우가 많다. 법무부에서 위탁받아 외부 기관에서 진행하는 경우에도 교육의 질과 내용이 떨어지는 경우가 상당히 많았다. 특별 교육과 사랑의 교실을 위탁받아 진행하는 기관들은 수강명령 교육도 함께 진행하는 경우가 많았으며, 기존의 마련해 둔 교육 프로그램과 내용을 그대로 반복하는 등 교육의 한계점이 그대로 드러났다. 일부 기관에서는 저자에게 '오셔서 강의보다 시간만 때워 주면 된다, 강의 내용은 중요하지 않다'고 말하며 부모 교육을 의뢰한 적이 있었는데, 정말 회의감이 느껴졌다. 이러한 무책임하게 운영되는 기관들을 비롯하여, 법무부에서 재판을 받아 소년보호처분을 받은 청소년들은 비행의 늪에 빠져 있는 경우가 많음에도 불구하고, 청소년 비행에 대한 이해 없이 체험 활동 등의 피상적인 교육을 진행하는 기관도 많았다. 이렇게 해서는 안 된다. 보편적으로 진행되는 소년수강 교육은 때때로 무질서하게 운영되었다. 40시간의 교육이 여러 강사에 의해 나뉘어 진행되다 보니, 일관된 메시지를 전달하기가 어려웠다. 수강명령을 받은 청소년들은 저자에게 "전부 다 자고 있어요. 왜 교육을 하는지 모르겠어요. 그냥 시간 아까워요."라고 말했고, 쉬는 시간에는 "모두가 다 같이 흡연하러 가요."라고 말하기도 했다. 품행 문제를 해결하는 데 필수적인 생활 지도와 행동 수정은 전혀 이루어지지 못했다. 이로 인해 교육의 효과는 저하되었고, 소년들의 행동 변화에 실질적인 도움이 되지 않는 상황이었다.

보호관찰소의 담당자들은 열정적으로 업무에 임하며, 청소년을 지도하기 위해 노력했다. 그러나 시스템의 한계는 그들의 업무에 아쉬움으로 작용했다. 잦은 인사이동은 청소년 지도의 연속성과 일관성을 해쳤고 업무 숙련도 부족과 과도한 업무량으로 인해 어려움을 겪었다. 또한 제도적 한계와 인적 자원의 부족으로 인해 다른 수강 업무와 동시에 소년수강 업무를 처리해야 하기도 했다. 신참 공무원이 소년수강을 혼자 맡는 경우가 많았는데, 이는 업무의 숙련도 부족과 과도한 책임으로 인해 청소년 지도를 어렵게 하는 주요 요인이 되었다. 이러한 상황들은 소년수강 교육의 질을 저하시켰다.

또한, 청소년 지도에서 부모의 역할이 중요함에도 협조가 되지 않는 경우가 흔했다. 많은 비행청소년들의 부모들은 올바른 자녀 양육방법을 알지 못했으며, 이는 청소년의 문제 행동을 개선하는 데 어려움으로 작용했다. 이러한 문제를 소년수강에서 모두 해결하기에는 현실적인 한계가 존재했다. 2호 처분의 결과로 부모 교육을 명령받은 일부 부모들이 정해진 시간에 따라 교육을 받았지만, 짧은 대규모의 교육으로는 근본적인 문제를 해결하기 어려웠으며, 부모들이 자녀 양육에 실질적인 변화를 이루기에는 부족함이 있었다.

반복되는 효과적이지 못한 교육과 상담이 가져온 상담 내성

| 반복되는 효과적이지 못한 교육: 교내 흡연 예방 교육

현재 학교에서 시행되는 흡연 예방 교육은 학생들의 삶과 동떨어진 내용으로 구성되어 효과가 미미하다. '흡연을 하면 키가 크지 않는다', '폐가 나빠진다', '쉽게 피로해진다', '피가 탁해진다' 등과 같은 청소년의 삶과 동떨어진 학교의 식상한 캠페인은 청소년들에게 큰 공감을 불러일으키지 못한다. 이러한 캠페인과 교육에 흡연을 하는 비행청소년들은 "선생님, 저 키가 187인데요?"라고 대답해 버린다. 대부분의 학교에서 보건 교사가 이 교육을 담당하고 있지만, 보건 교사는 학생들과의 접점이 부족하여 교육이 피상적으로 진행되는 경우가 많다. 또한, 학사 일정을 고려하다 보니 교육이 형식적으로 이루어지는 경우가 잦다. 일반적으로 의무 교육으로 진행되는 흡연 예방 교육은 방송으로 진행되는 경우가 많다. 방송을 통해 소리가 전달되고 각 반의 TV 화면에 PPT 자료가 표시되는 형태로 진행되지만, 학생들은 이 교육을 제대로 듣지 않는 경우가 대부분이다. 교사 및 학교 교직원들조차 형식적인 교육으로 인식하는 경우가 많으며, 이러한 형식적인 방송 교육은 학급회의 등 다른 활동에 밀려 소홀히 다뤄지기도 한다. 때때로 강당이나 시청각실에서 모여 흡연의 위험성에 대해 듣는 경우도 있지만, 넓은 공간에서 집중하기 어렵고, 학년에 맞지 않는 진부한 내용을 일방적으로 전달하기에 효과적이지 않다. 학생들은 뻔한 반복적 내용에 지루함을 느끼며, 이미 알고 있는 이야기로 치부하고 소홀하게 생각하는 경향이 많다. 특히 준거집단이 형성되는 초등학교와 중학교에서의 흡연 예방 교육은 매우 중요하며, 이때의 금연 교육이 품행을 예방하는 데 결정적인 역할을 한다. 모든 비행의 시작이 담배와 흡연 행동에서 비롯되는 만큼 흡연을 단순히 건강상의 위험으로만 다루는 것이 아니라, 청소년의 일탈과 외현적 부적응 그리고 이어지는 품행 문제의 관점에서 통합적으로 다루어 예방하고 지도해야 한다. 그러나 대부분의 학교에서는 이러한 교육이 건강에만 초점이 맞춰져 있고, 피상적이고 형식적으로 진행된다.

흡연을 하는 여러 학생들 중 소수를 추려 내어 흡연 예방 집단 프로그램을 진행하기도 하지만, 취지는 좋으나 아쉬움이 많다. 집단 응집력을 강화하는 형태의 집단 상담은 비행청소년에게 적절하지 않다. 학생의 참여를 유도하기 어려운 보건 교사는 사업의 진행을 위해 간식과 상품을 남발하기도 했는데, 이러한 방식의 교육은 주객이 전도되어 효과가 없는 교육으로 전락하는 경우가 많았다. 실제로 저자는 30분씩 8번의 교육을 8주간 진행한 적이 있었는데, 그마저도 점심시간에 진행되어 학생들이 점심을 먹고 나서 참여했기 때문에 실제로 저자를 만난 시간은 10분이 채 되지 않았다. 정해진 예산의 소진을 위해 간식은 산더미처럼 쌓아 두었으며, 8번 모두 출석한 학생에게는 문화상품권을 주기도 했다. 이 과정을 지켜본 다른 학생들은 저자에게 다가와 "저도 담배 피우면 선생님을 만날 수 있어요?"라고 물으며 부러워했다. 흡연을 한 학생들은 과자를 먹으면서 수업도 빠지고 선물도 받았지만, 흡연을 하지 않고 성실하게 규칙을 지켜 온 학생들은 아무런 혜택을 받지 못했다. 이러한 피상적이고 학생들에게 끌려가는 전시적 교육은 흡연을 하지 않는 학생들에게는 역차별로 다가왔다. 금연이 정말 필요한 학생들에게도 효과적이지 못한 교육의 반복으로 상담 내성만 커지게 만들었으며, 부적응적 행동만을 강화하는 역효과를 낳았다.

학교에서 금연에 의지가 있는 청소년을 지원하고 적극적으로 도와주는

112

것도 필요하다. 흡연 중인 학생들에게 금연 키트를 주는 학교도 있었지만, 때로는 금연 클리닉만 단순하게 안내해 주는 것에서 그치는 경우가 있어 아쉬웠다. 금연 의지가 있는 학생이 있다면, 담임교사, 생활교육부장, 상담교사, 보건교사, 학교 관리자 등이 학교 차원에서 협력하여 학생의 금연을 지원하고 지지해 주어야 한다. 특히 몰래 담배를 피워 왔던 청소년들의 금연을 적극적으로 지원하는 것이 중요하다. 부모와 교사 몰래 흡연해 온 어린 청소년들은 금연도 몰래 해야 하는 경우가 많다. 어른도 하기 힘든 금연을 청소년이, 그것도 몰래 숨어서 해야 한다면 그것이 얼마나 힘들고 어려울지 생각해 보아야 한다. 청소년의 흡연 예방을 위해 일관성 있는 지도를 제공하고, 청소년의 성장과 발달에 맞는 교육과 지도를 위해 학교 구성원 모두가 한마음이 되어 노력하는 것이 필요하다.

▌ 청소년 흡연에 대한 일부 외부위탁기관의 태도

학생들의 생활 지도와 관련하여 흡연을 주제로 저자도 논쟁을 한 적이 있다. '흡연 정도는 괜찮지 않은가?'라고 생각하는 부모도 있었고, 청소년 교육을 위탁받은 외부 기관에서 흡연을 두고 '청소년의 자율성을 보장해야 한다'고 주장하는 관리자와 의견이 대립하기도 했다. 현실적으로 흡연을 하는 청소년들이 참가한 프로그램을 진행하는 교육기관에서 무작정 흡연을 막기 어려운 것도 사실이다. 그러나 교내 흡연으로 특별 교육에 의뢰된 청소년에게 흡연 장소를 안내하며 청소년의 자유를 보장하고 자율성을 지켜 주어야 한다고 주장하는 것은 정말 터무니없다고 생각하며, 청소년 비행에 대해 너무 모른다는 생각밖에 들지 않는다. 청소년을 보호하기 위해 법적으로 청소년에게 담배를 판매할 수 없게 되어 있고, 청소년도 담배를 구매해서는 안 된다. 그럼에도 불구하고 해당 청소년이 교내 흡연으로 교육에 임하게 되었다면, 우리는 이를 바로잡기 위해 노력해야 한다. 하지만 청소년의 관리에 자신이 없는 일부 청소년 관련 기관에서는 청소년의 흡연에 대해 모르쇠로 일관하거나 공식적으로 허용해 주는 모습을 보였는데, 이는 정말 무책임한 행동들이다. 청소년이 일과 후 집으로 돌아가면서 흡연을 할지언정, 적어도 교육기관에서 교육을 받는 동안에는 규칙을 분명히 명시하며 올바른 행동을 가르치고 교육을 해 주는 것이 옳다. 실적을 위해 일부 청소년 관련 기관에서는 자신들의 프로그램에 청소년들의 참여가 저조해질까 염려하여 올바른 길로 지도하기보다는 부정 행동을 강화하는 경우도 있었다. '그나마 여기라도 오는 게 어딘가', '청소년 흡연 문제는 우리와 직접적인 상관이 없지 않은가' 하는 말로 이러한 한계를 무마시키려 하지만, 이는 잘못된 지도이다. 이러한 접근은 상담 내성을 길러 주고, 그들의 변화의 결정적 타이밍을 놓치게 만든다. 정말 무엇이 청소년을 진정으로 위하는 길인지 깊이 생각해 보아야 한다.

▎겉도는 상담과 교육의 반복된 결과: 상담 내성

학생들이 상담과 교육에 내성이 생긴다는 것을 잊어서는 안 된다. 비행 청소년들이 저자의 강의를 듣고 가장 많이 하는 말은 "이전의 뻔한 내용과 방법이 아니어서 놀랐다.", "식상한 내용이 아닌 너무나도 현실적인 내용들이었다.", "시간 때우는 교육이 아닌 진정 나에게 도움이 되는 시간이라 지나가는 시간이 아깝다."는 말들이었다. '학교에서는 늘 자던 시간이었는데, 이렇게 오랜 시간 눈을 뜨고 앉아 있어 본 적이 너무 오랜만이고, 이렇게 글을 쓰기 위해 잡는 볼펜은 2년 만에 처음'이라는 그들이 돈을 내고서라도 기회가 된다면 더 듣고 싶다고 했던 교육이 저자의 수강명령 교육이었다. "어떻게 하면 선생님 교육을 더 들을 수 있나요? 사고를 한 번 더 치면 소경섭 선생님을 만날 수 있나요?"라는 물음은 저자의 마음을 참 아프게 했다. 저자가 그들에게 준 사회적 지지의 역할도 있겠지만, 그들을 이끌어 준 현실적이고 그들의 세상을 정확하게 이해하며 그 세상에서 비롯한 건강한 해결 방법들이 그들의 마음을 흔들었다고 생각한다. 기존의 효과적이지 못한 청소년 선도를 위한 교육과 프로그램들에서 상처를 받고 온 청소년들은 어린 시절의 부적응에서 비롯된 문제로 인해 기존의 상담과 교육을 반복적으로 받아 왔다. 그들은 '자신의 속마음을 이야기했지만 공감받지 못했고, 피상적이고 시간만 때우는 교육에서 변화되지 못하며 이러한 노력이 아무런 의미가 없다는 것을 느껴 실망하고 상처를 받았다'고 말하기도 했다. 이러한 효과적이지 못한 교육과 상담을 다녀온 후, 상담의 효과를 물으며 변화를 종용하는 어른들이 더 싫다고 말하는 청소년들도 있었다. 유행하는 특정 심리검사를 13번이나 했던 청소년도 있었고, 거의 비슷한 강의들로 인해 강의 자료를 줄줄 외우는 청소년도 있었다. "저 이거 4번 했어요, 제가 설명해 볼까요?"라고 말하는 청소년도 있었고, "또 이거 해요? 이제 질려요."라고 말하는 청소년도 있었다. 이러한 상황에 대해 교육과 지도를 담당했던 우리들이 반성해야 할 부분이 많다고 생각한다.

일전에 이런 적이 있었다. 학생을 지도하며 관찰하던 도중, 팔에 자해 상처가 많은 것을 보고 따로 불러 짧게 면담을 한 적이 있었다. 어린 중학생이었던 이 청소년에게 "교육을 어떤 마음으로 듣고 있는가?"라는 기본적인 질문을 하자, 그는 다음과 같이 답했다. "자신에 대해 성찰하고 이해하며, 무엇이 근본적으로 잘못되었는지를 파악하고 근본적인 원인을 분석하여 자신의 생활을 되돌아보고 행동을 수정해 나가야 한다고 생각합니다. 근본적인 원인을 파악하기 위해서는 자신의 무의식을 탐색하는 것이 중요하며, 무의식에 있던 억눌린 감정을 해소하고 적절한 정서 조절 방법을 배우고, 이러한 사회기술훈련을 함께 학습하는 것이 중요하다고 생각합니다." 강사였던 저자는 이 답변이 너무 황당하기도 했고, 간단한 질문에 어린 친구가 왜 이런 전문용어까지 써 가면서 답을 하는 것일까 생각이 들어 조금 더 이야기를 나누었다. 어린 학생이 이렇게 답한 이유는 '빨리 끝내기 위해서'였다. 모범 답안을 말해 원하는 답을 빨리 주고 상황을 피하고자 했다는 것이었다. 그 이유에 대해 물어보았는데, '그동안 이러한 상담과 겉도는 지도가 너무 많았고, 이 시간에 에너지를 쓰는 자체가 너무 아깝고 무의미하게 느껴져 모범 답안을 빨리 말해 버리는 것'이라 답했다. 기존의 여러 교육 프로그램과 상담에서 반복적으로 들은 내용을 외워 답변한 것임을 알게 되었다. 그는 이미 여러 번 비슷한 질문을 반복적으로 받아 왔고, 그 과정에서 들었던 전문용어와 내용을 그대로 답습하고 있었던 것이다. 이는 실제로 비행청소년들에게 필요한 맞춤형 교육이나 상담이 이루어지지 않았음을 보여 주는 사례였다.

학교 내 상담교사는 학생 수가 많아 충분한 상담 시간을 할애하기 어렵고, 상담과 무관한 업무를 맡는 경우가 많아 본연의 업무에 집중하기 힘들다. 일부 학교에서는 상담교사가 우유 배식, 야간 자율 학습 감독, 등교 지도, 환경미화, 급식 지도, 교문 지도 등 상담과는 무관한 업무를 맡기도 했다. 이런 경우, 학교폭력 등 문제 사안 발생 시 뒷수습만 맡아 실질적 도움이 필요한 학생을 지원하는 데 어려운 상황으로 이어졌다. 상담교사는 상담 고유 업무에 집중하고 상담 기술을 증진하며 문제 행동에 대한 적절한 개입 방법을 연구하고 전문성을 길러야 한다. 이를 통해 학생들에게 의미 있는 상담을 제공하고 학생들의 건강한 학교생활을 지원해야 한다. 문제 행동에 대한 적절한 개입 방법을 연구하고 전문성을 길러야 한다. 특히 외현적 부적응의 양상을 보이는 그들만의 세상의 비행청소년을 지도하는 데 있어서는 그들의 부적응적 행동을 강화시키지 않도록 주의해야 한다. 비행청소년의 문화와 생활을 전혀 이해하지 못한 채 진행된 상담은 효과가 없다. 때로 무법자들은 만만한 상담실을 자신이 마음대로 해도 되는 공간으로 생각하며 무질서하게 어지럽히고 막무가내로 누워 있는 경우도 있었다. 상담자가 라포 형성을 위해 음료와 라면을 제공하며 비행청소년의 비위를 맞추는 경우도 있는데, 이는 주객이 전도된 상황이며 상담 내성만 길러 주는 결과를 초래했다. 상담의 목적은 청소년의 행동을 개선하고 올바른 방향으로 이끄는 것이지, 단순히 그들의 환심을 사기 위한 것이 아니며 무질서한 무법자를 돌봐 주는 것이 아니다. 이러한 행동은 오히려 비행청소년의 무법자 신분을 더욱 강화하는 결과를 초래한다. '바늘 도둑이 소도둑이 된다'는 말처럼, 무례함은 점점 더 커질 수 있다. 비행청소년들은 눈치를 보며 누울 자리를 찾게 되는데, 일단 눕기 시작하면 다시 앉게 만드는 것은 매우 어렵다. 따라서 초기부터 올바른 지도를 통해 그들이 바른길로 나아갈 수 있도록 하는 것이 중요하다.

생각 더하기

■ **더 효과적인 지도와 교육을 위한 수강명령의 개선 방안 제안**

　오랜 기간 청소년의 보호관찰을 지켜보고 2호 처분인 수강명령을 담당하면서 법무부 직원들의 희생과 노고에 존경스러운 마음이 들었다. 법무부 보호관찰소에서 청소년의 보호관찰과 수강 담당자들은 불철주야 不撤晝夜 청소년의 지도와 교육에 힘쓰고 있었다. 저자 역시 그 노력과 희생에 늘 작은 도움이나마 보태고 싶은 마음이었다. 하지만 이러한 담당 직원들의 노고와 헌신에도 불구하고 시스템의 한계가 느껴지기도 했다. 오랜 시간 소년수강 교육을 전담하며 전체 교육을 장기간 이끌어오면서 느꼈던 아쉬운 점에 대해 솔직하게 이야기해 보려 한다. 저자의 의견이 정답은 아니겠지만, 이를 토대로 지혜를 모은다면 조금이나마 비자발적인 보호관찰 대상 청소년의 효과적이고 효율적인 지도와 이들의 재범, 범죄 예방에 작은 도움이라도 되지 않을까 생각한다.

　청소년 소년보호처분은 외현적 부적응을 경험하여 학교에서 벗어나 경찰서에 들러 재판까지 받은 사실상 '마지막 단계'이다. 이 단계에서 청소년을 건강하고 적응적으로 바로잡고 교정해 내지 못하면 사실상

이들을 바로잡을 방법이 없다. 그렇기 때문에 이를 좀 더 효과적으로 개선할 수 있는 방법을 고민하고 제안한다. 이들을 범죄와 불법의 영역이 아닌 사회의 질서를 지키며 올바른 가치관을 갖고 사회의 건강한 구성원으로 살아갈 수 있도록 지도하는 데 사명감을 갖고 함께 고민해 보면 좋겠다.

1. 부서와 처분의 구분으로 인한 소통 부재와 일관성 없는 청소년 지도

청소년 지도에서 가장 중요한 것은 '지도의 일관성'이다. 청소년은 재판 사안에 따른 처분을 받게 되는데, 처분에 따른 관리부서가 구분된다. 청소년의 경우에는 청소년을 묶어 '청소년 전담 부서'를 신설하여 관리하는 것이 도움이 될 수 있는데, 제도와 환경상의 한계로 현재 성인 보호관찰의 범주에서 함께 관리되고 있다. 이러한 구분된 관리가 청소년에게 일관성 있게 스며들지 못한다. 1호와 2호, 4호 처분을 받은 청소년의 태도가 2호 담당자와 4호 담당자에게서 서로 다르게 나타나기도 한다. 이는 보호관찰을 담당하는 부서와 수강을 담당하는 부서가 서로 다르기 때문이다. 업무 분장은 서로 다르지만, 청소년은 같은 범주로 묶어 태도와 생활에 관한 정보가 실시간으로 공유되면 일관된 지도를 하는 데 도움이 되리라 생각한다. 소년수강 담당자와 강사, 그리고 보호관찰 담당자가 하나가 되어 토론하고 청소년을 지도해 가는 것이 청소년의 잘못된 생각과 행동의 교정에 도움을 줄 것이다.

저자가 보호관찰소에서 오랫동안 강의를 이어가면서, 소년수강 교육을 전담한 저자를 중심으로 직원들끼리 꾸준히 소통하며 청소년 지도를 함께했던 경험이 있다. 이러한 지도 방식은 매우 효과적이었다. 1차 가정의 붕괴와 2차 학교생활의 부적응 혹은 교육과정의 이탈 상황에서 이들을 보호할 수 있는 마지막 권한과 영역은 법무부에 있다. 이러한 점을 고려할 때 단순한 관찰과 감시를 넘어 이들을 지도하고 건강한 사회의 일원으로 적응할 수 있도록 돕는 것이 중요하다. 법무부의 청소년 지도 담당 직원들이 한마음으로 뭉치고, 해당 청소년과 관련된 부모 및 학교와 긴밀하게 협력하면서 지도해 나가는 것이 필요하다고 생각한다.

2. 소년보호처분에서 2호 처분의 구분과 지도 한계

일반적으로 수강명령은 법을 어긴 준법정신이 부족한 사람 혹은 성, 알코올 및 약물중독, 가정폭력, 동물학대 등 전문적인 도움이 필요한 범죄를 저지른 사람을 일정 시간 심층적으로 교육하여 준법의식을 함양하고 사회 적응 능력을 배양하기 위함을 목표로 한다. 수강명령의 교육은 심리학자 혹은 사회복지사 등의 전문가에 의해 이루어지며 성인과 소년으로 구분되어 개별적으로 진행된다. 성인의 수강명령은 일반적으로 준법 운전 강의, 가정폭력 치료, 성폭력 치료, 약물 치료와 범죄의 종류와 특성에 맞게 범주로 나눠 처분과 교육이 이루어진다.

소년수강 역시 준법 운전 강의, 폭력과 같은 범주로 나누어져 진행된다. 하지만 이는 아쉬움이 많다. 청소년은 성장하는 친구들이기 때문에 편차가 심할 수 있다. 그럼에도 불구하고 제도상의 한계로 소년수강명령은 14살의 중학교 1학년 청소년과 20살의 미성년을 넘은 대학생이 함께 수업을 들어야 했다. 발달과 수준이 전혀 고려되지 않은 교육 방법은 효과적이지 못했다. 소년수강 프로그램에는 빠르면 중학교 1~2학년의 학생이 오기도 했고 이전 재판 결과로 인해 아직 처분을 이수하지 못한 20살이 된 대학생이 함께 교육을 듣기도 했다. 이와 같이 최대 7년의 나이 차이를 가진 학생들이 혼재된 상황에서는 교육의 방향과 수준을 설정하는 데 큰 어려움이 있다. 또한 준법 운전 강의의 경우 대다수의 성인의 준법 운전 강의 대상자는 음주 운전이었던 반면, 청소년의 수강 대상자는 무면허 운전이었다. [비행의 공식: 가치 없는 초가집]에서 설명되는 청소년의 비행화 과정에 따르면, 이러한 범주의 구분은 청소년 교육에서 효과적이지 않다. 청소년의 비행의 특징을 잘 이해하고 청소년의 발달과 성장을 고려하여 청소년만큼은 이와 같은 단순 범죄의 유형의 구분이 아닌 연령과 성별로 구분하는 것이 바람직하다. 예산과 자원 등의 현실적인 한계로 모두 구분할 수 없다면, 연령으로 구분해도 충분하다. 고등학교 1학년을 기준으로 17세가 포함된 17세 전과 17세가 포함된 17세 후의 범주 구성이 좋다. 17세의 고등학생은 그들만의 세상에서 중학생의 범주와 고등학생의 범주를 넘나드는 나이이며, 수강명령에 많은 비율을 차지하는 중심 나이이자 비행의 정점의 핵심 나이이기 때문이다. 이 부분이 교육을 오랫동안 진행하면서 느꼈던 아쉬움이 많은 소년보호처분 수강명령의 한계점이라 느껴졌다.

수강명령을 집행하는 기관의 비용적 입장에서 최소한의 진행에 따른 인원에 따른 현실적인 고려도 필요하였고, 처분이 내려진 이상 초임의 담당자가 마음대로 이를 구별하여 진행하기는 부서 내부의 업무상 현실적인 한계도 존재했다. 수강 담당자와 긴밀하게 소통하며 현실의 한계를 극복해 가며 연령별로 구분하여 진행했던 경험이 있었는데, 교육이 아주 효과적이었다. 당시 모범 사례로 선정된 수강 담당자는 법원의 워크숍에 참석하여, 저자와 함께 진행한 수강 프로그램을 시범적으로 선보이고 상세하게 소개했었다. 저자는 효과적인 청소년의 지도에 관해 많은 자문을 해 왔지만, 근본적으로 이러한 제도적 문제는 정책의 결정 권한이 있는 힘을 가진 분들이 나서 함께 고민해 주셔야 한다고 생각한다. 촉법소년 등으로 반복적으로 사회적 이슈가 되는 이러한 상황에서 심화되는 청소년의 일탈과 비행이라는 대단한 사회적 문제의 악순환을 끊어 내기 위해서는 청소년의 성장과 발달, 비행화 과정에 맞는 효과적이고 효율적이며 현실적인 지도와 교육이 절실히 필요하다.

3. 청소년에게 맞는 맞춤형 수강 지도

40시간의 수강명령 교육은 보편적으로 가로의 형태로 쭉 이어져 진행된다. '월화수목금'의 순서로 5일 동안 연속하여 일주일 내에 모든 교육이 이루어진다. 교육이 열리는 기간 동안 처분명령을 받은 청소년들은 지정된 교육을 이수하게 된다. 저자가 보호관찰소에서 수강을 전담하여 진행할 때 여느 때와 마찬가지로 가로로 교육을 진행하였지만, 담당자와 소통하며 세로로 5주 동안, 즉 주 1회씩 일정한 요일에 반복하며 수강 교육을 진행한 적이 있었다. 가로의 반과 세로의 반이 장단점이 분명히 있지만, 세로로 진행되는 반이 청소년에게는 좀 더 효과적이었다고 생각된다. 가로의 반은 일반적으로 5일 동안 매일 8시간의 시간 동안 집중적으로 교육을 진행하게 되는데, 책상에 오래 앉아 있어본 적이 없는 그들만의 세상의 친구들은 많이 지치고 힘들어했다. 그보다 5일 연달아 진행되는 교육에는 청소년들의 집단 역동이 많이 작용해 수강의 분위기가 흐려지면 끝까지 흐려지는 모습을 보이기도 했고, 예민해진 청소년들 간의 서로 다툼과 시비가 발생하기도 했다. 연속된 날로 진행되는 가로 교육은 단기간에 교육이 진행되어 빨리 처분을 이행하여 마무리되는 장점이 있고 5일간의 집중 교육을 받는 장점이 있기도 했지만, 학교를 다니는 청소년의 경우 일주일 동안 학교에 가지 않고 보호관찰소에 출석하기에 학교생활의 흐름이 깨어지기도 했다.

저자가 전담하여 소년수강을 진행할 때에는 여러 상황을 고려하며 효과적인 교육을 위해 교육 방법을 변경하여 5주의 시간 동안 매주 일정한 요일에 줄을 세워 수강 교육을 진행하였는데, 이러한 접근 방법은 효과적이었으며 긍정적인 면이 많았다. 먼저 5주의 시간 동안 일정 시간 교육을 받음으로써 학교에 다니는 청소년의 경우 학교생활에 크게 지장을 주지 않았으며, 수강 교육에서 배운 내용을 토대로 학교생활과 일상생활에 적용해 볼 수 있었다. 또한, 5주 동안의 지도를 통해 장기적 접근이 가능해져 일시적인 노력이 아닌 청소년의 변화 양상을 살펴보며 개별적으로 지도해 줄 수 있었다. 이러한 방식은 매주 전문상담을 받는 효과를 나타내기도 했다. 뿐만 아니라, 이들의 집단의 역동이 끊어지는 형태의 교육에 크게 작용하지 않아 집단 응집력을 약화시켰으며, 교육 피로도가 높지도 않아 청소년들이 집중력 있게 교육에 임할 수 있게 되었다. 수강 기간에 불성실한 모습이 보였거나 바람직하지 못한 수강 태도로 임하는 등의 경우, 수강이 없는 주에 불러 개별 지도를 하거나 보호관찰 담당자와 논의하여 학생의 지도에 시너지를 불어 넣을 수 있는 효과도 있었다. 이러한 장기적인 변화를 체험해 본 행동이 교정된 청소년들은 자신의 삶을 긍정적으로 바꿔 나가는 자신감도 생겼고, 5주간의 지지와 격려로 자존감과 정서적 안녕감을 얻는 모습도 보였다.

수강 담당자가 번거롭고 일이 연속되어 힘들 수 있지만, 이러한 이유들로 저자는 소년수강의 경우 세로의 5주간의 수강을 추천한다. 소년수강 교육은 구조화된 폐쇄 집단이 아닌, 청소년의 출결 문제와 서로 다른 각자의 처분 시간에 따라 개방 집단의 형태를 보인다. 5주를 연속으로 교육받는 경우도 있지만, 개인적인 사유 또는 무단 불참 등으로 5주 동안 받아야 하는 교육을 몇 달에 걸쳐 진행하기도 한다. 출석 일자보다 이수한 시간이 더 중요한 수강명령의 특성상 39시간이 이수되어도 1시간이라도 남으면 미이수 처리가 되며, 해당 청소년은 남은 잔여 시간을 채우기 위해 다시 출석을 해야 한다. 1시간 남은 청소년도 강의를 듣고 프로그램에 참여하게 되는데, 이 경우 청소년의 특성상 해당 학생의 교육 참여가 나머지 교육을 듣는 청소년에게 많은 영향을 끼치게 되며 교육의 분위기가 흔들리기도 했다. 세로반의 경우 매주 진행되는 교육으로 인해 중간에 참여하거나 기존 교육에서 미이수된 잔여 시간 부여받은 기간 내 처분을 이수해야 함 을 채우기 위해 참여하는 청소년들도 쉽게 참여할 수 있었으며, 그들의 합류가 교육에 방해되지 않았다. 이러한 개방 집단의 경우에는 매주 반복되는 일정한 시간에 5주간의 커리큘럼을 갖고 기본적이고 전반적인 생활 지도를 함께하며 진행해 나가는 것이 중요하다.

악순환의 시작

비행의 벽

악순환의 굴레

비행의 둥지

무명회

자동차 렌트 동거 가치 없는 조가짐

미성년자와의 연애 테라스카페 내기문화

자전거 폭주 담구 불법 스크린골프 성매매 절도 폭행

전동킥보드 골프 야구 조직폭력

노래방 자민하는 놀이문화

PC방 스크린야구 과서 증계감

비행의 지구

힐링 수정 그릇된 삶의 기준 전도

비행의 꿈

비행청소년문화

그들만의 세상

특이한 특징   사업기의 꿈

○○ 년생

택시   검은 날개   자세   서얼화   제과만호

상위포식자   수강명령

야간외출제한   모호만실   소년원

시얼의 교실

사건기얼   경찰서   자문변경   재판

도박   이크바이드   일선

비행의 공식

[가치 없는 초가집]

공허함을 채우고
존재감을 나타내기 위한 비행화 과정

청소년 비행의 새로운 패러다임

1 비행에 관한 효과적인 접근법

2 청소년 비행화 과정
- [비행의 공식: 가치 없는 초가집]

공통적으로 나타내는 문제

1 흡연으로 시작되는 비행의 공식

2 돈에 대한 집착과 잘못된 방법의 획득

3 비행의 대물림과 비행의 공식의 정형화

4 반복되는 도박의 시작과 채무 관계

5 그들만의 세상에 대한 대단한 특권 의식

청소년 비행의 새로운 패러다임

비행의 늪에 빠져 그들만의 세상에서 이중생활을 가속하는 청소년들은 일정한 '비행화 과정'에 따라 비행청소년으로 발전한다. 저자는 오랜 기간 수천 명의 품행 문제를 가진 비행청소년들을 지도하면서 이들에게 '똑같은 일정한 패턴이 있다'는 것을 발견했다. 이후 수년간 비행청소년의 비행화 과정에 관해 연구하며 그 과정을 검토, 수정, 보완해 왔다. 저자는 이러한 일관된 비행화 과정의 패턴을 [비행의 공식: 가치 없는 초가집]이라 명명하였고, 국내 청소년의 비행화 과정에 관한 질적 연구를 통해 이를 증명했다.

1 비행에 관한 효과적인 접근법

앞서 설명한 바와 같이 비행의 늪에 빠지는 과정과 원인, 심리적 기제는 개인의 기질과 성격, 성장 과정과 환경, 개인의 욕구와 결핍, 역동 등에 따라 다를 수 있다. 하지만, 비행이 시작되는 시점으로부터의 비행화 과정은 일관된 패턴을 보인다. 많은 기관과 전문가들이 청소년 비행에 관해 연구하고 그들을 지도하기 위해 엄청난 자원을 투자하여 노력하지만, 그 노력이 효과적이지 못했던 이유는 비행청소년들의 비행화 과정에 대해 정확하게 이해하지 못했기 때문이다. 이 과정을 이해하는 것은 청소년들을 지도하는 전문가, 교사뿐만 아니라 부모, 나아가 비행청소년들에게도 너무나도 중요하다. 아무런 생각 없이 자신이 하고 있던 행동들이 비행청소년들의

비행의 공식 [가치 없는 초가집]

행동이었다는 것을 알게 된 비행청소년들은 자신의 행동이 외현적 부적응의 양상이라는 사실을 인식하게 되었으며, 이를 통해 스스로의 삶을 되돌아보고 객관화하는 과정을 경험하기도 했다.

저자는 비행을 산불에 비유하여 표현했다. 불이 나면 불부터 끄는 것이 맞다. 하지만 대부분은 불을 끄기는커녕, '어디서 어떻게 불이 났는지, 왜 불이 났는지, 그 불의 방향이 어디로 향하고 있는지'조차 전혀 이해하지 못했다. 불이 난 비행청소년들을 두고 "왜 불을 지른 거니(어쩌다 그런 행동을 하게 되었니)?", "그때 너의 마음은 어땠어?"와 같은 그들의 공감을 이끌어 내지 못하는 방법으로 겉도는 지도를 했기에 이들은 전혀 마음을 열지 않았고, 이들과의 근본적인 라포 형성도 실패하게 된 것이다.

비행청소년 상담과 지도를 여느 다른 상담과 같이 무조건적인 공감하는 태도와 자세만으로 그들에게 다가서면 그들에게 쉽게 놀아난다. 기본적인 소통이 되는 청소년들이 있다고 하더라도, 그 모습은 내면을 되돌아보는 것으로 이어지지 못하는 청소년들이 프로그램이나 상담 등의 장면에서 원만한 관계를 맺고 잘 이행하려는 모습에서 비롯된 것일 뿐이다. 이는 청소년의 사회생활의 일부로써 겉으로 드러나는 모습일 뿐, 근본적인 마음과 정서의 깊은 부분까지 들어가 공감을 이끌어 내며 치료 동맹의 관계를 형성하는 것은 아니다. 그 과정에서 얻는 이차적 이득이 있기 때문에 그 이득을 위해 표면적으로 애쓰는 것이다.

이와 같은 겉도는 형태의 지도와 상담은 앞서 강조한 바와 같이 상담 내성만을 누적시킬 뿐이다. 이러한 상담 내성은 '나를 이해해 주지 못한다'는 좌절감을 야기하며 청소년들이 상담을 받으면서도 변화하지 못한다는 생각만 강화되게 만든다. 또한, 자신이 상담자나 지도자에게 한 약속을 지키지 못한 경험은 다음 상담이나 지도의 장면을 회피하고 합리화하는 계기가 되며 악순환을 더욱 강화하게 요인이 된다.

청소년 비행에 관해 효과적으로 접근할 수 있는 3단계의 접근법을 제시한다.

의뢰 사유 : 그들은 현실에서 어떤 문제를 일으키나

Step 1. 비행의 공식

그는 지금 어디까지 비행이 진행되었나

그들의 세상에서 그의 위치는 어디인가

그러한 행동들이 그에게 무엇을 가져다 주는가

Step 2. 기제에 대한 심리적 개입

이러한 행동의 근원은 무엇인가

그 근원에 대한 결핍은 어떻게 채워갈 것인가

Step 3. 진로

앞으로 나는 어떻게 살아갈 것인가?

그들만의 세상에 빠진 비행청소년들과 대화하기 위해서는

이 모든 것에 대한 대답을 분명히 해줄 수 있어야 함

먼저 청소년이 현실에서 어떤 문제를 일으키는가에 대해 살펴보는 것이 중요하다. 만약 이들의 문제 행동이 품행의 문제, 다시 말해 외현적 부적응의 그들만의 세상에 해당되는 내용이라면 비행청소년에 맞는 분석과 접근 방법을 사용하는 것이 바람직하다. 대개 大槪 의 경우, 앞서 설명한 바와 같이 처음부터 [Step 2. 기제에 대한 심리적 개입]에 초점을 맞추는데, 이러한 방법은 효과적이지 못하다. 심리적 기제에 대한 개입과 그 내용 자체가 나쁘다는 말이 아니다. 그러나 상담 구조화가 분명하게 정립되지 않은 채 심리적 개입만 할 경우, 주도권을 상실하게 되고 효과적이지 못한 겉도는 상황으로 전락할 수 있다. 이는 비행의 늪에서 점점 가속화되는 이중생활로 이어지게 되며, 상담 내성만 불러일으키고 합리화, 부인, 부적응 등의 부적응적 방어기제의 사용을 유도하며 자극할 수 있다. 따라서 [Step 2. 기제에 대한 심리적 개입] 이전에 먼저 비행에 관해 살펴보아야 한다. 그것이 바로 [Step 1. 비행의 공식]이다.

비행의 공식을 통해 해당 청소년이 '어디까지' 비행이 진행되었는지, 그들의 세상에서 '그의 위치'는 어디인지, 그러한 행동들이 그에게 '무엇을' 가져다주는지를 정확하게 분석하고 이해하는 것이 중요하다. 이를 통해 그들만의 세상을 잘 이해하고 있음을 표현하며 주도권을 가진 채 공감대와 라포를 단단하게 형성해 나가야 한다.

청소년 비행의 개입에 있어 타이밍은 정말 중요하다. 산불이 나면 최적의 타이밍에 맞춰 불부터 끄듯, [Step 1. 비행의 공식]을 통해 먼저 문제 행동인 비행을 멈추게 하고 스스로의 상황과 환경을 되돌아보게 하는 것이 필요하다. 스스로를 되돌아본다면 [Step 2. 기제에 대한 심리적 개입]은 매우 효과적이다. 심리적 개입은 이러한 행동의 근원과 그 근원에 대한 결핍,

개인적 환경, 성장 과정, 기질과 성격, 대처 능력, 비합리적 신념, 정서 표현, 방어기제 등을 개인의 심리와 정신 과정을 심층적으로 탐색하고 상담하며 수정해 나가는 것이다.

중요한 또 다른 포인트는 [Step 3. 진로]이다. 진로는 '앞으로 나는 어떻게 살아야 하는가?'에 대한 전반적인 설계와 삶의 방향, 삶의 가치관 형성, 그리고 그 속에서의 직업 등에 대해 고민해 보는 것이다. 성장하는 청소년에게 '진로에 대한 교육과 지도'는 핵심적이며 매우 중요하다. 이를 제대로 지도하고 이끌어 주지 못한다면 비행을 멈춘 청소년은 자신을 되돌아보고 부적응적 태도와 행동을 성찰하는 시간을 가질 순 있지만, 그다음에 무엇을 해야 할지 알지 못할 수 있다. 이러한 상황은 또다시 공허함으로 다가오게 되고, 비행을 멈춘 청소년은 개선되지 않은 주변 준거집단의 영향을 받아 다시 제자리로 돌아가는 경우가 많다. 따라서, 비행 행동에 대한 지도와 심리적 기제에 대한 개입을 집중화하면서도 진로에 대한 탐색을 함께해 나가는 것은 대단히 중요하다. 이 모든 것에 대한 대답을 분명하게 해 줄 수 있어야, 그들만의 세상에 빠진 청소년들과 효과적으로 대화할 수 있다.

2 청소년 비행화 과정
[비행의 공식: 가치 없는 초가집]

남학생의 비행의 공식

담배	–	술	–	오토바이	–	(문신)명품	
나이	14	15	16	17		18	19

비행의 공식은 대부분의 그들만의 세상 속 비행청소년들이 경험하는 일관된 비행화 과정과 패턴을 도식화하여 설명한다. 이 공식에 따르면 청소년 비행은 일정한 나이에 맞춰 [담배-술-오토바이-(문신)명품]의 순서로 진행된다. 비행의 공식에서 기준점이 되는 나이는 평균이 되는 보편적 기준 나이이며, 비행의 공식을 벗어난 개인차는 개별적 접근과 원인 탐색, 심리적 기제를 살피는 데 결정적인 역할을 한다. 이를 이해하는 것은 청소년 비행을 예방하고 교정하는 데 중요한 출발점이 될 수 있다. 청소년 비행의 과정을 분석하고 이에 대한 접근 방법을 모색함으로써 보다 효과적인 지도가 가능해질 것이다.

청소년 비행을 이해하는 데 있어 가장 중요한 변인은 나이와 성별이다.

비행의 공식을 이해하기 위한 2가지 전제

① 비행의 공식에서 사용되는 나이는 연 나이
② 남학생으로 설명되는 비행의 공식
후반부에 증명되는 여학생의 비행

전제 1. 비행의 공식에서 사용되는 나이는 연 나이

비행의 공식에서 설명되는 나이는 만 나이가 아닌 '연 나이'이다. 이는 청소년 보호법의 술과 담배를 구매할 수 있는 만 19세 미만 금지의 기준이 적용되기 때문이다. 만 나이 통일법의 시행으로 대한민국의 기준은 만 나이로 통일되었지만, 이해를 돕기 위해 비행의 공식에서의 교육과정의 학년별로 구분하여 설명한다.

13세 = 초등학교 6학년

14세 = 중학교 1학년

15세 = 중학교 2학년

16세 = 중학교 3학년

17세 = 고등학교 1학년

18세 = 고등학교 2학년

19세 = 고등학교 3학년

20세 = 성인, 대학생

비행의 공식 [가치 없는 초가집]

초등학교와 중학교, 고등학교의 교육과정의 각 학년을 기준으로 나이를 생각해 보면 이해하기 쉽다.

전제 2. 남학생으로 설명되는 비행의 공식
후반부에 증명되는 여학생의 비행

청소년 비행의 형태와 양상에서 성별에 따른 차이가 있듯, 비행의 공식도 성별에 따라 다르게 설명된다. 기본적으로 청소년 비행은 서열화의 특징을 보이는 남학생이 주도되어 만들어 둔 판 위에 여학생들이 결합되어 나타난다. 따라서 비행의 공식은 남학생을 중심으로 먼저 설명되며, 이후 남학생과 연관되어 결합되는 여학생의 비행 과정과 양상, 특징을 설명한다.

비행의 공식의 핵심 2가지

┃ 비행의 공식의 핵심 1
그들만의 세상에서 '흡연 행동'으로부터 시작되는 청소년 비행

국내 청소년 비행은 기본적으로 '흡연에 대한 관심 및 시작'에서부터 비롯된다. 이에 따라 비행의 공식은 흡연을 필두로 하여 이어진 일관된 패턴의 비행화 과정을 순서대로 도식화해 설명한다.

┃ 비행의 공식의 핵심 2
[비행의 공식: 담배 – 술 – 오토바이 –(문신)명품]을 완성하기 위해 절대적으로 필요한 것은 '돈'

청소년 비행의 핵심은 '돈'이다. 이들이 합법적으로 돈을 획득할 수 있는 방법은 '용돈'과 '아르바이트'뿐이다. 하지만 비행의 공식을 유지하기에는 위의 합법적인 방법만으로는 부족하다. 이들은 비행의 공식을 유지하기 위해 불법 세계에서 '사기, 사채, 도박, 절도, 매매, 알선, 갈취' 등과 같은 범죄를 저지르게 된다.

공통적으로 나타내는 문제

흡연으로 시작되는 비행의 공식

▌비행의 공식의 핵심 1
그들만의 세상에서 흡연으로 시작되는 청소년 비행

모든 비행의 시작은 흡연, 즉 '담배'이며, 이것은 그들만의 세상에 들어갈 수 있는 '티켓'이 된다. 사실상 그들만의 세상에 대한 진입 여부는 흡연여부에 따라 구분될 수 있다.

담배 – _ – _____ – ( ) ___

엄마가 사 준 캐릭터 내복을 입고 있는 아동과 청소년의 경계선에 있는 이들은 사춘기의 시작점에 서 있는 초등학교를 갓 졸업한 중학교 1학년 학생들이다. 인터넷과 스마트폰이 생활 깊은 곳에 자리 잡은 풍요롭고 좋은 환경에서 성장하는 아동들은 신체적 성장도 빠르게 진행되며, 이로 인해 전반적인 그들만의 세상의 진입 시기도 전반적으로 앞당겨지고 있는 추세이다. 하지만 일반적으로 청소년 흡연은 준거집단이 본격적으로 만들어지는 14세, 즉 중학교 1학년을 기준으로 삼을 수 있다.

'담배'로부터 시작되는 청소년 비행

비행의 공식이 시작되는 첫 단계로 흡연을 시작하며, 이러한 흡연은 14세, 중학교 1학년을 기점으로 시작된다. 가고 싶지 않은 집으로 인해 늦게 귀가하게 되고, 밖에서 방황하다가 비슷한 처지에 있는 선후배 동료들을 만나 그들만의 세상 속 준거집단을 만든다. 그 속에서 유대 관계의 매개 역할을 하며 그들만의 세상에서 신분을 확인하는 매체가 되는 것이 바로 '담배'이다. 대체로 담배는 아래 제시되는 6가지 방법으로 시작된다.

▎청소년이 담배를 구하는 6가지 방법

주워서, 훔쳐서, 빌려서, 빼앗아, 받아서, 구매해

① 담배를 '주워서' 피우다

앞서 저자가 '엄마가 사 준 캐릭터 내복을 입고 있는 아동과 청소년의 경계선에 있는 사춘기의 시작점에 서 있는 아이들'이라 표현했던 이들은 초등학교를 갓 졸업한 중학교 1학년 전후의 초기 청소년이다. 이들은 대체로 그들만의 세상에서 담배를 피워 본 경험이 있거나 주변의 환경에 의해 흡연에 많이 노출된 청소년들일 확률이 높다. 때로는 호기심에 또는 이미 피워 본 담배를 다시 피워 보고 싶어 하는 마음으로 담배를 찾는다. 초등학교 고학년 혹은 중학교 1학년인 어린 친구들은 실제로 담배를 주워서도 핀다. 이들은 공원에서 누가 버린 아직 많이 타지 않은 긴 담배, 혹은 실수로 챙겨 가지 않은 남은 담배가 든 담뱃갑의 획득 등으로 담배를 피우기도 한다. 이러한 행동은 아주 어린 혹은 흡연 초기에 나타나는 일들이며 모든 것이 발전하듯이 이처럼 호기심 또는 주변 환경으로 시작된 흡연은 영역과 반경이 점차 넓어진다.

② 담배를 '훔쳐서' 피우다

담배를 피우고 싶은데, 담배를 쉽게 구하지 못하는 청소년은 때때로 담배를 훔친다. 비행의 공식 서두에 해당하는 어린 남학생들이 가장 많이 하는 절도 행위 중 하나가 담배를 훔치는 것이다. 가족의 담배나 타인의 담배를 몰래 가져오기도 하고, 편의점이나 슈퍼마켓 등의 상점에서 담배와 라이터 등 흡연과 관련 있는 물건들을 훔치기도 한다. 이들은 절도 혐의로 재판을 받기도 하는데, 이러한 행위는 흡연하고 싶지만 담배를 쉽게 구하기 어려운 상황에서 비롯된다. 어린 마음에 그것이 범죄임을 인식하지 못하고 '괜찮겠지?'라는 안일하고 편협한 자기중심적인 생각으로 행하게 되는 것이다.

이 시기 여학생은 여러 종류의 화장품을 판매하는 화장품 가게나, 다양한 제품이 있는 생활용품 가게에서 화장품을 훔치기도 한다. 이러한 절도 행위를 하는 청소년은 흡연을 함께 하고 있을 확률이 대단히 높다고 볼 수 있다. 앞서 [비행의 늪: 그들만의 세상]에서 설명한 바와 같이, 그들만의 세상에서 준거집단을 맺고 지내는 것이 아닌지 빠르게 살펴 지도해 주어야 한다.

③ 담배를 '빌려서' 피우다

흡연을 하는 청소년은 서로 담배를 주고받으며 흡연을 이어간다. 이 과정에서 자신들의 독립성과 자율성을 확인하며 자신들만의 영역이 뚜렷해짐을 느낀다. 마치 주도성을 보장받는 듯한 착각에 빠져 준거집단을 만드는 과업이 원만하다고 생각하게 되며, 자신의 삶이 안정된다는 느낌을 받는다. 이러한 유대 관계 속에서 자신들이 성인이 된 것 같고 자신의 삶을 나누는 진정한 친구가 생겼다고 느끼며 자신의 삶이 꽉 찬 듯한 우월한 기분까지 느끼게 된다. 서로 담배가 있으면 나눠 피우며 우정을 과시하기도 하고, 부모의 감시가 덜한 친구에게 담배를 맡겨 두고 돌려 가며 피우기도 한다.

이 시기의 청소년이 담배를 숨기는 장소는 상상을 초월한다. 기본적으로 자신의 방 안 깊숙한 곳, 서랍, 침대 밑, 가방, 베개 안, 필통 속 등 숨길 수 있는 모든 장소에 부모의 눈을 피해 담배를 은닉한다. 때때로 집안이나 방안이 아닌 바깥 장소에 담배를 숨기기도 한다. 자신의 집 복도나 아래층 혹은 위층 복도에 위치한 아파트 소화전, 놀이터, 상가 화장실 세면대 밑, 아파트 지하 주차장 등 집 근처의 여러 장소에 담배를 꽁꽁 숨기며 흡연을 이어간다. 이 장소들은 그들만이 공유하는 비밀의 공간이다. 이렇게 서로 품앗이하며 담배를 나눈다면 그나마 다행이지만, 선배나 힘을 가진 동료에게 담배를 빌리게 되면 이자를 붙여 빌린 담배 이상의 개수를 갚아야 하는 경우도 종종 볼 수 있다. 이러한 행동은 종종 학교폭력 사안으로 이어진다.

④ 담배를 '빼앗아' 피우다

그들만의 세상이라 불리는 비행의 늪에 빠진 청소년은 반드시 그 세상에 먼저 속해 있던 선배를 만나게 된다. 어린 친구끼리 무리 지어 흡연을 하기도 하지만, 자신들의 영역에서 흡연하는 모습을 그들만의 세상의 구성원들은 절대 그냥 지나치지 않는다. 여기서 말하는 자신들의 영역이라 함은 비행청소년들이 거주하며 활동하는 '자신의 영향권 影響圈 이 되는 주된 지역'을 말한다. 그들은 담배를 피우는 잘 알지 못하는 후배에게 다가가 돈이나 담배를 뺏거나 겁박한다. 이 과정에서 담배를 피우는 청소년을 본격적으로 그들만의 세상으로 끌어들이기도 하며, 포섭 과정을 거친 어린 청소년은 선배와의 관계를 시작으로 그들만의 세상에 본격적으로 진입하게 되며 구성원이 된다.

스마트폰과 SNS를 통해 서로 이미 잘 알고 있는 경우도 많다. 나이 어린 청소년들은 그 속에서 처세를 배운다. 무리 지은 그들만의 세상 속에서 흡연을 하며 선배가 나타나면 바로 인사하는 것이 기본이다. 선배인 비행청소년이 후배에게 담배를 나누어 주기도 하는데, 이때 담배를 받은 청소년은 선배에게 인정받기 위해 노력하며 깍듯하게 처세한다. 이 과정에서 선배는 자신을 떠받드는 후배에게 우월감을 느끼기도 하며 자신의 영역을 만들고자 한다. 외로운 비행청소년들은 어린 친구들의 일탈을 도우며 자신을 따르는 동생으로 만들고 영역을 확장시키기 위해 노력한다. 이것이 세력화의 시작이 된다.

⑤ 담배를 '받아서' 피우다

그들만의 세상은 살벌한 동물의 왕국과 비슷하다. 그들만의 세상에서 살아남기 위해서는 자신을 뒤받쳐 줄 수 있는 소위 말하는 '빽'이 있어야 한다. 선배는 마음에 드는 후배를 동생으로 삼기도 하고 후배는 그러한 형을 목숨 바쳐 따르게 된다. 실제로 한두 살 터울의 형이 동생에게 죽으라면 정말 죽는시늉까지 하는 모습을 보이며 충성을 맹세하고, 그러한 모습을 본 한두 살 많은 형은 흡족해하며 씩씩하다고 칭찬하며 그를 챙겨 준다. 칭찬받은 그는 선배에게 인정받은 셈이 된다. 좋은 말로 '내 동생'이라 표현되지만, 이는 사실상 상당히 계산적이고 이해관계가 복잡한 '주종의 관계'이다. 쉽게 말해 '내 동생', 다른 말로 '노예'이다.

물론 나이가 많다고 무조건 충성을 맹세하지는 않는다. 그들만의 세상에서 그 선배의 입지가 높을수록 더 강하게 충성하며 맹목적으로 존경심을 표하고 따른다. 그렇게 따르는 자신보다 한 살이라도 어린 동생을 그들은 '꼬맹이'라 부르고, 그 꼬맹이는 처세술로 "네, 형."이라 처세하며 최고의 예우를 다하고 인정받기 위해 노력한다. 참고로, 남자 비행청소년들이 자신보다 어린 여자 비행청소년을 '계집'이라 부르는데, 자신의 여자 친구조차 그렇게 부르는 것을 몇 번 목격한 적이 있다. 이는 참 놀라운 일이었다. 이렇게 형성되고 연결된 그들만의 세상에서의 라인업은 그들의 삶의 전부가 된다.

그들만의 생활에서 충성을 맹세하는 꼬맹이들은 자의 반 타의 반으로 자신을 인정해 준다고 믿는 선배들을 떠받들어 모신다. 자신보다 3~4살 많은, 이름조차 들어본 적 없는 잘 알지도 못하는 선배들의 자취방을 청소해 주러 가는 경우도 흔하다. 예를 들어 자취를 하는 18세 비행청소년이 한 살 아래 동생에게 "꼬맹이들 시켜서 방 청소해라."라고 하면, 그 이야기를 들은 17세는 "네, 형."이라 대답하고, 그들만의 세상에 멤버로 있는 동원 가능한 어린 중학생을 물색하기 시작한다. 17세의 청소년은 16세의 자신의 말을 잘 듣는 주종관계의 동생에게 이를 수행할 꼬맹이들을 찾아보라 하고, 그들은 15세와 그보다 어린, 이제 막 그들만의 세상에 들어온 중학교 1학년, 14세들에게 강제 동원을 지시하여 자취방을 청소하게 한다. 이러한 일들은 드문 일이 아니라 현재 공공연하게 거의 모든 지역에서 나타나고 있는 일이다. 그들은 자취방에 가서 선배에게 깍듯하게 인사하고 몇 시간에 걸쳐 그 방을 호텔 방 그 이상으로 정리하며 화장실과 주방 청소, 분리수거, 빨래 등 거의 할 수 있는 모든 청소를 한다. 선배가 무서운 어린 중학생들은 정말 숨소리조차 내지 않고 노예처럼 청소를 하고 그 상황을 지켜보는 선배는 침대에 누워 애들에게 잔소리를 한다.

이것이 그들만의 세상의 본모습이며 실태이다. 이러한 모습은 당연히 학교폭력 등으로 심각하게 다루어져야 하지만, 자취방 청소를 한 어린 중학생은 자신의 이중생활을 숨겨야 하기에 모든 것을 부모에게 철저하게 숨긴다. 이 사실을 알게 된 저자가 상담했던 부모들은 정말 피를 토하는 심정으로 속이 문드러져 속상해하고 어찌할 바를 몰라 했다. 그러나 그들만의 세상에 진입한 청소년은 부모가 알게 되고 속상해하더라도, 이러한 부모의 마음을 아랑곳하지 않았다. 보복을 두려워하기도 했고 자신의 이중생활을 지키기 위해 더욱 치밀하게 사실을 은폐하고 거짓 진술하며 부모를 속였다. 때로는 사이비 종교에 홀린 듯 자취방에서 따뜻하게 대해 준 선배를 동경하고 우상화하는 경우도 있었다. 왜냐하면 그 정도 청소를 시키는 급이라면 자신들이 생활하는 반경의 영역에서 이름이 꽤나 알려진 경우인데, 그러한 형이 자신의 이름도 알아주고 담배도 주며 인정해 준다고 느끼기 때문이었다. 모두가 그런 건 아니었지만, 자취방을 청소한 그들만의 세상에 진입한 어린 청소년은 어리석게도 자신에게 주어진 특별한 기회라 착각하며 이를 황홀하게 생각하는 경우도 있었다. 이렇게 생각을 하니, 청소가 끝난 후 고생했다고 담배를 준다거나 음료수라도 하나 주면 그들에게 그 선배는 정말 착한 선배로 인식해 버리고 굳게 믿어 버리는 것이다.

선배의 심부름을 하고 담배를 용돈처럼 받기도 한다. 자취방 청소뿐 아니라 사소하고 자잘한 그들만의 심부름들이 있다. 그들이 자주 사용하는 메신저를 통해 그들을 부르게 되고 자신들은 여유롭게 놀고 있으면서 '옷을 가져오라'는 등 개인적인 심부름을 시키며 그 대가^{代價}로 담배를 주기도 한다. 대가를 받기 위해 심부름을 하는 것은 아니다. 모두가 대가를 주는 것이 아니기 때문이다. 위에서 시키면 그냥 하지 않을 수가 없다. 어른들은 단순하게 '집에 일찍 가야 해요' 혹은 '지금 밖에 나갈 수가 없어요'와 같은 이야기로 이 상황을 빠져나오거나 회피하면 되지 않는가 하는데, 그건 사실상 불가능하다. 그 이유는 이미 그들만의 세상에서 자리 잡고 이중생활이 깊숙하게 진행되어 버렸기 때문이다.

때로는 본 또래 무리에 끼지 못하는 변두리 혹은 서열의 가장 아래쪽에 있는 청소년들이 자신보다 어린 청소년 무리에게 다가가 형 대접을 받기 위해 술과 담배를 제공하기도 한다. 어린 동생들도 그 형이 자신의 친구 무리에 끼지 못해 자신들에게 접근한 것을 잘 알고 있다. 그가 조건 없이 맹목적으로 자신들에게 다가와 구하기 어려운 담배를 주기 때문에, 그에게 가식적으로 형 대접을 해 주면서 그 상황을 적극적으로 이용한다. 그들은 서열이 높은 자신들에게 잘 보이기 위해 금전이나 물질적인 것을 제공하는 사람을 '지갑'이라 불렀다.

⑥ 담배를 '구매해' 피우다

그들은 자신의 지역, 그리고 인근 지역까지 소위 담배가 뚫리는 상점을 상세히 꿰뚫고 있으며, 이러한 정보는 그들만의 세상에서 긴밀하게 공유된다. 어린 중학생들은 담배를 구매하기 위해 버스를 타고 한 시간 가까이 이동하는 경우도 있었다. 일부 편의점 아르바이트생은 4,500원짜리 담배를 7,000원에서 8,000원에 웃돈을 붙여 판매하고, 그 차액을 자신의 주머니에 넣는다는 이야기도 청소년을 지도하며 들은 적이 있었다. 비행청소년들도 이것이 불법인 줄 알고 있었지만, 그 아르바이트생의 불법 일탈로 자신들이 담배를 쉽게 구할 수 있었기에 공생관계共生關係 처럼 여겼다. 정직하게 영업하는 상점에서도 청소년들이 담배를 구매하기 위해 교묘하게 속이는 경우가 정말 많았다. 마스크를 쓰고 얼굴을 숨기거나, 키가 크고 성숙해 보이는 청소년이 사복을 입고 자신을 은폐하며 작정하고 담배를 구매하려 덤비는 경우에는 정말 속아 넘어가기도 했다. 한번은 편의점에서 저자가 담배를 구매하고 도망친 청소년을 잡아 담배를 환불하게 하고, 신분을 확인하라고 권유한 적이 있다. 그런데 그 편의점에서는 오늘 처음 출근해 업무에 아직 익숙하지 않은 사회 초년생 아르바이트생이 근무 중이었다. 이러한 정보들은 청소년들 사이에서 빠르게 공유되었고, 그들은 이를 기가 막히게 활용해 찾아온다.

담배를 직접 구매하는 방법 이외에도 그들만의 세상의 청소년에게 담배를 팔아 이득을 챙기는 사람들이 존재한다. 청소년들은 안면도 없는 사람들과 SNS를 통해 그들에게 담배를 웃돈을 더해 비싸게 구매한다. 간혹 '담배를 사 주시면 뭐든 하겠다'는 글이 SNS에 올라오기도 하는데, 이러한 행위는 매우 위험하며 청소년들이 또 다른 범죄에 노출될 수 있는 가능성을 높인다. 남학생은 물론, 특히 여학생들은 이러한 상황에서 성범죄나 다른 유형의 착취에 더 큰 위험에 처할 수 있으므로 각별한 주의가 필요하다. 이러한 부당 거래는 단순히 담배를 구하는 것을 넘어 청소년들이 더 심각한 범죄에 연루될 수 있는 위험성을 내포하고 있다. 담배를 구하기 위해 청소년들이 이러한 글을 올리면 성인들이나 그들만의 청소년들 이를 악용할 수 있고, 그 결과 원치 않는 상황과 위험에 처할 수 있다. 따라서, 이러한 문제를 예방하기 위해 부모와 교육자들은 청소년들에게 온라인에서의 안전한 행동과 위험성에 대해 지속적으로 교육하고 경고할 필요가 있다. 일부 아동기와 초기 청소년들은 전자 혹은 액상담배의 위험성을 모르는 경우도 있었다. 어린 청소년들에게 "전자담배와 액상담배는 담배가 아니지 않나요?"라는 질문을 받는 경우가 있는데, 이러한 제품들도 분명히 담배임을 교육하는 것이 사전 예방에서 꼭 필요하다. 이들은 성인 인증 없이 구매할 수 있는 전자담배를 인터넷에서 구입하여 필통 등에 넣어 다니며 피웠다.

청소년이 어떤 방법으로 담배를 구했는지를 알아내고 부모가 그 방법의 경로를 차단하는 것은 근본적인 해결책이 되지 못하며 효과적이지 않다. 왜냐하면 한 가지 경로가 아니기 때문이다. 그 경로가 막히더라도 수백, 수천 가지의 방법이 존재하기 때문에 청소년들이 누구에게서 담배를 받았는지, 어떻게 구매했는지와 같은 미시적인 접근보다는 '흡연' 자체에 초점을 맞추는 것이 중요하다. 그들이 그들만의 세상에 뿌리를 내리고 있는지, 얼마나 깊이 뿌리를 내렸는지와 같은 거시적인 접근과 시각으로 바라보는 것이 더 효과적이다.

청소년의 흡연을 단순히 처벌하거나 제재하는 것보다, 그들의 행동이 어떤 사회적, 심리적 맥락에서 발생하는지 이해하고 이를 바탕으로 적절한 개입과 지원을 제공하는 것이 필요하다. 실례로, 중학교 1학년 학생의 흡연이 우연히 교사에 의해 발각되었다. 이 청소년은 초등학교 5학년 때부터 흡연을 해 왔음에도 불구하고 부모는 그동안 이를 전혀 알지 못했다. 이 때 부모는 담배를 누구에게 받았는지와 같은 물음을 쏟아내며 자녀를 강하게 통제했다. 그리고 이러한 행동이 호기심에 의한 일시적 행동이라고 여기며, 학생의 본분을 강조하며 자녀를 압박하고 공부와 같은 적응적 행동을 강요하는 방법을 사용했다. 이러한 방법은 앞서 [비행의 늪: 그들만의 세상]에서 살펴본 바와 같이 효과적이지 못했고 이중생활을 더욱 치밀하게 만드는 악순환의 계기로 작용되었다.

부모의 입장에서 너무나도 놀랍고 당황스럽겠지만, 이때 부모가 체크해야 하는 것은 학교 1학년 자녀의 흡연이 초등학교 5학년 때부터 이어져 왔다는 것이었다. 다시 말해 흡연 경력이 3년 차라는 사실이다. 흡연 경력이 3년 차라면 일단 먼저 보편적인 다른 학생들보다는 비행화 과정이 빠르게 진행된 것임을 확인할 수 있고, 3년 동안 그들만의 세상에서 그들과 유대 관계를 깊게 맺으며 이중생활을 가속화해왔다는 뜻이다. '흡연 행동을 하기 전후 시점에 가정에서 무슨 일이 있었는지', '왜 가정에서는 이를 눈치채지 못했는지', '우리의 아이가 왜 밖에 마음을 두고 생활을 해야만 했는지'를 빠르게 점검하고 탐색하여 가정으로 방향을 되돌려야 한다. 흡연 3년 차인 위 학생은 비행청소년의 신분으로 이중생활을 하며 그들만의 세상에서 뿌리내린 지 최소 3년이 흘렀다는 것을 방증한다. 이러한 과정에서 배우지 못한 적응적 행동에 관해 살펴 주어야 하며, 이들의 준거집단이 강하게 형성되어 있음을 이해하고 더 굳어버리기 전에 '오고 싶은 집'을 만들어 적응적인 영역에서 뿌리내릴 수 있도록 도와주어야 한다. 준거집단에서 벗어나 새로운 시작을 하는 것은 많이 외롭고 힘들지만, 어린 나이인 만큼 아직은 방향을 전환시킬 기회와 방법은 충분히 존재하기에 가족이 한마음으로 노력하면 충분히 되돌릴 수 있다.

청소년이 초기에 흡연하는 계기와 이유는 다음과 같다.

청소년 초기 흡연의 계기와 이유

- 호기심에 의해 담배를 피우는 경우
- 학교 선배 혹은 친구의 권유로 담배를 피우는 경우
- 준거집단에서 소위 '센 척'을 하며 자존심을 세우기 위해 담배를 피우는 경우
- 또래 친구들과 어울리기 위해 담배를 피우는 경우

▎호기심에 의해 담배를 피우는 경우

담배가 궁금하고 담배를 피워 보면 어떤 느낌일까에 대한 '호기심'으로 시작하는 경우가 많다. 흡연 초기 청소년의 경우, 담배를 쉽게 구하기는 어렵기 때문에 대체로 가정에 있는 부모님이나 성인 가족의 담배를 몰래 피우거나 바닥이나 흡연실 등 바닥에 떨어져 있는 담배꽁초를 주워서 흡연을 한다.

▎학교 선배 혹은 친구의 권유로 담배를 피우는 경우

친한 친구 혹은 선배가 흡연을 하며 '담배를 피워 보길 권하는 권유'에 의해 흡연을 시작하게 된다. 이러한 경우에는 대체로 담배에 대한 호기심이 있는 상태에서 담배를 권유받았을 확률이 높으며, 그들만의 세상에 속해 있는 친구들과 어울리며 자신의 준거집단에 소속되기 위해 흡연 행동을 행하는 경우도 많다. 주변 또래 친구들의 영향을 받아 담배를 피우게 되며 담배를 피우지 않으면 마치 다른 친구들에 비해 스스로가 뒤떨어지는 듯한 느낌을 받게 되어 담배를 피우게 된다. 남학생은 특히 1~2살 위의 선배가

비행의 공식 [가치 없는 초가집]

담배를 피워 보라고 하면 그 선배와 어울릴 수 있는 좋은 기회라 생각하기도 한다. 그들만의 세상 속에 온전하게 진입하지 않은 외현적 부적응의 양상을 보이는 청소년의 경우 주로 어두운 골목이나 건물 뒤에서 만나게 된 선배나 형의 권유가 무서워서 담배를 피우게 되는 경우도 있다.

┃ 준거집단에서 소위 '센 척'을 하며
┃ 자존심을 세우기 위해 담배를 피우는 경우

담배를 피우는 행동 혹은 담배를 가지고 있는 모습 자체가 청소년들 사이에서 강한 힘을 과시로 표현되기도 한다. 흡연을 하는 무법자는 학교에서 서열이 좋고 잘나가는 친구라고 생각되는 면이 있으며 이를 과시하기 위해 담배를 피우거나 소지하는 행동을 이어간다. 이러한 경향은 나이가 어릴수록 더 많이 적용된다.

사춘기 시기에는 신체가 급격하게 성장하게 된다. 이러한 성장에 따라 같은 중학생의 교실에는 초등학생과 성인이 함께 앉아 있다고 봐도 무방할 정도로 신체의 차이가 크게 난다. 물론 신체적 발달이 빠른 청소년이라 하여 모든 청소년이 이러한 비행에 빠지는 것은 결코 아니다. 하지만 때로는 이러한 빠른 사춘기로 인한 신체적 발달과 특성이 흡연으로 이어지기도 한다. 그 이유는 신체적 발달이 빠른 초기 청소년인 경우 신체적인 사이즈 차이가 결국 힘의 차이로 이어질 수 있기 때문이며, 이러한 힘의 차이는 남학생의 경우 학교나 또래 집단 내 서열이 되기 때문이다. 힘과 권력을 가진 잘나가는 청소년들에게 선배들이 접근하기도 한다. SNS 등에서 흡연하는 장면, 혹은 양주를 비롯한 술병이나 오토바이 등을 일부러 찍어 게시하는 경우가 많은데, 이러한 행동은 자신의 우월감을 과시하며 본인의 존재감을 드러내고 증명하는 행동들이다.

▎또래 친구들과 어울리기 위해 담배를 피우는 경우

이 부분은 성인과 유사하다. 성인 흡연자의 경우, 흡연자들끼리 담배를 피우며 정보를 공유하고 친목을 도모하는 경우가 많다. 이러한 흡연 중의 대화들은 종종 사회적 활동에 도움이 되기도 한다. 청소년도 마찬가지이다. 흡연을 하는 비행청소년의 주변 친구들은 함께 흡연을 하는 친구들로 구성되어 있다. 다시 말해 흡연을 하지 않으면 그들만의 세상에 있는 친구들과는 어울리기가 힘들다는 것이다.

청소년이 금연을 결심한다고 해도, 금연을 시작한 청소년을 제외한 다른 친구들은 담배를 피우러 밖으로 혹은 건물 밖으로 다녀오게 될 것이고 이러한 상황의 반복은 결국 친구 관계의 흐름과 맥락을 끊어 버리게 된다. 성인들은 서로 배려하고 존중하며 흡연 여부와는 상관없이 충분히 함께 잘 지낼 수 있지만, 청소년들은 그렇지 않다. 그들만의 세상의 청소년들은 금연을 하는 친구의 얼굴에 담배 연기를 뿜는다거나 새로운 담배 _{쉽게 구하기 어려운 '레어템'의 담배 혹은 '만갑'이라고 표현되는 개봉하지 않은 혹은 담배의 개비가 많은 새 담배} 를 보여 주며 유혹하며 방해하기 때문에 금연이 현실적으로 쉽지 않다. 청소년이 담배를 쉽게 끊지 못하는 가장 큰 이유는 바로 '주변의 또래 친구들이 모두 흡연을 하기 때문'이다. 친구들과 흡연을 함께 하며 자신의 따분한 일상생활에서 벗어난 쾌감을 느끼게 된다.

비행에서 청소년의 흡연 여부는 대표적인 위험 요인이다. 흡연을 하는 청소년의 가장 주된 관심은 '담배를 어떻게 구할 수 있는가?'이다. 일부 청

비행의 공식 [가치 없는 초가집]

소년은 하루 종일 담배를 구할 수 있는 방법을 찾아다니기도 한다. 왜냐하면 청소년은 법적으로 담배를 구매할 수가 없고 담배의 가격도 비싸기 때문이다. 나이가 어린 초기 청소년들은 이러한 고민이 더 깊다. 이러한 청소년은 앞서 설명한 바와 같이 담배를 제공해 주는 선배의 잔심부름을 하거나, 선배 혹은 친구의 비위를 맞추며 따라다니며 담배를 얻어 피운다. 흡연을 하는 그들만의 세상의 친구들은 서로의 명단을 훤히 꿰뚫고 있으며, 서로 담배를 주기도 하고 함께 담배를 피우며 시간을 보내게 된다. 이렇게 안정적으로 담배를 수급하여 흡연하는 청소년들은 삼삼오오 모여 담배를 피우게 되며, 원래 친했던 친구들 이외에도 함께 만나 담배를 피우며 서로 안면을 트고 친해진다. 이때 SNS가 아주 절대적인 역할을 한다. 담배를 피우면서 서로 SNS를 들여다보고, 또 새로운 친구의 경우 SNS에 친구 등록을 하기도 한다. '영담'이라고 불리는 용어를 많이 사용하기도 하는데, 이는 서로 멀리 떨어진 혹은 물리적으로 만나기 어려운 경우 영상 통화를 하며 흡연을 하는 것을 의미한다. 이처럼 정보통신기기의 발달과 시대의 흐름에 따라 청소년의 흡연 양상도 교묘하게 변화해 가는 모습을 보인다. 일부 청소년들은 집에서 흡연을 하기도 하는데, 이때 사용되는 흡연 도구가 과일 등의 향이 나는 액상형 전자담배이다. 부모가 자리를 비운 경우 혹은 샤워를 하면서 흡연하기 때문에 바디워시와 샴푸, 비누의 향과 섞어 향을 은폐한다. 비행은 점차 과감해지고 자신의 이러한 도발적 행동은 친구들에게 사진을 찍거나 메시지 등으로 자랑하며 과시하고 으스댄다.

앞서 [비행의 늪: 그들만의 세상]에서 살펴본 바와 같이 대부분의 초기 비행의 원인은 가정이다. 모든 원인이 가정이라 할 수는 없고 다른 원인들과 개인차가 있을 수 있지만, 대부분의 비행의 시작 혹은 계기는 초기 청소년기 발달 과정에서의 가정 문제와 연관되어 있다. 초기 청소년기 당시 가정에서 마음의 불편함을 경험하거나 성장 과정에서의 압박 또는 결핍, 소외, 무관심, 냉담 등의 공허함을 느끼게 되면서부터 가정으로의 귀가 시간이 점차 늦어지게 된다. 가정에서는 이로 인해 부모님과 갈등을 경험하게 되고, 이러한 문제가 반복됨으로써 밖으로 겉도는 시간이 늘어나게 되어 이중생활을 시작하게 되는 것이다. 그 과정에서 호기심과 권유 등의 계기로 흡연을 시작하게 된다.

정리해 보면, 결국 호기심으로 시작하여 주변 또래 친구들의 권유로 담배를 피우기 시작하며 이러한 행동은 또래 친구들과 어울릴 수 있는 중요한 요소가 되어 그들만의 세상에 더 깊게 들어가게 되는 것이다. 그들만의 세상에 들어갈 수 있는 티켓이 있어야 한다고 했는데, '담배라는 티켓'을 소지한 그들은 이러한 주변인과의 관계와 자신의 행동으로 자신의 존재감을 확인하며 비행의 늪에 점차 빠져 비행화 과정을 답습하며 비행의 공식 그대로 가치 없는 초가집을 만들어가게 되는 것이다. 청소년들은 준거집단을 형성하고, 그 준거집단에서 자신이 어떻게 비치는지가 자신의 정체성을 확인하고 존재감을 확인하는 가장 중요한 방법이자 개인적 이슈이다. 그들만의 세상에서 흡연을 매개로 소속감을 느끼고 정서적 안정감을 찾으며 자신이 건재하고 잘 지내고 있다는 우월감에 도취되는 것이다. 부적응적 영역에 뿌리내리고 성장하게 되므로 비행 늪에 더 깊이 빠지고 성장하기 어려워진다.

청소년이 많이 사용하는 메신저는 성인들이 주로 사용하지 않는 것들이며, 이러한 메신저와 SNS를 통해 자신들만의 세상을 구체화해 나가고 조직화해 나간다. 청소년은 그들만의 플랫폼을 통해 그들만의 문화를 이룬다. 청소년이 흡연하는 장소도 대체로 정해져 있다. 정해진 장소에서만 흡연한다는 말이 아니라, '청소년이 주로 모여 흡연하는 장소가 정해져 있다'는 것이다. 그 장소에 가면 흡연하는 청소년들이 바글바글하다. 그들만의 '만남의 장소'라 할 수 있다. 이렇게 새롭게 친해진 또 다른 친구들과 그들만의 장소에 모여 흡연을 하고 함께 놀 수 있는 다양한 방법을 궁리하며 서서히 다음 단계로 나아간다.

'술'로 이어지는 그들만의 세상의 강한 응집력

담배 – 술 – _____ – ( )__

흡연 행동으로 이어지는 다음 단계는 음주, 바로 '술'이다. 때때로 음주 행동을 먼저 하는 경우도 존재하는데, 이런 경우는 비행의 공식에서 벗어난 개인차의 문제로 접근하면 해당 청소년을 이해하는 데 도움이 된다. 음주를 하는 자리에 가서 흡연을 배워 시작하는 경우도 마찬가지인데, 이러한 경우 전형적인 청소년의 비행화 과정이 아닌, 뒤이어 그들만의 세상에 합류한 경우라 볼 수 있다. 이 경우, 해당 청소년이 왜 뒤늦게 이렇게 합류하게 되었는지를 살펴보는 것이 비행의 원인과 상황, 심리적 기제를 이해하는 데 많은 도움이 된다.

청소년에게 술은 담배보다 조금 더 어렵다. 왜냐하면 음주는 흡연보다 비용도 많이 들고 장소가 필요하며 소지 자체도 간편하지 않기 때문이다. 흡연은 오랜 시간 밖에서 담배의 냄새를 제거하거나 손을 씻는 등 부모나 교사의 눈을 피해 은폐하기 쉽다. 하지만 음주는 외박을 하지 않는 한 술 냄새나 취한 모습을 숨기기가 쉽지 않기에, 음주의 첫 시작은 조금 더 까다롭게 어렵다. 그 이유로 '술-담배'가 아니라, '담배-술'이 된다.

술은 비행에서 촉매제와 같은 부수적인 역할을 한다. 다만, 술을 먹고 사고를 치거나, 술을 먹고 운전을 하거나, 술을 먹고 싸움을 하는 등의 '술 먹고' 나타나는 이차적인 행위들이 사고로 이어질 가능성을 높인다. 글을 쓰면서 중학교 2학년이 된 청소년이 저자에게 자신이 '캔 맥주를 두 캔이나 먹는다'며 자랑하던 것이 떠오른다. 보편적으로 초기 청소년들은 우월감을 느끼며 과시하기 위한 행동들일 뿐, 술을 많이 마시지 않는다. 술을 먹더라도 아직 어린아이의 몸과 같은 초기 청소년들의 몸에 잘 맞지도 않는다. 많이 마시기엔 초기 청소년인 그들에게 가격이 비싸기도 하고 어려 보이는 미성년자인 그들이 직접 구하기도 쉽지 않기 때문이다. 하지만, 담배와 마찬가지로 비행청소년들은 신분증 검사를 하지 않거나 검사를 해도 문제없이 술과 담배를 구할 수 있는 상점을 꿰뚫고 있다. 신체적으로 성숙한 청소년들은 술을 구매해 다른 친구들에게 뇌물로 주거나 웃돈을 얹어 판매하기도 한다.

술로 인해 그들만의 세상의 응집력은 더욱 강화된다. 성인들은 술자리를 통해 동료들과 친해지고 어색한 분위기를 풀며 깊은 이야기를 나누고 정서를 교류함으로써 인간관계를 발전시키고 이어간다. 하지만 초기 청소년의 음주는 성인과 다른 양상을 보인다. 술자리를 통해 친해지기도 하는 성인과는 달리, 보편적으로 청소년들은 그들만의 세상에서 '이미 친해진 준거집단 그룹 내 친구들과 주로 술을 먹는다'. 그 이유는 부모와 교사 등 어른들의 눈을 피해야 하고 관련된 활동들이 철저한 보안을 유지해야 하기 때문이다. 술을 구하는 것 자체가 어렵고 그들에게는 술이 귀하고 비싸게 느껴지기 때문이기도 하다. 성인과 마찬가지로, 그들은 술자리를 계기로 더욱 강하게 응집되며, 이 과정은 그들만의 세상 속에 더 깊게 뿌리도록 돕는다.

보편적으로 중학교 2학년, 15세 경 음주를 시작하는 모습을 보이는데, 음주의 대부분은 흡연을 하면서 계획된다. 삼삼오오 모여 흡연을 하며 더 발전된 비행을 찾게 되고, 이렇게 여럿이 모여 돈을 모아 음주를 하게 된다. 당연히 음주를 하면서 흡연은 폭발적으로 증가한다. 술 → 담배 → 술

→ 담배를 무한 반복한다. 흡연과 음주 행동을 하면서 스스로 성인이 되었다고 착각하며, 이를 SNS에 자랑하며 과시한다. 이처럼 그들은 술의 양보다 그 자리를 갖고 있다는 뿌듯함과 자신의 존재를 SNS에 과시함으로써 느껴지는 우월감, 그리고 준거집단의 응집력을 통해 깊은 소속감을 느끼게 된다. 실시간으로 공유되는 그들의 상황을 보고 부모에게 거짓말하고 나와 합류하기도 하고, 위치추적 애플리케이션을 사용해 친구들과 소통하며 모이기도 한다. 이때 준거집단에서 배제되는 것에 대한 두려움이 응집 요인으로 작용된다.

술은 대체로 부모가 자리를 비운 친구 집에서 외박을 하며 시작하는 경우가 많고 이외에도 공원, 옥상, 모텔 등지에서 술을 마신다. 비행청소년들은 서로 돈을 모아 모텔을 빌려 술판을 벌이기도 한다. 이벤트가 있는 날에 많은 친구들이 응집해 모텔로 가는데, 가장 대표적인 날이 '친구의 생일'이다. 생일 파티를 모텔에서 하는 것이다. 그들은 친구의 생일이라 부모에게는 친구 집에서 잔다고 말하지만, 사실상의 장소는 모텔이다. 그래야 흡연과 음주에서 자유롭기 때문이다.

때때로 부모는 친구 집임을 확인하기 위해 사진을 찍어 보내 달라고 요구하기도 하는데, 그들의 전화기에는 미리 찍어 둔 서로의 집 사진이나 방사진 등 부모를 속일 수 있는 다양한 사진이 준비되어 있으며, 친구의 다른 가족이 잠들어 있기에 영상 통화를 할 수 없다고 변명한다. 주변 친구들도 해당 부모의 의심을 잠재우기 위해 똘똘 뭉쳐 함께 거짓말을 도우며, 이 과정에서 자신들의 우정을 확인하며 결속력을 다진다. 그들만의 세상에서 뿌리내린 청소년들을 쉽게 막기는 현실적으로 어렵다. 이들은 부모의 멘트와 스타일을 정확하게 파악하고 있으며, 오늘을 즐기기 위해 빠져나갈 준비와 물밑 작업을 오래전부터 해 왔다. 동성의 친구들과는 모텔에 숙박할 수 있다는 청소년 보호법을 악용해 모텔에 들어가기도 하고, 때로는 청소년임을 알면서도 확인하지 않는 일부 나쁜 업주들의 이기심에 청소년의 입장이 가능해지기도 한다. 개인의 영업 이익을 위해 사회의 질서를 무너뜨리고 청소년의 안전한 보호에 허점을 생기게 하는 우리 사회의 이기심을 되돌아볼 필요가 있다고 생각한다.

청소년이 성장하여 후기 청소년이 되면 다른 인근의 지인들을 만나 술자리를 하며 친분을 쌓는 성인들의 모습과 유사하게 바뀐다. 술집에서 술을 먹는 등 상당히 과감해지는 양상을 보인다. 때로는 과감해진 이러한 음주 행위가 또 다른 범죄 행위로 이어지기도 하는데, 최근 사회적 문제가 된 자신들이 성인인 척 술을 시켜 먹어 놓고 미성년자에게 술을 팔지 않았냐며 적반하장으로 큰소리치며 술값조차 계산하지 않고 도망가는 일명 '술집 먹튀 사건들'이 후기 청소년들의 음주 문화이자, 변형되고 진화되어 가는 음주와 연관된 범죄 행태들이다.

술은 가출과 연관되는 경우가 많다. 초기 청소년의 경우 가정에서 부모와의 불화로 인해 쫓겨나기도 하고, 자신의 불만족스러운 환경에 불만을 품고 가출을 행하기도 한다. 이렇게 가출하여 어른들의 보호에서 벗어난 거리에서 방황하는 청소년은 그들만의 세상에 접촉하면서 흡연과 술에 쉽게 노출된다. 그들은 그들만의 세상에서 일시적인 소속감과 위안을 찾으며 자신과 처지가 비슷한 친구들과 유대 관계를 형성해 나간다. 가출해서 술을 마시게 되었지만, 이 과정이 반복되면 술을 마시기 위해 가출하기도 한다. 가출은 청소년 비행에서 대단히 중요한 위험 요인이다. '헬퍼'라고 불리는 가출청소년을 노리며 유인하여 이용하고 악용하는 사람들에 의해 범죄의 위험에 빠지기도 한다. 특히, 외로움을 느끼고 판단력이 부족한 청소년들이 성범죄에 쉽게 노출될 수 있기에 주의를 기울여야 한다. 가정에서 통제되지 않는 청소년들을 내쫓거나 도어락 비밀번호를 바꾸는 부모들은 이러한 위험한 환경과 상황으로 청소년을 내몰아서는 안 된다.

그들은 술을 마시며 어떤 이야기를 나누겠는가? 정말 뻔하다. 자극적인 행동을 찾고 더 흥미로운 놀이를 찾아다니며 자연스럽게 다음 단계로 빠진다. 여기서 중요한 점은 음주를 전혀 하지 않는 청소년도 존재한다는 것이다. 대체로 이들은 음주를 몇 번 시도해 보았으나 즐기지 않거나, 음주의 기회를 만들기 어렵거나, 음주 자체가 몸에 맞지 않아서 하지 않는 경우가 있다. 결론적으로 흡연은 거의 필연적이며 흡연과 음주를 모두 하는 경우에는 한 가지만 하는 경우보다 더 파괴력 있게 다음 단계로 발전하게 된다.

남자 청소년 비행의 정점 '오토바이'

담배 - 술 - 오토바이 - (   ) ___

흡연과 음주를 하는 거의 모든 남자 비행청소년들은 오토바이에 관심을 가진다. 물론 안전에 대한 욕구가 높거나 겁이 많아 오토바이를 타지 않는 경우도 일부 존재한다. 하지만 비행을 하는 대부분의 남자 청소년들은 오토바이를 타며 질주를 과시한다. 오토바이를 구해 혼자 운전하기도 하지만, 그들만의 세상의 친구들은 항상 무리 지어 있기에 오토바이를 운전하는 친구나 선배의 뒷자리에 앉아 스릴을 즐기는 경우가 더 많다. 오토바이는 남자 청소년의 비행의 기폭 지점이자 정점에서의 핵심이라 할 수 있다. 오토바이 탑승 여부에 따라 비행의 판도가 달라질 만큼, 오토바이는 비행의 큰 기준점이 되며 복잡한 문제로 이어진다. 오토바이는 그들만의 세상에 뿌리내린 나무가 맺는 '남자 비행의 꽃'이라 할 만큼 중요하다. 오토바이는 흡연과 음주와는 달리 쉽게 티가 나지 않는다. 흡연과 음주보다 오토바이를 타는 행위는 훨씬 숨기기 쉬우므로 오토바이를 타고 다녔더라도 가정에서 이중생활을 하며 조용히 지내면 알 방법이 없다. 비행화 과정의 중심에 해당되는 오토바이는 청소년 비행에서 다양하게 악용된다.

만 16세 미만은 면허 취득이 불가함에도 비행청소년들은 중학교 2학년인 15세 가을부터 오토바이를 타기 시작한다. 이는 명백한 무면허 운전이며 불법 행위이다. 보편적으로 오토바이는 그들만의 세상의 선배들에게 빌려서 타는 것으로 시작되지만, 훔쳐서 몰래 타기도 하기에 초기 청소년들은 오토바이와 관련된 절도 범죄가 많다. 오토바이는 [허술한 오토바이-보통 오토바이-프리미엄 오토바이]의 세 가지 종류로 구분하며, 허술한 오토바이는 16세, 보통 오토바이는 17세, 프리미엄 오토바이는 18세의 나이로 설명된다. 오토바이를 타고 싶어 하는 후배들을 대상으로 선배들은 돈을 받고 대여해 준다. 이를 확장시켜 자신의 비행 생활을 유지하는 데 필요한 돈을 획득하기 위해 후배들에게 '오토바이 렌탈 사업'을 하기도 한다. 주로 16~17세 청소년들이 허술한 오토바이를 15세에게 빌려주며 렌탈 비용을 받는다. 보통 1시간에 5,000원, 12시간에 30,000원, 24시간에 50,000원의 기준 시세가 있으며 이는 지역마다 다르다. 최근에는 물가 상승으로 인해 가격이 오르는 추세인데, 현금뿐 아니라 전당포처럼 가정의 귀금속이나 명품 등 값비싼 물건들을 담보로 받고 오토바이를 빌려주기도 한다. 담보를 받고 대여를 해 주는 모양새이지만, 사실상 말도 되지 않는 이유들로 트집을 잡아 물건을 돌려주지 않는 경우도 많다. 앞서 설명한 '형제 프리미엄'의 청소년이나 '내 동생=노예' 개념의 어린 청소년들에게는 오토바이를 빌려 탈 수 있는 기회가 빠르고 쉽게 제공된다. 이러한 오토바이는 이들에게 좋은 강화 요인으로 작용되며, 자신에게 강화물을 준 선배에게 충성을 다짐하는 계기가 된다. 후배들의 존경심과 충성심의 대접을 받는 선배는 또다시 우월감을 느끼며 만족감에 취한다. 때로는 후배들에게 베풀었다고 생각하며 뿌듯해하기도 하고 보람을 느끼기도 한다.

그들만의 세상에서는 '나의 것과 남의 것'의 두 가지 부류가 존재한다. 나의 것은 주종관계에서의 자신의 손과 발이 되어 줄 '내 동생=노예'를 뜻한다. 나의 것이 아닌 나머지는 모두 남의 것, 다른 말로 자신들의 '먹잇감'이 되는 것이다. 자신에게 충성하며 손과 발이 되어주는 노예 같은 동생에게는 오토바이를 빌려주지만, 나머지 먹잇감으로 분류된 청소년들에게는 오토바이를 강제로 넘어뜨려 손상시키고 큰 금액의 수리비를 청구하는 '오토바이를 활용한 사기'를 친다. 이를 그들만의 용어로 '렌탕'이라 한다. 그러한 행위를 '탕쟁이가 탕쳤다'라고 표현하는데, 주로 비행 초기 청소년들이 렌탕의 표적이 된다. 그들만의 세상에 있는 청소년들은 자신들의 안전을 위해 일반적인 적응 영역의 청소년들을 해치거나 돈을 빼앗지 않는다. 그들은 오로지 자신들만의 세상에 진입하며 이중생활을 시작하는 비행청소년들을 대상으로 위력을 행사하며 비행을 일삼는다. 따라서 역으로 청소년이 이러한 피해를 경험했다면, 그 청소년이 그들만의 세상에서 이중생활을 하고 있는지 유념하고 살펴보아야 한다. 남자 비행청소년들이 감춰 온 비행의 핵심 오토바이와 관련된 '렌탕' 문제에는 각별히 주의를 기울여야 한다. 우리나라 거의 모든 지역에서 이러한 문제가 숨겨진 채 발생하고 있으며 존재한다. 비행의 공식에서 설명하는 패턴은 특히 인원이 많은 대도시에서 두드러지게 나타난다. 이와 같은 청소년의 사기 범죄 등과 관련된 이야기는 '돈에 대한 집착과 잘못된 방법의 획득'에서 자세히 설명한다.

오토바이를 타고 질주하며 도로의 질서를 무너뜨리고 위험에 노출되는 오토바이와 관련된 대표적인 비행은 '폭주'이다. 이들의 폭주는 SNS 공지를 통해 그들끼리 정한 만남의 장소와 시간에 모인다. 그들이 자주 사용하는 SNS를 통해 장소와 시간은 초성으로 공지되며, 주로 3.1절이나 광복절 등 국가기념일에 대규모로 집결한다. 그들만의 단체 대화방도 존재하며, 익명의 채팅방에서도 폭주와 관련해서 대화를 주고받는다. 인근 지역에서 어울리는 그들만의 세상 청소년들이 집결하는 모양새를 보이며 때로는 원정 출장을 가기도 한다. 이들은 과속과 역주행은 기본이며, 한 대의 오토바이에 힘겹게 여러 명이 탑승하여 질주하기도 한다. 무리 지어 도로를 돌며 지나가는 차 혹은 자신들을 따라오는 순찰차를 향해 폭죽을 터트리거나 오물을 던지는 등의 위험천만한 행동을 일삼는다. 오토바이로 빙빙 돌며 단체 강강술래를 하기도 하고 리더를 따라 무리 지어 도로를 장악하는 모습도 보인다. 이들은 주로 곡예 운전을 하는데, 달리는 오토바이에서 슈퍼맨의 자세를 취하기도 하고 위에 올라타 한쪽 다리를 들고 일어서는 등의 대단히 위험한 행동들도 서슴없이 행한다. 오토바이 폭주를 하면서 세력 싸움을 하거나 마음에 들지 않았던 후배나 친구에게 사고를 유발하는 행동을 취하며 위협하는 경우도 존재한다. 오토바이와 함께 자동차 폭주도 함께 이어지는 경우도 있는데, 마찬가지로 무면허인 경우가 대부분이며 공동 위험 행위와 난폭운전을 일삼는다. 이들의 무자비한 운전이 음주와 함께 나타난다면 음주 운전이라는 또 다른 위험한 범죄를 저지르게 되며, 안전상의 위험은 비교할 수 없을 정도로 가중된다.

청소년들은 오토바이를 통해 스릴을 즐기고, 또래 친구들이 경험하지 못하는 행동을 한다는 우리들만의 특권 의식에 취한다. 이러한 특권 의식은 그들만의 문화 속에서 자신들의 비합리적인 신념과 상황을 잘못된 방어기제로 무장하게 하며, 결국 착각 속에 빠진 비행청소년들의 오토바이 폭주를 더 난폭하게 이어가게 한다. 이들은 무리 지어 자신들의 행동을 과시하며 새롭게 디자인되고 다양한 액세서리와 조명으로 꾸민 오토바이를 자랑한다. 중학생 시절을 이렇게 보낸 비행청소년은 상급 학교에 진학하면서 지금까지의 중학생들이 쉽게 하지 못하는 것으로 자신의 건재함과 존재감을 드러내고자 한다. 욕구는 남들과 다른 특별한 이미지를 만들고자 하는 관심으로 이어지며, 결국 문신을 하게 된다.

우월감의 잘못된 표현 '문신'

담배 – 술 – 오토바이 – (문신) ____

'문신'은 대체로 17세에 시작하여 18세에 완성하고 19세에 후회하는 것이 일반적인 패턴이다. 문신은 비행화 과정의 중요한 요인이지만, 취향과 호불호가 분명하게 갈린다. 문신은 가정과 학교의 압력이 강하게 작용하기도 하고 은폐하기 어려우며 한 번 행하면 다시 돌이킬 수 없다는 부담을 갖는다. 그래서 비행의 공식에서도 문신에 괄호를 해 둔 것이다.

실제 문신은 하는 친구들도 있고 하지 않는 친구들도 있다. 그러나 많은 청소년들, 특히 비행의 늪에 빠진 남학생들은 문신을 강하게 선망한다. 문신은 그들의 문화에서 잘나가는 친구의 상징이자 강해 보이는 이미지를 만드는 수단으로 사용되며 트렌디함을 뽐낼 방법이 된다. 문신을 한 친구는 문신을 하지 않은 친구들의 부러움의 대상이 되며 이들은 이러한 시선을 즐긴다. 앞선 비행의 공식들의 요인과 마찬가지로 개인의 차이를 중요하게 고려해야 한다. 고등학교에 입학한 17세에 문신을 시작하는 것이 일반적이기에 만약 그 이전 나이에 이미 문신을 했다면 비행화 과정이 더 빠르게 진행된 것이니 주의를 기울여야 한다. 일반적인 비행의 경로보다 빠르게 진행된 만큼 결과가 좋지 않을 가능성이 크다고 볼 수 있다.

비행청소년들 중 저자의 강의를 듣고 문신 계획을 철회한 경우가 많았다. 저자는 청소년들에게 문신만큼은 하지 말라고 강력히 권장하며, 문신을 꼭 해야 한다면 25세 이후에 다시 고민해 보라고 조언한다. 문신을 한 번 새기면 완전히 제거하기 어렵고, 그 과정에 많은 고통과 비용이 들기 때문이다. 때로는 짧은 강의였지만, 저자의 강의를 들은 많은 비행청소년은 문신을 하지 않기로 결심하기도 했다. 그러나, 주변 친구들의 압박과 이미 지출한 계약금이 아까워 예정된 문신을 그대로 시술한 경우도 있었다. 문신 시술 기계를 통해 무작위로 후배들이나 타인에게 문신을 강요하고 시술하는 폭력적인 행태도 존재하였는데, 이는 청소년의 건강을 위협할 뿐만 아니라 또 다른 범죄로 이어졌다. 청소년의 문신은 주로 허가받지 않은 장소에서 개인에 의해 불법 시술되는 경우가 많다. 불법 시술에서 사용되는 잉크가 피부에 감염 등의 염증을 일으키거나 안전성이 검증되지 않은 경우도 흔했다. 불법으로 유통되는 청소년의 액상담배 역시 전혀 검증되지 않은 값싼 물질들로 구성된 경우가 많다. 청소년의 건강을 위해 안전한 환경을 만들고, 유해 물질에 관한 안전 기준 확립 등 사회적 차원의 노력이 절실히 필요하다.

실제 문신을 계획한 친구들은 중학교 초기 시절부터 문신을 목표로 하며, 비행화의 정도와 상관없이 문신에 대한 입장을 정해 둔 경우가 많다. 대부분의 문신을 하는 청소년들은 문신에 많은 돈이 들기 때문에 신체 부위별로 체계적으로 설계하지 못하며, 초기 청소년들은 문신을 선망하며 매직이나 볼펜으로 자신의 몸에 그림을 그린다. 보편적인 문신 과정은 다음과 같다. 보통 허벅지나 한쪽 팔, 가슴을 포함한 반팔 형태의 밑그림을 먼저 그린다. 문신을 한 친구들은 문신을 옷에 비유하는데, '긴팔 문신'은 긴팔 티셔츠를 입은 것과 같은 길이로 손목까지 문신을 한 것을 말하고, '반팔 문신'은 반팔 티셔츠와 같은 기장으로 문신을 한 것을 말한다. 이를 청

비행의 공식 [가치 없는 초가집]

소년들은 기장에 따라 긴팔, 반팔, 칠부로 칭한다. 문신이 어디에 있는가 하는 질문에 '가슴, 반팔, 등'에 있다고 대답한다면, 이는 '가슴 부위와 이어진 팔꿈치 윗부분까지와 등에 문신이 있다'는 말이며, 하체에는 아직 문신이 없다는 의미이다.

문신을 한 친구들은 자신이 문신을 더 많이 완성하지 못한 것에 대해 열등감을 느낀다. 문신을 완성하지 못하면 미완성된 것 같은 느낌을 받으며 부족해 보이고 엉성해 보이기 때문이다. 또한 함께 어울리는 준거집단의 친구들 중에는 전신에 문신을 완성하거나 자신보다 빠르게 문신을 진행한 친구가 있기 때문에 상대적으로 자신이 뒤처졌다고 생각하고 느낀다. 문신을 선망하는 청소년이 양쪽 허벅지만 문신했다면, 맨몸일 때는 마치 바지만 입고 있는 것처럼 보일 수 있다. 예를 들어 사우나에 친구들과 함께 갔을 때, 문신이 덜 완성된 친구는 마치 바지만 입고 있는 것처럼 느껴지는 것과 같다. 문신을 완성하지 못한 친구는 완성한 친구를 부러워하며 자신의 미완성을 부끄러워한다. 이로 인해 더 노력해서 문신을 완성하려는 압박을 느낄 수 있다. 이러한 마음 때문에 문신을 할 비용과 여건만 생기면, 그들은 양쪽 팔과 어깨, 등, 가슴까지 전신에 문신을 완성하려 애쓴다. 문신을 통해 자신을 표현하고자 하는 욕구가 강해지면서, 점차 더 많은 부위에 문신을 하게 된다.

문신에도 유행이 있으며, 문신 기술 수준에도 차이가 있다. 초기 문신을 한 친구들은 넉넉하지 못한 비용으로 체계적이지 못하게 진행한 경우가 많아 문신이 미흡한 경우도 있다. 이를 보완하기 위해 문신을 덧칠하거나 더 강하고 큰 문신을 추가하기도 한다. 이는 일종의 매몰비용과 같아서 후회를 하면서도 다시 돌이킬 수 없어 계속 문신을 하게 된다.

문신의 유행과 기술 발전으로 인해 기존의 문신이 시대에 뒤떨어지거나 덜 정교해 보일 때, 청소년들은 더 많은 시간과 돈을 들여 이를 수정하거나 확장하게 된다. 시간이 지나면서 유행과 기술이 변하면 기존의 문신이 만족스럽지 않게 느껴져 새로운 문신을 추가하거나 기존 문신을 덧칠하게 되는 것이다. 문신을 계속 추가하면서 만족을 추구하지만 동시에 더 큰 열망과 욕구를 느끼게 되는 악순환이 반복되는 것이다. 문신의 반복이 어렵거나 문신을 한 것을 후회하며 더 이상 문신을 원치 않는 경우, 청소년들은 문신을 드러내지 않기 위해 팔 토시나 긴 옷 등을 착용해 숨긴다. 비행청소년을 지도하면서 한여름에 긴팔 후드 티셔츠를 입고 온 학생에게 왜 그렇게 긴 옷을 입고 왔냐고 물어본 적이 있다. 그 학생은 '자신에게 문신이 있어 창피해서 가리고 다닌다'며 '여름에 너무 덥고 힘들다'고 말했다. 한 번 새긴 문신을 쉽게 되돌릴 수 없었기에, 저자는 그 말을 듣고 참 마음이 아팠다.

일부의 경우 부모님 몰래 작은 문신을 하기도 하는데, 처음 문신을 하는 부위로 속옷으로 가릴 수 있는 안쪽 허벅지 등을 선택한다. 가정에서도 속옷을 착용하고 다니기에 문신을 충분히 숨길 수 있다고 생각한다. 일부 청소년은 안쪽 허벅지에 이성 친구의 이름이나 좌우명 같은 글귀를 새기고, 가족과 목욕탕에 갈 때는 반창고 등으로 문신을 가린다. 비행청소년들에게도 비자살적 자해 관련 문제가 심각한데, 자해 흔적을 감추고자 문신을 하는 경우도 존재한다. 비행의 공식에서는 문신과 더불어 자신의 우월감과 존재감을 과시하는 마지막 핵심 요인이 있었는데, 그것은 바로 '금을 포함한 명품'이다.

청소년 비행의 끝 '명품'

비행청소년들은 과시하기 위해 살아간다. 그 목적을 가장 손쉽게 도와주는 것이 부의 상징인 '명품과 금'이다. 돈과 외적인 가치에 매몰되어 있는 비행청소년들은 자신을 존재감을 과시할 수 있는 것들에 집착하며 지대한 관심을 갖는다.

담배 - 술 - 오토바이 - (문신) 명품

왜 명품인가? 생각하는 사람도 있을 것이다. 명품이야말로 비행청소년들의 끝이자 핵심이다. 비행청소년들은 머리부터 발끝까지 명품과 금으로 치장한다. 그들만의 세상에서 술과 담배를 일삼고 오토바이를 타며 외모에 관심을 가지다 보면, 점점 눈이 높아지고 자신을 드러내어 과시하기 위해 명품을 추구하게 된다. 책에서 특정 브랜드를 언급하는 것이 조심스러워 일일이 나열하진 못하지만, 준 명품으로 분류되는 브랜드부터 잘 알려진 명품까지 비행청소년이 유독 좋아하는 특정 브랜드들이 있으며 거기에 집착한다. 문신도 명품의 일종이라 볼 수 있다. 비행청소년들 중 문신을 할 여건이 되거나 문신에 마음이 있는 친구들은 문신을 하고 명품을 두른다. 반면, 문신을 하지 않는 친구들은 문신을 생략하더라도 명품은 반드시 챙긴다. 이들은 클러치 손가방, 벨트, 신발, 패딩, 티셔츠, 바지 등 다양한 명품 아이템과 금팔찌와 금목걸이로 온몸을 치장하고, 이를 통해 자신을 존재감을 드러내며 과시한다. 명품은 그들에게 단순한 소유물이 아니라 그들만의 세상에서 자신의 건재함과 우월감, 특권 의식을 드러내며 표현하는 중요한 상징이자 수단이 된다.

비행청소년들 중 명품과 금에 관심이 없는 경우는 드물다. 때로는 모든 비행을 하면서도 자신은 명품에 관심이 없다고 말하는 청소년도 있는데, 이는 자신의 경제력의 부족을 방어하는 합리화의 표현이다. 보호관찰소에서 수강명령 강의를 할 때 저자가 가장 수수하게 보일 정도로 그들은 명품을 휘감고 온다. 대부분의 비행청소년들은 명품을 구매하고 구하기 위해 애쓴다. 그들은 백화점 매장에서 명품을 구매하기 어렵기 때문에 주로 중고 물품을 판매하는 온라인 사이트에서 구매한다. 친구나 지인들끼리 서로 판매하고 구매하는 경우도 많다. 실제 구매 시 가격 부담이 크기 때문에 새 상품을 구매하더라도 인터넷에서 구매하는 것이 일반적이다. 사실상, 명품은 19세에만 해당되는 것이 아니라 모든 연령과 단계에서 나타난다. 각 연령대마다 선호하고 사용하는 명품 브랜드가 있으며, 고등학생이 되면 팔찌와 목걸이에 관심을 갖고 몸에 금을 두르기도 한다. 이들은 순금으로 팔찌를 제작하기도 하는데, 금에 대해 잘 알지 못하기 때문에 순금이면 무조건 좋다고 생각하고 무겁게 만든다. 무겁게 팔찌를 제작하였지만, 착용하고 다니기에는 불편하고 위험하기 때문에 결국 집에 보관하며 SNS에 자랑만 하게 된다. 때로는 도금 팔찌를 그들만의 세상에 착용하고 나가 자신보다 어린 후배들에게 순금이라고 으스대며 자랑하기도 하는데, 그 말을 듣고 그것을 믿으며 맹목적으로 부러워하는 어린 청소년들을 보면 측은하다.

명품은 19세라고 표기되어 있지만, 실제 명품에 대한 관심은 14세 그들만의 세상의 초기 진입 시점부터 시작된다. 이러한 이들의 모습은 [비행의 늪: 그들만의 세상]에서 언급된 그들만의 문화, [⑤ 그들의 패션: 특이하면서 트렌디한 복장]과 연결된다. 그들만의 세상에 진입한 초기 청소년들은 특정 스포츠 브랜드와 특정 브랜드의 특정 상품에 집착하는 것으로 시작하여 이어진다. 남학생들은 주로 특정 브랜드의 신발에 집착하며 스포츠 브랜드로 온몸을 도배하고 고등학생이 되면 몸에 금을 두른다. 여학생들은 명품이 없어 명품 쇼핑백을 구해 들고 다니거나 교칙에 어긋나는 짙은 화장을 하고 검은 마스크를 쓰고 다닌다. 얇은 금색 팔찌와 목걸이, 짙은 화장, 딱 붙는 옷이나 노출이 심한 옷차림을 즐기기도 한다. 비행청소년들의 패션과 복장은 시대와 유행에 따라 조금씩 변화하지만, 비행의 공식은 변화하지 않는다. 학생으로서 일반적이지 않게 겨울이 되면 백만 원이 넘는 비싼 패딩을 사서 입고 다니기도 하는데, 이러한 옷을 입고 있는 청소년은 그들만의 세상의 구성원일 확률이 높으며, 그들은 비행의 공식대로 살아왔고 살아가고 있다고 생각하면 된다. 여기서 중요한 점은 비행 공식의 핵심이 '돈'이라는 것이다. [비행 공식: 담배-술-오토바이-(문신)명품]을 유지하기 위해서는 '돈'이 반드시 필요하다.

돈에 대한 집착과 잘못된 방법의 획득

▌ 비행의 공식의 핵심 2
[비행의 공식: 담배-술-오토바이-(문신)명품]을
완성하기 위해 절대적으로 필요한 것은 '돈'

　다음의 '비행의 공식'을 유지하기 위해서는 반드시 '돈'이 필요하다. 흡연을 하기 위해서도, 음주를 위해서도, 그들과의 유대 관계를 위해서도 돈이 필요하다. 택시를 타고 이동하며 어울리고, 함께 노래방도 가고 PC방도 가며 밥도 같이 먹어야 한다. 그들만의 세상에서 자신의 역할과 자리를 만들고 과시하기 위해서는 돈이 꼭 필요하다. 청소년이 합법적으로 돈을 획득할 수 있는 방법은 '용돈'과 '아르바이트'뿐이다. 하지만 비행의 공식을 유지하기에는 합법적인 방법만으로는 역부족이며, 청소년은 돈을 만들어 내기 위해 '사기, 사채, 도박, 절도, 매매, 알선, 갈취' 등과 같은 범죄를 저지르게 된다. 이를 비유하여 비행의 공식에서는 이를 '가치 없는 초가집'으로 표현한다.

가치 없는 초가집

"내가 살아가는 가치 없는 초가집에는
양문형 냉장고와 최신형 공기청정기, 벽걸이 TV가 있어요.
그런데 우리 집에는 전기가 들어오지 않아요."

'가치 없는 초가집'은 저자가 비행화 과정을 연구하고 청소년을 지도하며 비행청소년이 살아가는 '그들만의 세상'을 비유하여 표현한 것이다. '양문형 냉장고'와 '최신형 공기청정기', '벽걸이 TV'는 '담배', '술', '오토바이'를 비유한 것이다. 그리고 '전기'가 들어오지 않는다는 표현에서 전기는 '돈'을 뜻한다. 청소년의 가치 없는 초가집에는 전기가 들어오지 않으며, 청소년은 냉장고를 가동하기 위해 건전지를 훔쳐 냉장고를 돌려야 한다. 건전지를 훔치는 행위는 절도이고, 전기를 구하기 위해 건전지를 빼앗는 행위는 갈취이며, 타인을 속여 전기를 구하고자 하는 것은 사기에 해당된다. 이처럼 청소년은 자신의 비행화 과정인 [비행의 공식: 가치 없는 초가집]'을 유지하기 위해 범죄에 노출되고, 이러한 무분별한 불법 행위에 빠져들게 되는 것이다.

돈을 구하기 위한 불법 행위는 개인의 결핍이나 경제적 어려움의 문제에만 국한되지는 않는다. 비행의 늪에 빠져 그들만의 세상에서 자신의 준거집단을 형성하고 이 영역에서 뿌리내리기 위해 돈을 구하는 청소년의 경우, 가정의 경제력은 크게 중요하지 않다. 이들은 경제적 배경과 상관없이 자신의 비행 생활을 유지하고, 그들만의 세상에서 인정받고 영향력을 행사하기 위해 불법적인 방법으로 돈을 구한다. 부모가 경제적 지원을 쉽게 해 주는 경우도 있지만, 자녀가 맹목적으로 사 달라고 하는 특정 브랜드의 고가 상품을 잘 알지 못하고 사 주는 경우도 많다. 그들만의 세상을 잘 알지 못하기 때문에 자녀가 원했던 그 옷과 신발들이 비행청소년의 아이템이었음을 모르는 부모들이 대부분이다. 이러한 행동은 '부모가 비행청소년이 되는 과정에 기름을 붓는 것'과 같다.

용돈을 일반 청소년들의 수준을 넘도록 주는 경우도 있었는데, 이러한 잘못된 경제관은 청소년 비행을 가속화하며 그들만의 세상 친구들이 쉽게 접근하게 만든다. 그리고 학생으로서 보편적 기준에 어긋나는 정도를 지나치는 용돈은 '돈이면 모든 게 다 된다'는 잘못된 신념과 가치관을 만드는 주된 역할을 한다.

한 예로, 저자가 본 한 가정은 여유가 있는 집안이었다. 부모는 자녀에게 엄격했지만 큰 관심을 주지 않았고, 아버지는 강하고 무뚝뚝했으며, 어머니는 그러한 아버지의 강한 스타일에 눈치를 많이 보는 집안이었다. 아버지는 자녀의 양육과 성장에 관심을 두기보다는 사업과 여가 활동에만 관심이 있었다. 이러한 부모는 자녀에게 1주일에 용돈으로 70만 원씩 주었고, 중학생 자녀는 한 달에 300만 원씩 받아 사용했다. 이 청소년은 지역에서 알아주는 비행청소년이었고 몸에 문신이 있었으며, 또래 청소년들에게 선망의 대상이었다. 그는 큰 금액의 돈으로 또래 친구들을 장악하며 우위에 서기 위해 애썼고 친구들이 자신에게 경제적으로 의존하게 했다. 부모는 자녀의 비행을 전혀 알지 못했으며, 돈에 푹 빠져 있던 해당 청소년은 교사와 어른이 우습게 보였다. "괜찮아요, 전 돈이 많거든요."라고 말하며, 그 누구의 말도 듣지 않았다. 이러한 악순환과 돈이라는 가림막이 모든 지도 시점의 타이밍을 놓치게 만들었고 자신의 가치 없는 초가집만 강화시켰다. 자녀의 나이와 성장에 맞는 올바른 경제관을 심어 주고, 절약하며 돈을 가치 있게 사용하는 방법을 지도하는 것은 매우 중요하다.

청소년 비행의 핵심은 '돈'이다. 돈은 비행을 유지하는 핵심 요소가 되며, 이들은 돈을 구하기 위해 범죄의 경계선을 넘나들게 된다. 이들이 [비행의 공식: 담배-술-오토바이-(문신)명품]을 유지하기 위해 돈을 획득하고자 하고, 그 과정에서 올바르지 못한 가치관을 형성하게 된다.

청소년이 돈을 획득할 수 있는 방법

　청소년들도 당연히 어느 정도의 기본적인 용돈은 필요하다. 하지만 적응의 영역인 가정과 학교에서 생활하는 청소년이라면 기본적인 의식주는 가정과 학교에서 보호받기에, 학원을 가거나 친구를 만나 문화생활을 할 수 있는 작은 용돈이면 충분하다. 일반적인 청소년들은 이 용돈을 모아 자신이 갖고 싶은 것을 구매하거나 먹고 싶은 것을 사 먹으며 여가생활을 보낸다. 그리고 이 과정을 통해 주어진 용돈을 관리하고 절약하며 생활하는 법을 익히고 기본적인 경제 개념을 학습하며 경제관을 성립한다.

　하지만 그들만의 세상에서 생활하는 비행청소년들의 상황은 전혀 다르다. 이들은 가정과 학교의 보호를 받으면서도 이중생활을 영위하기 때문에 더욱 많은 돈이 필요하다. 가정 밖에서 자신의 영역과 세력을 만들고 자신을 과시하며 이러한 생활을 유지하기 위해 많은 돈이 절실히 필요하게 된다. 그러나 아직 어린 청소년들이 돈을 획득할 수 있는 방법은 제한적이다. 청소년들이 돈을 획득할 수 있는 방법은 정당한 방법과 정당하지 않은 방법으로 나뉜다.

▍정당하게 돈을 획득하는 방법: 용돈과 아르바이트

▪ 용돈

청소년이 돈을 획득하는 가장 보편적인 방법은 '용돈'이다. 부모님이 월별, 주별, 혹은 일별로 주는 정기적인 용돈이 가장 일반적인 돈의 획득 방법이다. 그러나 그들만의 세상에서 생활하는 청소년들에게는 용돈이 턱없이 부족하다. 흡연을 해야 하고, 택시를 타야 하며, PC방이나 노래방, 당구장에도 가야 한다. 이와 같이 그들만의 세상에서 놀이문화를 즐기며 생활하기에 돈이 부족하고, 오랜 시간 밖에서 시간을 보내기 때문에 끼니도 해결해야 한다.

명절이나 기념일 같은 가족 행사에서는 할머니, 할아버지, 친척과 친지, 또는 부모의 직장 동료들에게서 돈을 받는 경우가 많다. 이때 받는 돈은 일반적인 용돈보다 훨씬 큰 경우가 대부분이다. '돈'은 마치 '비행의 연료'와 같아서, 큰돈을 받은 후에는 비행이 더욱 과속화되고 폭주하는 경향이 있다. 청소년들은 자금의 여유로 더 많은 시간과 자원을 비행에 할애하고 이중생활을 다져 나간다. 이러한 관리되지 못한 돈의 획득은 그들의 비행 행위를 더욱 심화시키는 결과를 낳는다.

▪ 아르바이트

용돈을 제외하고, 청소년이 정당하게 돈을 획득할 수 있는 방법은 성인과 마찬가지로 땀 흘려 떳떳하게 돈을 버는 것이다. 일을 하는 것인데, 청소년은 안정된 직업을 구할 수 없기 때문에 주로 '아르바이트'를 한다. 열심히 땀 흘려 노력하여 획득한 돈은 매우 가치 있다. 하지만, 여기서 한 가지 짚어보고 싶은 점은 '청소년이 무엇 때문에 이 시간에 힘들게 노동하며 돈을 벌어야 하는가?'이다. 정말 형편이 어려워 가정을 책임지기 위해 아르바이트를 한다면, 이는 칭찬받고 지지받아 마땅하다. 그러나 대부분의 비행청소년들은 자신의 가정을 책임지기 위해 아르바이트를 하는 것이 아니라, 그들만의 세상에서 비행의 공식을 유지하고 가치 없는 초가집을 지키기 위해 아르바이트를 한다. 이는 시간을 낭비하는 어리석은 행동이며, 청소년기에 정작 배워야 할 중요한 지식과 태도를 배우지 못하게 되어 훗날의 성장을 저해하는 방해 요소가 되기도 한다.

아르바이트를 한다고 가정하더라도 청소년이 할 수 있는 일은 크게 많지 않다. 청소년이 흔히 하는 아르바이트는 식당의 주방과 서빙, 예식장 주차 및 뷔페, 전단지 돌리기, 택배 상하차, 오토바이 배달 등이 있다. 편의점과 카페에서 일하는 경우도 드물게 있으나, 현실적으로 편의점은 술과 담배를 취급하기 때문에 어려운 경우가 많고, 카페는 20대 청년들과의 경쟁에서 밀려 일하기 어렵다. 가장 흔하게 많이 행하는 아르바이트는 식당의 서빙과 오토바이를 활용한 배달·퀵 서비스이다. 비행청소년이 가장 하고 싶어 하는 아르바이트가 배달과 퀵 서비스이다. 이는 오토바이를 탈 수 있으며 배달이 없을 때는 친구들과 오토바이를 타고 무리 지어 다닐 수 있기 때문이다. 무엇보다 이동력을 중심으로 자신의 영역을 원활하게 관리할 수 있고, 일한 만큼 수입도 생기기 때문이다. 배달 아르바이트를 하는 이들은 보통 만 16세 이상의 고등학교 1학년 이상의 중·후기 청소년들이다. 이들은 오토바이 면허증과 자신의 오토바이를 소지하고 있다. 그렇기 때문에 이들과 그 친구들이 앞서 설명한 오토바이 사기 '렌탕'의 주동자들이 된다.

후기 청소년들과 달리 초기 청소년, 즉 중학교 1~2학년의 어린 친구들

비행의 공식 [가치 없는 초가집]

은 현실적으로 아르바이트 구하기가 더 어렵다. 비행의 공식에 따르면 청소년 비행은 14세를 기점으로 본격적으로 시작된다. 이 시기의 초기 청소년들은 돈을 구할 방법이 전무하고 후기 청소년들보다 부모의 감시망이 더욱 촘촘하다. 용돈을 통해 그들만의 세상에서 유대 관계를 맺은 친구들끼리 서로 품앗이하며 비행을 이어가지만, 비행화 과정이 진행됨에 따라 비행의 규모와 정도가 커지면서 돈의 부족함을 절실히 느끼게 된다. 이들은 돈을 획득할 수 있는 또 다른 방법을 찾게 되고, 정당하지 않게 돈을 획득하는 방법을 배우고 익히며 '불법 세계'에 빠지게 된다. 이로 인해 더 많은 자금을 마련하기 위해 범죄에 무방비로 노출되며 더욱 위험한 행동에 나서게 된다. 결과적으로 비행이 더 빈번하고 심각해지는 악순환이 시작된다. 이것이 비행청소년들이 범죄 행위에 가담하게 되는 주된 과정이다. 청소년들이 올바르게 돈을 관리하고 사용하는 법을 배우는 것이 중요하며, 이를 통해 비행의 늪에서 벗어날 수 있는 방법을 찾아야 한다.

▎정당하지 않게 돈을 획득하는 방법: 불법 세계

▪ 계좌 양도 및 대여, 신분증 위조/도용과 판매

타인에게 통장이나 계좌를 빌려주는 행위는 빌려주는 사람과 빌려 사용하는 사람 모두에게 불법이며, 이는 전자금융거래법 위반의 범죄에 해당된다. 하지만 금융에 대한 인식이 부족한 청소년들 사이에서는 계좌를 양도하거나 대여하여 사용하는 경우가 있다. 이들은 계좌의 중요성을 제대로 인식하지 못한 채 사용하지 않는 계좌를 순진하게 빌려주고 대가를 받아 용돈으로 사용하는 경우가 많다. 이는 대단히 잘못된 행동이다. 계좌를 빌려 받은 이들은 받은 계좌를 활용하여 사기 등의 자신이 돈을 획득하기 위한 다양한 범죄 행위에 활용하여 악용한다. 선배들이 강제로 압박하며 계좌번호를 요구하는 경우도 존재하는데, 이는 명백한 폭력이고 개인정보를 약탈하는 행위이며 절대 도용되거나 대여해선 안 된다.

비행청소년의 그들만의 문화, [⑨ 그들의 생일 선물: 돈]에서 살펴보았듯 자신의 개인정보와 계좌번호를 SNS에 무분별하게 올리는 것은 상당히 위험한 행동이다. 이러한 행동은 보이스피싱이나 다른 형태의 금융 사기에 쉽게 노출될 수 있으며, 노출된 개인정보가 다양한 방식으로 악용될 가능성이 크다. 따라서 청소년들은 개인정보 보호의 중요성을 인식해야 하며, 계좌 정보나 기타 개인정보를 안전하게 관리해야 한다. 부모나 교사들은 이러한 문제에 대해 청소년들에게 지속적으로 교육하고 위험에 대한 경각심을 심어 줄 필요가 있다.

많은 비행청소년들은 놀랍게도 신분증을 지니고 있다. 당연히 도용되거나 위조된 신분증이다. 이들은 그렇게 소지한 신분증으로 담배와 술을 구매한다. 미성년자인 자신의 신분증이 아닌 타인의 신분증을 사용하는 것은 불법이며, 신분증 도용, 위조, 변조는 범죄이다. 일부 청소년들은 이러한 행동이 범죄인 줄 모른 채 지갑에 넣고 다니는 경우도 있었다. 하지만, 대다수의 비행청소년들은 이것이 불법임을 알고 있었다. 이들은 '위조된 신분증을 사용하는 것이 CCTV에 찍히면 신분증 도용으로 증거가 남아 처벌받게 된다'는 등의 법적 문제에 대한 정보를 구체적으로 주고받으며 교묘하게 빠져 다녔다. 그들은 법망을 피하기 위해 서로 조언하고 정보를 공유하였고, 가능한 한 흔적을 남기지 않기 위해 노력했다. 대부분의 비행청소년들은 저자도 순간 착각할 만큼 그들 본인과 비슷한 사진의 신분증을 들고 다녔는데, 이것이 가능한 이유는 그들만의 세상에서 이러한 신분증을 서로 사고팔기 때문이다. 비행청소년들은 신분증을 길에서 줍게 되면 서로 판매하거나 자신과 가장 닮거나 비슷한 사람의 신분증을 구하기 위해 애쓴다. 청소년과 비밀리에 대화하고 대화 기록까지 삭제해 가며 위조된 신분증과 모바일 신분증을 만들어주는 불법 업체도 존재한다. 상점에서 신분을 확인하는 장치가 있어도 신분증의 사진이 본인 얼굴과 일치하면 해당 장치가 이를 인지하지 못한다는 기술적 결함과 사각지대를 이들은 누구보다 잘 알고 있었고, 그러한 맹점을 교묘하게 악용했다. 흡연과 음주로 시작된 청소년 비행은 신분증 위조, 도용 등의 또 다른 범죄로 이어진다.

▪ 갈취와 폭행

후배들에게 돈을 빼앗는 것은 비행청소년들이 돈을 획득하는 가장 쉽고 흔한 방법이다. 실제로 만나서 돈을 빼앗기도 하고, 나이가 어린 후배들에게 메신저로 '천 원만', '돈 있냐?', '없으면 한 시간 내로 구해' 등의 메시지를 보내 돈을 빼앗기도 한다. 후배들에게 '지갑을 보여달라'는 말처럼 "께좌 까 봐!"라고 하며 통장 인증을 요구하고, 언제까지 돈을 마련하라며 자신에게 용돈을 달라고 대놓고 요청하기도 한다. 돈을 빌려 가는 경우도 많은데 당연히 갚지 않는다. 갈취는 직접적인 현금뿐만 아니라 물건과 관련해서도 많이 나타난다. 패딩이나 무선 이어폰 같은 값비싼 물건을 빼앗아 중고 사이트에 팔아 이득을 얻거나, 담배 등 사소한 물건을 빼앗고 자신이 필요한 물건의 구매를 대행시키는 등 타인의 물건이나 돈을 지속적으로 착취하는 방법은 교묘하며 다양하다.

이 모든 과정에서 말을 듣지 않거나 원만하게 돈을 구해 오지 않으며 반항하면, 그들만의 세상에서의 처세가 부족하다는 이유로 때리거나 괴롭히는 등의 폭력을 행사한다. 어린 청소년의 경우 이 과정이 부모에게 발각되는 경우도 있는데 이런 경우엔 학교폭력과 사이버폭력 사안으로 생활교육위원회에 회부되기도 한다. 하지만, 이들은 이미 이중생활을 시작하여 그들만의 세상에서 뿌리내리고 있기에 이러한 부모와 교사의 노력이 근본적인 해결로 이어지진 못한다. 일상적인 갈취나 폭행으로 인해 후배들이 스스로 신고하는 경우는 드물며, 흔적이 남지 않게 때리거나 괴롭히는 방법은 전수되어 내려오고 그 방법도 정말 기가 막힌다.

▪ 사기 범죄

청소년 범죄 중에서 가장 흔하고 중요하게 다루어져야 하는 것 중 하나가 바로 '사기 범죄'이다. 청소년들이 사기를 치는 유형은 일면식이 없는 불특정 다수에게 행하는 사기와, 이미 알고 있는 그들만의 세상의 '먹잇감'인, 자신보다 어린 청소년들과 그 부모에게 행하는 사기로 구분할 수 있다.

일면식이 없는 사람들에게 행하는 사기

일면식이 없는 사람들에게 행하는 사기로는 중고 사이트 사기, 게임 아이템 사기, 보험 사기 등 대표적이다. 중고 사이트 사기는 일반적으로 중고 물품 거래 사이트에 명품 지갑, 무선 이어폰, 콘서트 티켓 등 고가의 허위 매물의 사진을 올려놓고 구매자로부터 입금을 받은 후 물건을 보내지 않는 방식이다. 이러한 사기는 다양한 형태로 발생하며 가짜 계좌와 신분을 사용하여 구매자들을 속이는 경우도 많다. 이를 응용한 다양한 사기 수법도 존재한다. 예를 들어, 여러 명의 구매자에게 계단식으로 금액을 올려 받으며, 구매자가 경찰에 신고하겠다고 하면 일부 금액을 돌려주면서 차액을 남기는 '돈 돌리기' 수법을 사용하기도 한다. 이들은 다수의 피해자로부터 돈을 끌어모으고 각 피해자에게 서로 다른 이유를 대며 환불을 지연시킨다. 환불 과정에서 가짜 영수증이나 가짜 송금 확인서를 보내어 구매자를 안심시키며 지연되는 시간 동안 또 다른 이에게 사기를 쳐서 환불 금액을 확보해 나간다. 이러한 폭탄 돌리기 식의 연쇄 사기 범죄는 다수의 피해자를 양산하며 범행을 더욱 복잡하게 만들어 피해자들이 돈을 되찾기 어렵게 한다. 게임 아이템 사기는 게임을 플레이하는 동안 희귀하거나 강력한 아이템을 특정 제안하여 구매자의 관심을 끌고, 거래가 확정되면 문화상품권 번호나 현금을 받은 후 잠적하는 것을 말한다. 보험 사기는 오토바이 혹은 자동차 사고를 유도해 살짝 부딪친 후 사고를 빌미로 합의금과 보험금을 타는 것이다. 술집 근처에서 음주 운전 차량을 찾아 일부러 경미하게 접촉 사고를 낸 후, 음주 운전자를 협박해 거액의 합의금을 받아 내는 경우도 존재한다. 음주 운전은 절대 해서는 안 되는 악질 범죄이지만, 이를 청소년들이 악용하여 또 다른 사기 범죄의 기회로 활용하는 것도 바람직하진 않다.

사기 행동의 성공 결과는 강화 요인으로 작용하여 반복되는 양상으로 전개된다. 사기범들은 한 번의 사기 행위가 성공하면 '돈 버는 게 별로 어렵지 않네'와 같은 생각으로 이어지게 되고, '돈'이라는 강화물에 의해 다시 사기 행위를 시도하며 반복하게 된다. 이들은 첫 번째 성공 경험은 이들에게 자신감을 부여하게 되고, 이들은 더 많은 돈을 벌기 위해 동일한 수법을 반복하거나 확장시킨다. 이를 통해 획득한 돈으로 풍요로운 생활을 과시하며 영위해 나가고 이 과정이 반복되면서 그릇된 삶의 기준이 형성되어 버린다. 타인을 속이며 금전적 이득을 취하는 사기 행각 行脚 은 장소와 시대의 흐름에 따라 점점 더 교묘하게 발전하고 있다. 사기 기술과 방법은 그들만의 세상에서 전수되고 공유되며 비밀스럽게 퍼져 나간다.

이미 알고 있는 그들만의 세상의 '먹잇감'에 해당하는
자신보다 어린 청소년들과 그 부모에게 행하는 사기

불특정 다수의 사람들을 대상으로 피해를 끼치고 타인을 속여 금전적 이득을 가로채는 행위도 사회의 질서를 깨트리는 범죄 행위이며, 있어서는 안 될 나쁜 일들이다. 이러한 사기 행위들은 일반적으로 피해자인 일반인이 경찰에 신고하게 되고, 그 결과로 범죄를 저지른 비행청소년은 보상과 합의를 해 주거나 처벌을 받는 등의 후속 조치를 받게 된다. 하지만, 자신보다 어린 청소년들과 그들의 부모를 대상으로 한 사기는 그 양상과 특징이 전혀 다르다. 이미 알고 있는 그들만의 세상을 타깃 target 으로 하는 사기 행각은 청소년 비행에서 더 중요하게 생각해야 하는 유형이다. 이 유형은 말 그대로 이미 알고 있는 그들만의 세상의 '먹잇감'에 해당하는 자신보다 어린 청소년들과 부모를 대상으로 행하는 사기 행위이다. 교묘하고 치밀하게 계획되는 이러한 유형의 사기는 가해자들이 그들만의 세상의 위력을 사용하며 피해자를 강하게 압박하기 때문에 피해자들은 적절한 대처를 할 수가 없다.

사기 행동에 가장 흔하게 나타나는 도구는 '오토바이'다. 앞선 비행의 공식 중 [남자 청소년 비행의 정점 오토바이]에서 언급한 바와 같이, 오토바이를 강제로 넘어뜨려 흠집을 내거나 손상이 가게 만들어 큰 금액의 수리비를 청구하는 '렌탕'이 바로 오토바이 사기의 대표적인 유형이다. 렌탕은 '렌트'와 '탕'이 합쳐진 말이다. 이들은 생각보다 치밀하게 사기 행각을 계획하며 다양한 시나리오를 갖추고 있다. 어린 친구들에게 오토바이의 흠집

비행의 공식 [가치 없는 초가집]

이나 잔고장을 덤터기 씌워 수리비 명목으로 거금을 뜯어내는 것이 일반적인 방법이다. 돈의 회수가 지연되는 경우 서슴없이 이자를 덧붙이기도 하며, 단순히 피해자에게만 접근하는 것이 아니라 과감하게 피해자의 부모에게 직접 전화를 걸거나 메시지를 보내 수리비를 요구하기도 한다. 연락을 받은 부모들은 자녀가 문제를 일으켰다는 생각에 당황하고, 보복이 두렵기도 하며 신속하게 문제를 해결하려는 마음에 금전적인 요구에 응할 가능성이 커진다. 특히, 부모에게 직접 접근하는 방식은 사기 행위의 성공 가능성을 높이는데, 이는 부모 몰래 이중생활을 영위하는 어린 청소년들은 사실을 있는 그대로 부모에게 솔직하게 말하지 않는 거짓 진술을 하기 때문이다.

청소년 비행에서 너무나도 흔한 이러한 사기는 정말 악질적이다. 그들만의 세상의 이들은 자신들의 요구에 반박하는 부모들의 반응과 패턴을 사전에 예상하고 이를 대처할 시나리오와 근거를 함께 확보해 두는 치밀함을 보인다. 비행청소년들은 자신들의 행위를 정당화하기 위해 피해 청소년을 유도하고 증거를 남기는 치밀함을 보인다. 오토바이를 소지한 가해자의 비행청소년은 위력을 동원하여 나이가 어린 후배들에게 오토바이를 타 보라고 유도하고, 그 과정을 동영상으로 촬영해 둔다. 이후, 수리비를 청구하는 과정에서 부모가 이를 거부하면, '당신의 아들이 무면허 운전을 했는데 신고하겠다'며 협박해 수십만 원의 돈을 뜯어낸다. 동영상을 통해 부모를 협박하는 방식은 부모들이 자녀가 법적 문제에 연루되는 것을 두려워하게 만들고, 빠르게 금전적인 요구에 응하도록 압박한다. 이것이 남자 청소년의 대표적인 비행이자 사기 행각들이며, 청소년 비행의 복잡성과 교묘함을 잘 보여 준다. 비행청소년들이 사용하는 전략은 단순한 협박을 넘어, 법적 위협과 심리적 압박을 병행하여 피해자와 그 가족을 무력하게 만든다.

이러한 사기를 비행청소년들은 '한탕 치다'는 표현의 의미를 따와 변형하여 '탕'이라 부른다. 그들의 '탕'은 청소년의 나이 때에 맞춰 따라 다양한 형태로 나타난다. 나이가 어린 초등학교 고학년이나 중학교 1, 2학년 학생들은 주로 자전거의 수리비를 요구하는 '자전거탕', 전화기의 수리비를 요구하는 '폰탕', 옷의 손상을 들먹이며 보상을 요구하거나 옷을 빌려 가 돌려주지 않는다고 주장하며 옷값을 요구하는 '옷탕'이 보편적이다. 흡연을 하는 중학생들이 오토바이탕의 주된 대상이다. 고등학생들은 '오토바이탕'을 넘어 '자동차탕'의 피해자가 된다. 자동차도 오토바이와 마찬가지로 고장 및 수리 비용을 청구하며, 운전을 유도해 사진과 동영상을 찍어 무면허로 협박한다. 이들은 자신이 당하는 행위가 '탕'임을 잘 알고 있다. 하지만 자신들의 이중생활을 숨기기 위함과 그들만의 세상 속의 위력에 짓눌려 상황을 함구하고 넘어가는 것이다.

이러한 '탕'과 같은 사기 범죄는 비행청소년들의 세계에서 가장 대표적인 용돈벌이 수단이며, 그들이 가장 숨기고 싶은 행동들이다. '렌탕'이라는 용어는 그들만의 세상에서 사용되며 통용되는 음지의 언어로, 비행청소년들은 이를 외부에 알리기를 꺼린다. 비행청소년들은 저자가 '렌탕'에 대해 상세히 알고 설명하는 것을 두고 크게 놀라며 매우 신기해할 정도로 이러한 사기는 그들만의 세상의 음지 속 꽁꽁 숨겨진 비밀스러운 정보를 지닌다. 최근에는 더욱 대범해져서 금전거래가 없었음에도 불구하고 빌린 돈을 갚지 않는다며 타깃의 부모에게 직접 전화하고 찾아가 돈을 요구하는 모습도 많이 포착되었다. 이들은 뻔뻔함을 넘어 너무나도 당당하게 이자까지 청구하는 모습을 보이는데, 만들어진 가짜 차용증까지 들이밀며 자신들의 정신적 피해와 손실을 보상하길 요구하는 모습으로까지 발전되고 있다. 부모가 자녀에게 금전거래에 관해 물어보게 되더라도 그들만의 세상에서 낮은 서열의 청소년들은 자신의 이중생활을 은폐하기 위해 투명하지 못한, 앞뒤 맞지 않는 진술을 한다. 그 이유는 대체로 그들만의 세상 속 이해관계와 선배들의 보복이 두렵기 때문이며, 때로는 비행이 떳떳하지 않고 이러한 자신의 삶에 대해 부모에게 미안한 마음 때문에 솔직하게 이야기를 하지 못하는 경우도 있다.

이처럼 피해자가 수직 관계 형태를 보이는 그들만의 세상에서 시간이 흘러 위력을 갖게 되면, 자신보다 힘이 약한 다른 이들에게 반복적으로 피해를 입히며 가해자가 되는 악순환을 나타낸다. 처음에는 자신이 피해를 경험하였지만 시간이 지나면서 자신도 동일한 방법으로 약자에게 피해를 입히며, 자신의 비행을 유지해 나가는 것이다. 이러한 반복되는 방식과 패턴으로 그들만의 세상의 영역이 확장되며 반복되고 많은 청소년들이 이러한 악순환에 휘말리게 되는 것이다. 이러한 악순환은 비행청소년들이 피해자로 시작해 가해자로 변모하는 과정을 잘 보여 주며, 그들만의 세상에 가해자와 피해자가 공존하는 현상을 잘 설명한다.

이러한 사기의 피해는 일반적으로 초기 청소년들을 대상으로 한다. 이들은 새로운 세계에 발을 들여놓으려는 과정에서 비행청소년들의 표적이 된다. 비행청소년들은 비행화의 진행 정도가 낮은 새로운 구성원이나 경험이 부족한 청소년들을 목표로 삼아 그들의 순진함과 미숙함을 이용해 사기를 시도한다. 이러한 초기 청소년들은 아직 비행에 깊이 빠지지 않았기 때문에 상대적으로 다루기 쉬운 목표로 인식된다. 약한 비행 경향을 보이는 청소년들도 대상이 되는데, 위력을 중심으로 서열화되는 그들만의 세상에서 자신보다 상대적으로 약한 청소년들을 대상으로 삼기 때문이다. 청소년이 이러한 범죄에 연루되거나 피해를 입었다면, 그들이 이중생활을 하고 있을 확률이 높다는 점을 인식하고 더 늦기 전에 거시적인 접근으로 근본적인 해결 방법을 찾는 것이 바람직하다.

▪ 절도

원하는 물건과 돈을 획득하기 위해 타인의 물건이나 돈을 훔친다. 이러한 절도는 당연히 불법이지만, 다른 범죄보다 비교적 손쉽게 느껴져 초기 청소년들에게서 흔하게 나타난다. 가장 흔한 절도의 대상은 전자담배를 포함한 담배, 술, 오토바이, 화장품, 자전거, 킥보드, 자동차 등 다양한 물품들이다. 일상생활에서 쉽게 접근할 수 있는 이들 물품은 비행의 공식을 유지하기 위해서는 꼭 필요한 물품들이다. 돈을 획득하기 위해 직접적인 현금 대신 값비싼 물건을 훔치는 경우도 있다. 이러한 물건에는 옷, 스마트폰, 무선 이어폰 등이 포함된다. 청소년들은 훔친 물건들을 중고 사이트에 판매하여 현금으로 전환시키고자 애쓰기도 하는데, 이러한 고가의 물품들은 재판매가 용이하고 수요가 높아 빠르게 돈으로 전환될 수 있기 때문에 절도의 주요 대상이 된다. 최근에는 무인 매장과 같이 직원의 부재로 인해 보안이 상대적으로 취약하다는 점을 이용한 절도 범죄도 흔히 발생한다. 무인 매장에서 물건을 계산하지 않고 소지하거나 현금을 훔치는 경우도 많다.

초기 청소년들의 경우, 분실한 카드를 줍거나 타인의 카드를 훔쳐 사용하는 경우도 존재한다. 금은방을 대상으로 한 조직화된 절도 범죄도 빈번히 발생한다. 이러한 범죄는 대담함과 치밀함으로 무장되어 있으며, 주로 귀금속, 보석류, 고가 시계 등을 목표로 한다. 여러 명이 주동자의 치밀한 계획에 따라 협력하여 큰돈을 획득하기 위해 정교하게 이루어진다. 이러한 범죄는 단순 도난을 넘어, 체계적이고 치밀하게 계획된 조직 범죄의 한 형태로 간주된다. '차 털이'라고 불리는 자동차를 뒤져 돈이나 귀중품 등을 훔치는 절도 범죄도 흔히 발생한다. 이러한 범죄는 특히 주차된 자동차 중에서 문이 잠겨 있지 않거나 문을 따기 쉬운 차량을 대상으로 이루어진다. 절도범들은 주차장, 길가, 주택가 등 다양한 장소에서 잠재적인 표적을 찾으며, 빠르고 은밀하게 범행을 저지른다.

도박 문제가 심각하거나 채무 관계에 있는 경우 또는 비행을 지속하기 위해 돈이 필요하다는 이유로 가정 내에서 가족들의 물건을 훔치는 경우도 있다. 부모의 고급 명품 시계나 금은보석, 명품가방 등이 대상이다. 가족의 물건을 함께 빼돌리거나 훔치는 일이 빈번한 가정에서는 거실에 CCTV를 설치하여 물건의 도난을 감시하기도 한다. 가족 내 절도 행위를 넘어 돈을 얻기 위해 자신의 가족을 속이며 사기 행각을 벌이는 경우도 있다. 렌탕과 유사하게 본인이 직접 스토리를 만들어 부모에게 거짓말을 하기도 하고, 친구와 함께 모의하여 부모에게 돈을 요구하는 경우도 존재한다.

▪ 사이버 도박

최근 사회적 이슈로 대두되고 있는 청소년 도박은 매우 큰 사회적 문제이지만, 아직 널리 알려지지 않아 진심으로 안타깝다. 청소년 도박, 특히 스마트폰을 통해 이루어지는 사이버 도박은 청소년들의 삶에 깊숙이 스며들어 있으며, 구석구석 숨어 있다. 도박 문제의 위험은 특정 그룹만의 문제가 아니다. 거의 대부분의 비행청소년들은 품행 문제와 함께 도박 문제도 함께 갖고 있지만, 일반 청소년들도 도박의 위험에 노출되어 있다.

도박 사이트에 가입하는 시기는 각기 다르지만, 인터넷 뱅킹과 연동이 필요하기 때문에 인터넷 뱅킹을 사용하기 시작하는 시기와 밀접한 관련이 있다. 기존 계좌를 사용하는 경우도 있지만, 이러한 계좌는 부모와 공유하는 경우가 종종 있다. 따라서 청소년들은 자신만의 계좌를 만들기 시작하거나 인터넷 뱅킹을 이용할 때쯤 도박을 시작하는 경우가 많다. 초기 중학생이 도박의 시작으로 흔한 편이며, 최근에는 도박과 품행의 문제가 빨라지는 추세로 초등학생들 사이에서도 사이버 도박이 문제가 되고 있다. 청소년 도박은 초기에는 소액으로 시작되지만, 점차 금액이 커지고 빈도가 잦아지며 심각한 문제로 발전될 수 있기에 각별한 주의가 필요하다. 도박 문제와 관련하여 다양한 영역에서 예방 교육과 상담 등 많은 노력을 기울이고 있다. 그러나 일회성의 단순 교육이나 전교생을 대상으로 하는 방송 교육 등은 피상적이며 도박 문제를 해결하기에는 역부족이다. 보다 효과적인 해결을 위해서는 청소년 개개인의 상황에 맞춘 지속적이고 심층적인 접근이 필요하다.

청소년들의 부모들도 자녀가 도박을 할 것이라는 것을 상상하지 못한다. 휴대폰 게임인 줄 알고 대수롭지 않게 생각하며 태무심했던 부모가 금전적인 문제가 발생한 후, 그동안 아이가 하고 있었던 것들이 사이버 도박이라는 것을 알고 큰 충격에 빠진 부모들도 많았다. 아이가 스마트폰으로 하는 게임들이 사이버 도박일 수 있다는 가능성을 염두에 두어야 하며, 이를 예방하기 위해 사이버 도박에 대해 잘 알고 사전에 이에 관심을 두고 예방할 수 있는 다양한 노력에 주의를 기울여야 한다. 이는 다음 장에서 설명될 [반복되는 도박의 시작과 채무 관계]에서 자세히 다룬다.

▪ 불법 사채

불법 사채는 친구, 동료, 후배들에게 돈을 빌려주고 그에 대한 이자를 받는 것을 의미한다. 청소년들은 이를 '개인 돈놀이'라고 부르는데, 이러한 채무 관계는 비행청소년들 사이에서 매우 흔한 현상이다. 청소년들 사이에서 벌어지는 이러한 불법 사채 거래는 단순한 돈의 대여가 아니라, 이자를 붙여 가며 지속적으로 돈을 주고받는 행위로 나타난다.

예를 들면, 10만 원을 빌려주고 2주 뒤에 20만 원으로 받거나, 30만 원을 빌려주고 매일 1만 원씩 이자를 받는 식이다. 이들의 사채 금리는 부르는 게 기준이고 값이다. 불법 사채에서는 말도 안 되는 2,000%의 아주 고금리 이자를 받는 경우도 있으며, 이러한 이자를 감당하지 못해 또 다른 친구에게 돈을 빌려 돌려막기를 하는 경우도 흔히 발생한다. 비행청소년들은 돈을 빌려 쓰는 것을 아주 쉽게 생각한다. 이들의 채무 관계는 도박을 하는 경우 더욱 빈번한데, 비행청소년들은 도박이 돈을 가장 손쉽게 버는 수단 중 하나라고 여기며, 단순하게 돈이 없으면 주변에 빌려 쓰고, 도박으로 돈이 많아지면 빌려주어 이자를 받아 돈을 불리면 된다고 생각한다. 이와 같이 기본적인 경제관이 모두 깨어져 있으며 돈을 쉽게 빌리고 빌려주는 무질서한 경제 활동을 너무나도 쉽게 일삼는다. 이러한 행동은 기본 경제에 대한 인식과 직업과 돈의 가치를 무너뜨리며 단기적인 이익만을 추구하며 책임감 없는 경제 활동을 습관화하게 된다.

▪ 매매와 알선

청소년들은 돈을 획득하기 위해 성^性과 관련된 위험에 노출되기도 한다. 불법적인 성매매와 알선을 통해 금전적 이득을 취하는 것이다. 상대에게 일정한 대가를 받으며 성관계나 유사 성행위를 하거나, 이를 주선하고 연결하는 행위를 하여 수수료를 받는 것을 말한다. 직접적인 이러한 성행위와 관련되어서는 여학생들의 비율이 높으나, 아주 드물게 돈을 목적으로 남학생들이 성매매를 하는 경우도 있었다.

이 과정에서 익명의 채팅이나 SNS를 통해 신체의 일부 사진이나 동영상을 보내는 일이 발생하게 되어 상대방에게 협박을 당하는 경우가 발생하기도 했다. 자신의 신상 정보와 사진이 사이버 공간에 노출되어 심각한 사이버 폭력의 피해자가 되는 사례가 있으며, 이는 청소년들의 신체적, 정신적 건강을 심각하게 해치고 장기적으로 그들의 삶에 깊은 상처를 남길 수 있다.

직접적인 성 접촉 등의 성 문제 경우에는 여학생들의 비율이 높지만, 돈이 행위의 목적인 만큼 직접적인 성행위보다는 조직화하여 이들은 온라인을 통해 타깃을 유인한 후, 만나서 폭행과 협박을 통해 금품을 빼앗는 형태의 범죄를 저지른다. 청소년들이 성적으로 사람들을 유인하여 걸려든 사람들에게 '미성년자와 성매매를 하려 했다'며 조직적으로 접근하는 경우도 있다. 이들은 '주변에 알려 버리겠다, 경찰에 신고하겠다'고 협박하여 수백만 원에서 수천만 원의 합의금을 받아 내는 방식으로 금전적 이득을 취하게 된다. 이러한 협박은 때로는 여학생 없이 남학생끼리도 자행된다. SNS나 채팅, 익명의 메신저 등을 통해 여성인 척 성인 남성을 유인하여 집단 폭행하고, 협박하며 금품을 갈취하는 행위도 존재했다. 성매매와 알선은 불법이며, 청소년과의 성행위는 범죄이다. 그러나 청소년들이 이러한 사실을 악용하여 불법의 경계선에 있는 사람들을 유인하고 약점을 잡아 협박하여 돈을 뜯어내려는 행동 역시 정상적이고 바람직한 생각과 행동이 아니다.

불법 세계는 치밀하게 매뉴얼화되어 있고 그들만의 세상에서 전해지며 반복되기 때문에 그 심각성이 크다. 중요한 것은 모든 비행과 범죄는 연결되어 있다는 점이다. '우리 아이는 경미한 절도만 실수로 한 번 저질렀지, 다른 문제는 없다'고 생각하는 것은 그들만의 불법 세계를 제대로 이해하지 못하는 것이다. 불법 세계의 세계관은 복잡하고 깊이 얽혀 있기 때문에 하나의 범죄가 다른 여러 불법적인 비행과 긴밀하게 연결되어 있음을 간과해서는 안 된다. 이러한 세계관을 이해하지 못한다면 청소년 비행의 맥락을 잡기 어려우며, 범죄의 심각성과 그로 인한 영향을 제대로 파악하기 어렵다. 특히 후기 아동기나 초기 청소년들에게서 위와 같은 불법 행동을 목격하게 된다면, '아니겠지'라고 생각하지 말고 주저 없이 그들만의 세상인 비행의 늪에 빠져 있지는 않은지 살펴보고, 그들만의 세상에서 준거집단을 형성하고 있는지 확인해야 한다.

불법 세계관에 빠진 청소년은 비행의 늪에서 비행의 공식대로 가치 없는 초가집을 만들고 유지하며 성장하고 시간이 흘러 스무 살, 성인이 된다.

비행의 대물림과 비행의 공식의 정형화

청소년 비행은 비행의 공식에서 설명하는 비행화 과정 그대로 후기 아동기 또는 초기 청소년기인 14세를 기점으로 본격적으로 그들만의 세상에서 시작된다. 이 과정에서 자신과 비슷한 외현적 부적응 양상을 보이는 또래와 유대 관계를 맺으며 준거집단을 형성하고 세력을 조직화한다. 이러한 비행의 늪에서의 이중생활 속에서 청소년들은 잘못된 삶의 기준을 학습하며 성장한다.

오랜 시간 동안 청소년 비행을 집중적으로 연구하면서 저자는 [비행의 공식: 가치 없는 초가집]이라는 청소년 비행 이론을 만들게 되었고, 이 이론에 실제 비행청소년들은 열광했다. 그들만의 세상 속 비행청소년들은 비행의 공식 강의를 듣고 "그동안 아무도 자신을 이해해 주지 못한다고 생각했었는데, 자신들의 삶을 설명하고 표현해 주는 것 자체에 공감하고 위로받는 느낌이에요." 라고 말했다. 이 공식이 자신들의 삶을 대변해 준다고 생각했는지 실제로 폭발적인 반응을 보였다. 초기 비행의 공식은 남자 청소년의 비행화 과정을 정확하게 이해할 수 있었고, 그 과정의 일관된 패턴과 핵심 요인들을 파악하게 됨으로써 청소년의 상담과 교육에 많은 도움이 되었다.

하지만, 아쉬움과 부족함도 존재했다. 담배와 술, 오토바이와 문신, 그리고 명품을 일컫는 초기 완성된 [비행의 공식: 가치 없는 초가집]은 많은 청소년 비행 문제를 해석하는 데 유용했지만, 여전히 청소년 비행을 논리적으로 해석하는 데 두 가지 한계의 쟁점이 있었다. 첫 번째 쟁점은 19세까지를 설명하며 만들어진 비행의 공식은 20세 이후를 전혀 해석하지 못한다는 것, 두 번째 쟁점은 비행의 공식이 여학생의 비행을 논리적으로 정확하게 설명하지 못한다는 것이었다. 이 한계로 다가온 쟁점에 대해 2년간 집중적으로 고민하고 연구하였고, 수백 번의 검증과 비행청소년들과의 대화를 통해 거듭 확인 작업을 거쳤다. 그 결과 두 가지 쟁점을 논리적으로 설명하며 비행의 공식을 완성하고 이를 정형화할 수 있었다.

초기 비행의 공식

초기 [비행의 공식: 가치 없는 초가집]이 해결하지 못한 2가지 쟁점

1. 19세까지를 기점으로 형성된 초기 비행의 공식은
   20세 이후의 상황을 전혀 해석하지 못한다.
2. 남학생을 중심으로 설명되는 비행의 공식은
   여학생의 상황을 논리적으로 설명해 내지 못한다.

스무 살 이상에서의 비행화 과정

초기 [비행의 공식: 가치 없는 초가집]이 해결하지 못한 쟁점 1

1. 19세까지를 기점으로 형성된 초기 비행의 공식은
   20세 이후의 상황을 전혀 해석하지 못한다.

초기 비행의 공식은 [담배-술-오토바이-(문신)명품]으로 요약되며, 이를 유지하기 위해서는 '돈'이 필수적이다. 이 과정은 '가치 없는 초가집'에 비유된다. [비행의 공식: 가치 없는 초가집]에 따르면, 청소년은 그들만의 세상에 스며들면서 14세를 기점으로 흡연을 시작한다. 음주 행동은 15세 전후에 나타나고, 16세를 기점으로 오토바이를 타기 시작한다. 문신은 개인에 따라 호불호가 있지만, 보통 17세 전후에 나타난다. 명품과 금은 처음 비행의 늪에 빠진 시점부터 선망하기 시작한다. 청소년들은 특정 브랜드와 명품에 집착하며, 자신의 비어 있는 삶을 돈과 물질로 가리려 한다. 자신의 열등감을 자기중심적 우월감으로 바꾸고, 이를 가리기 위해 부적절한 시기에 미성숙한 방어기제를 사용하며 그들만의 세상에서 우월감을 과시하려 한다. 이렇게 중학교와 고등학교 시절을 보낸 청소년들은 시간이 흘러 성인이 된다. 사회 통념상 20세가 되면 성인으로 간주되지만, 시간의 흐름에 따른 신분 변화만 있을 뿐 그들의 삶은 달라지지 않는다. 적응적인 영역에서의 청소년들은 고등학교를 졸업하고 대학에 진학하거나 취업을 하면서 새로운 삶을 맞이하지만, 이미 성인의 삶을 흉내 내며 살아왔던 그들만의 세상에 속한 비행청소년들은 담배와 술을 합법적으로 떳떳하게 구매할 수 있게 된 것 이외에는 달라지는 것이 없다. 19세까지의 청소년기의 비행이 20세 초기 성인기에도 그대로 이어진다. 그러나 비행의 공식은 무력화된다. 그 이유는 성인의 신분이 되면서 '담배'와 '술'을 합법적으로 구매할 수 있게 되기 때문이다. 따라서 [담배-술-오토바이-(문신)명품]으로 설명되었던 비행의 공식은 성인이 된 그들을 해석하지 못하게 된다.

담배	술	오토바이	(문신)명품	_____ + ___
나이 14	15	16 17	18 19	20 21 22 23 24

성인에게 담배와 술은 더 이상 비행이 아니며, 비행이라는 개념도 더 이상 적용되지 않는다. 청소년 기준에서는 하지 말아야 할 행동으로 간주되던 일부 비행이 성인이 되면 일반적인 행동으로 변한다. 성인이 되면 담배와 술은 더 이상 비행의 요소가 아니게 된다. 또한, 오토바이에 대한 인식도 변화한다. 물론 오토바이를 계속 타는 성인도 있지만, 이는 주로 10대 후반의 전유물로 여겨지며, 성인이 된 이들은 더 업그레이드된 이동 수단인 '자동차'를 원하게 된다. 20살이 된 성인이 후배들의 전유물이 된 오토

바이를 타고 다니면 후배들에게 없어 보이는 느낌을 받을 수 있고, 자신의 성장이 멈춘 것처럼 보이기 때문에 자동차로 이동 수단을 바꾸게 된다. 비가 오는 날 온몸으로 비를 맞으며 오토바이를 타거나, 더운 날 햇빛을 정면으로 받으며 오토바이를 타고 싶지 않기 때문에, 그들은 이전과는 다른 차원으로 넘어가 자신의 삶을 더 윤택하게 만들고 싶어 한다. 또한, 동생들에게 자신의 우월감을 과시하고 싶어 한다. 이렇게 해서 오토바이는 자동차로 바뀌고, 아무런 경제적 준비가 되어 있지 않은 채 신분만 성인이 되어버린 비행청소년들은 '카푸어'가 된다. 후기 청소년들 사이에서 무면허 운전 범죄와 자동차 절도 사건이 많이 발생하는 이유도 이러한 흐름에서 비롯된다.

| 나이 | 14 | 15 | 16 | 17 | 18 | 19 | 20 21 22 23 24 |

'카푸어 Car Poor '는 자동차 Car 와 가난 Poor 이 합쳐진 말로, 현재의 삶에 초점을 맞춰 경제적인 능력과 여유는 없음에도 분수에 맞지 않는 고급 자동차를 타고 다니는 사람을 말한다. 비행청소년들은 자동차를 단순 이동 수단으로만 생각하지 않는다. 이들 삶의 모든 것은 과시하는 데 초점이 맞춰져 있기 때문에 자신의 경제적 상황과 능력을 고려하지 않은 채 다른 사람의 눈을 의식하여 그럴듯한 신형 혹은 고급 자동차에 관심을 갖는다. 일정한 수입이나 안정적인 직업이 없는 이들은 불법 세계에서 마련한 돈과 대출 등으로 자신들의 삶의 수준과는 전혀 맞지 않는 고급스러운 비싼 자동차를 무리하게 구매한다. 이로써 카푸어가 되는 것이다. 실제로 이들은

2,000만 원이 넘는 중고차를 고금리로 대출하여 구매하고, 자동차 보험이 부담스러워 책임 보험만 가입한다. 그마저도 운전 경력이 없이 고급 자동차를 구매한 탓에 보험료가 800만 원이 넘게 나와 이를 순전히 대출로 해결하는 경우도 있었다. 이와 같이 경제력이 없는 사회 초년생이 아무런 준비와 대책 없이 매일매일 돈 걱정을 하며 무작정 차를 타고 다니는 모습은 정말 안타깝다. 이러한 청년들을 보면서 금융 교육과 경제관에 대한 교육이 절실하게 필요하다고 생각한다.

성인이 된 청소년들은 여전히 그들만의 세상 속에서 살아간다. 그들이 만나는 사람들도 변하지 않고, 환경도 그대로다. 학교와 가정에서의 통제가 성인이 되면서 사라졌기 때문에 오히려 더욱 자유롭게 온갖 불법 행위를 저지른다. 이들은 불법 세계에서 획득한 돈으로 유흥을 즐기며, 그 과정과 결과를 SNS에 과시한다. 도박, 갈취 등으로 쉽게 번 돈이기에 그 가치를 전혀 알지 못한다. 하루 수십만 원을 주점과 노래방에서 쓰고, 불법 마사지 업소 등에서 문란한 생활을 즐기며 과시한다. 스크린 야구와 골프를 즐기던 시기를 지나, 필드에 나가 골프를 치며 자신들의 우월감을 인증하고 이를 SNS에 자랑한다. 이들은 돈에 의해 움직이며, 돈을 인생 최고의 가치로 여긴다. 아무것도 없는, 몸만 성인이 된 어린 10대가 20대처럼 행동하고 삶의 근간조차 만들지 못한 20대가 30대처럼 행동하는 것이 바로 비행이다. 그들만의 세상에서 성인 신분이 된 20대의 카푸어들은 더욱 강화된 비행의 모습을 보인다. 불법의 자행으로 돈을 만들어 내기 위해 궁리하고, 무리한 대출로 신용불량자가 되었더라도 선후배, 또래들과 비교해 가며 자신의 건재함을 뽐내기 위해 애쓴다. 이들은 부모와 떨어져 지내며 자신의 독립을 즐긴다. 이들의 거주지는 보편적으로 원룸과 빌라이며, 시간이 흘러

20대 중반이 되면 신축 아파트에 월세로 살며 자신이 건재함을 계속 증명해 나간다.

　대부분의 비행은 20대 중반의 시작인 24세가 되면 종료된다. 14세부터 24세까지의 10년간의 여정이라 보면 된다. 일반적인 청년들은 24세가 되면 청소년과는 거리가 멀어지고, 또래들이 대학을 졸업하거나 졸업을 앞두고 취업을 준비하기 때문에, 비행청소년으로 성장한 그들도 그러한 사회적 분위기를 인지하고 서서히 자신들의 삶을 찾아가기 마련이다. 옛말로 '철이 든다'는 표현으로 생각해 보면 이해가 쉽다. 사리를 분별할 수 있는 진짜 힘이 생기기 때문이다. 20대 중반이 되고 대학의 졸업과 취업이라는 또 한 번의 신분 변화를 느끼며 어른으로서 성숙해져 가기에, 그들만의 세상 속에서 성장한 그들도 어지간해서는 철이 든다. 하지만 일부 그들만의 세상 속에 여전히 매몰되어 있는 청년들은 과거의 자신을 되새기며 20대의 삶을 정확하게 느끼고 보지 못하고 여전히 정신은 10대에 머물러 있는 경우도 많다. 이런 경우, 10대 시절 비행의 정도가 심한 경우이며 자신의 현재의 삶이 공허하기에 더욱 현재까지의 그들만의 세상의 삶에 더욱 매몰되는 것이다.

그들만의 세상에 삶에서 매몰되어 살아가는 성인 신분이 된 비행청소년들은 혼자 살지 않는다. 온몸에 문신을 하고 명품으로 치장한 가치 없는 초

　비행의 공식 [가치 없는 초가집]

가집에 살아가는 카푸어들은 무엇을 하며 살아갈까? 정답은 '동거'이다. 여기서 말하는 동거는 남학생이 남학생 친구들과 함께 지내는 룸메이트가 아니라, 이성과의 동거를 의미한다. 이들은 자신의 이성 친구와 동거를 한다. 이렇게 20대의 비행이 진행되며, 비행의 공식은 완성된다.

비행의 공식에서 언급되지 않은 부분이 바로 '성性'과 관련된 부분이다. 이들이 일반적인 사고와 가치관을 가진 사람들을 만나면 너무 심심하게 느껴지며, 일반적인 영역에서 성장한 사람들도 상반된 가치관을 갖고 있는 이들을 이해하지 못한다. 이들과 함께 연애하는 이성도 당연히 그들만의 세상 속 사람들이다. 그들만의 세상의 사람들은 자신들만의 세계 속의 사람들만 만난다. 오랜 기간 뿌리내려 지내 온 그들만의 세상 속 사람들의 삶의 영역과 동선에는 그들만의 세상 속 사람들만 존재한다. 그들의 삶은 오래전부터 긴밀하게 연결되어 있고 생각하는 사고방식과 삶의 기준도 비슷하기 때문이다. 그들 모두 14세 전후에 담배를 피웠고, 그들만의 세상 속 준거집단과 유대 관계를 맺으며 성장했다.

후기 청소년기에서부터 독립한 경우도 많다. 이들은 자취방이라는 자신들의 독립된 공간에서 술과 담배에 찌들어 친구들과 무질서하게 지내기도 하고, 불법적인 방법으로 돈을 짜낼 방법을 궁리하며 지낸다. 확보된 장소에서 다수의 이성과 문란한 생활을 보내는 경우도 많다. 성인 신분이 된 이들 역시 독립하여 자취하고, 이때는 이성 친구와 함께 동거하며 생활한다. 청소년기에는 자취를 하는 청소년과 부모의 반대와 자신의 이중생활의 상황이 여의치 않아 자취를 하지 않는 경우가 있기 때문에 친구들이 함께 지내는 경우가 많지만, 성인이 되면 대부분 각자의 자취방을 가지기 때문에 이성 친구와 함께 지내게 되는 경우가 많다. 이성 친구의 상황이 동거하기 여의치 않아, 실제로 동거하지는 않더라도 거의 같이 사는 반 동거 형태로 지내는 경우도 존재한다. 실제로 비행청소년으로 유명한 여학생이 성인 남성과 반 동거를 하고 있었는데, 부모는 자녀가 남자 친구가 있는 줄도 모르는 경우도 흔했다. 이들의 이성 교제도 모두 과시를 위함이다. 삶의 모든 것이 자신의 존재감을 드러내기 위함에서 비롯된다. 능력과 여건은 전혀 준비되지 않았지만, 이들은 미래의 삶을 앞당겨 현재의 삶에 구겨 넣으며 우월감을 느끼고, 자신의 열등하고 빈 공허함을 채워 억지로 존재감을 확인하려는 것이 비행의 심리적 패턴이다.

대물린 비행의 악순환과 비행의 공식의 완성

비행의 늪에서 설명한 적응과 부적응 그리고 그들만의 세상에서 진행되는 비행의 공식을 모두 한 그림으로 나타내면 다음과 같이 그려진다. 각 비행화 과정의 나이도 기록해 두었다. 이 그림은 비행청소년으로의 변화 과정을 시각적으로 이해하는 데 도움을 주며, 그들이 겪는 어려움과 문제의 심각성을 한눈에 파악할 수 있게 한다. 초등학교 시절 9세의 아동이었던 시절, 정말 말도 잘 듣고 착하며 성실했던 아이가 사춘기에 접어들면서 부적응의 양상을 보이기 시작하는 과정을 나타낸다. 아이는 점차 그들만의 세상으로 방향을 틀어 이중생활을 시작하며, 비행의 공식대로 나아가는 모습을 한 장면으로 표현한다.

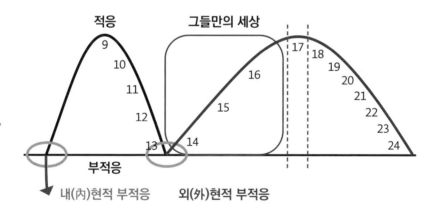

14세에 그들만의 세상에서 준거집단을 형성하게 되면서부터 시작되는 청소년 비행의 정점은 17세, 고등학교 1학년이다. 그 이유는 크게 3가지로 설명된다.

① 그들만의 세상에서의 보편적 의사소통 나이

② 오토바이의 합법적 운전 가능 나이

③ 성인에 준하는 신체적 성장

▌17세 고등학교 1학년이 비행의 정점인 3가지 이유

① 그들만의 세상에서의 보편적 의사소통 나이: 실세(實勢)

그들만의 세상의 남학생들은 ±2살을 기준으로 의사소통을 하는 것이 일반적이다. 자신보다 한 살 나이가 많은 이들에게 이들은 '한 해 위 선배'라는 말로 표현한다. 이들은 보편적으로 '한 해 위, 두 해 위' 선배들과 '한 해 밑, 두 해 밑'의 후배들과 의사소통을 하면서 그들만의 세상을 살아간다. 이들만의 일반적인 인간관계의 범주라고 생각하면 된다. 성장하는 청소년이기에 1년 차이가 크고 연도의 차이에 따른 수직적인 문화가 형성되어 있기 때문에 이들의 대인관계의 범주는 정해져 있다. 따라서 명확한 이유 없이 나이가 많은 사람과 소통하는 아동기 또는 초기 중학생들은 이용당하고 착취당할 가능성이 크다. 이러한 상황은 아이들에게 큰 위험을 초래할 수 있으므로 주의와 경계가 필요하다. 하지만, 여학생들은 이야기가 다르다. 여학생의 경우에는 ±2살을 넘는 경우가 흔한데, 이는 아래 '여학생의 비행화 과정'에서 설명된다.

남학생의 비행의 공식

담배 – 술 – 오토바이 – (문신)명품

| 나이 | 14 | 15 | 16 | **17** | 18 | 19 |

17세의 고등학교 1학년인 청소년은 ±2살의 터울로 의사소통이 가능하기 때문에 15~16세와 17~18세의 중간 지점의 위치로 15세부터 19세까지 원만하게 의사소통할 수 있다. 14세, 중학교 1학년 가을경부터 준거집단이 조직화되어 비행이 본격적으로 시작되는 것을 염두에 둔다면, 17세의 고등학교에 입학한 청소년은 전체 비행 과정의 중간 지점에 위치하게 된다고 볼 수 있다. 청소년 비행의 핵심은 중학교 과정이다. 작고 만만한 이들이 주로 동원되는 대상이며 먹잇감의 대상이 되기도 하기 때문이다. 자신에게 주어진 권력을 남용하는 것이 청소년 비행이라 설명하였는데, 어떠한 권력도 영원한 것은 없다. 청소년 비행에서도 마찬가지이다. 자신이 속한 지역에서 대장 노릇을 했더라도, 시간의 흐름을 막기에는 역부족이다. 결국, 권력은 변하고 상황은 달라지게 마련이다. 실제로 이름만 들어도 어린 청소년들이 도망가던 유명한 비행청소년이 있었다. 하지만 해가 바뀌고 나서 새로 올라온 중학교 1학년 학생들은 그를 전혀 알지 못했다. 이와 같이 시간의 흐름에 따라 세대가 교체되기 때문이며, 세대교체에 따른 실세는 17세가 된다. 18~19세의 비행청소년들이 중학생을 동원하고 이용하기 위해서는 17세 청소년들의 도움이 필요하기 때문이다. 이들은 중학생들과의 연결고리 역할을 하며, 그들을 통제하고 조종할 수 있는 위치에 있게 된다.

② 오토바이 합법적 운전 가능 나이 : 이동력과 경제력의 상승

보편적으로 14세부터 청소년들은 그들만의 세상을 조직화하기 시작하며 담배로 시작되는 비행의 공식에서 명품까지 아우르는 비행의 중간 단계에 진입한다. 문신은 호불호가 강하고 명품은 초기 비행의 공식부터 시작되는 것을 감안한다면 사실상 남학생 비행의 끝은 '오토바이'라 볼 수 있다. 그렇기에 이 시기는 비행의 정점에 해당되는데, 그 이유는 오토바이를 합법적으로 탈 수 있는 나이와 맞물리기 때문이다. 오토바이를 운전하려면 원동기 면허가 필요하고, 면허를 취득할 수 있는 나이는 만 16세, 즉 고등학교 1학년 시기이다. 이 시기는 청소년 비행의 공식에서 중요한 변곡점이 된다.

남학생 비행의 핵심 요소인 오토바이는 그들만의 세상에서의 비행청소년들의 삶에 큰 변화를 준다. 가장 대표되는 것이 오토바이를 타게 됨으로써 이전과는 차원이 다른 '이동력'을 갖게 된다. 이들은 오토바이를 타고 구석구석 돌아다니며 자신의 지역을 관리하고 순찰한다. 오토바이를 타고 폭주하는 모습을 보이며 중학생에게 과시하고 그들을 휘어잡아 꼬맹이들을 손안에 쥐고 휘두른다. 앞서 설명한 '내 동생과 먹잇감'이 이러한 과정에서 본격적으로 발현되는 것이다. 이들은 오토바이를 활용하여 배달이나 퀵 서비스 등의 경제 활동을 하기도 하고, 넓은 지역을 돌아다니며 후배들의 돈을 갈취하거나 렌탕 등의 형태로 사기를 치기도 한다. 결국, 오토바이는 이들에게 돈을 획득하는 수단으로 활용되며, 이동력과 경제력은 이전과 비교할 수 없을 정도로 커지게 된다. 이러한 변화는 선배들의 지지를 받게 하며 이들의 비행 활동을 더욱 조직적이고 광범위하게 만드는 원동력이 된다.

③ 성인에 준하는 신체적 성장에 따른 현실적 버거움

선배들이 이들을 지지하는 이유는 그들이 성장함에 따라 버거워진 이들을 이제는 지지하지 않을 수가 없기 때문이다. 17세의 청소년은 신체적으로 어른에 가까워진다. 신체적 성장 속도는 개인별로 차이가 나는데, 신체적 성장과 발달은 권력과 힘의 원천으로 작용한다. 하지만, 중학교 3학년 시기가 지나 17세가 되면 성장이 늦었던 친구들도 급격히 성장하기 시작해 대부분의 청소년이 성인에 준하는 비슷한 키와 체격을 갖추게 된다. 때로는 자신보다 아래 서열에 있다고 믿던 청소년들이 자신보다 훨씬 더 커 버리는 경우도 많다. 이로 인해 1~2년 전에 느꼈던 신체적 우월감은 점차 사라지게 된다. 그들만의 세상에서 나이가 어릴수록 서열이 뚜렷하게 나타나는 이유가 바로 이 때문이다.

후배들의 경제력과 이동력이 강해지면서, 선배들은 그들을 통제하기 어려워진다. 오토바이의 탑승 여부와 그들만의 세상에서의 입지 등 현실적인 이유와 함께 후배들의 신체적인 성장이 눈에 띄게 커지면서 이전과는 다른 부담으로 다가온다. 이러한 변화된 요인들이 이들과 대립하게 될 경우, 선배들에게는 큰 부담으로 작용한다. 이 때문에 선배들은 후배들을 지지하고 동맹을 맺어 자신들의 위치를 유지하려 애쓴다. 선배들은 후배들과의 유대를 강화하고, 그들만의 세상에서 권력을 유지하기 위해 다양한 방법을 모색한다. 이렇게 하여, 후배들의 성장과 변화에 대응하며 자신의 입지를 유지하고자 하는 노력이 끊임없이 이어진다.

물론 선배가 후배를 제압하는 경우도 많겠지만, 제압해야 본전이고 만약 그렇게 되지 못하면 후배에게 밀리는 모양새가 되어 자신의 입지가 상당히 좁아지기 때문에 무리한 도전을 하지 않는다. 이러한 이유로 18~19세의 청소년들은 17세와의 대립이 줄어든다. 나이가 많은 청소년들은 정점에 있는 실세 청소년들과 잘 지내야 먹잇감인 중학생들을 원활하게 동원할 수 있고, 그들만의 세상에서 예우를 받을 수 있다. 마찬가지로 실세인 비행 청소년들도 선배를 예우하는 모습을 보여야 후배들에게 명분 있게 대접받을 수 있게 되고 그들만의 세상을 온전히 장악할 수 있기 때문에 선배들에게도 잘하는 모습을 보인다.

이와 더불어, 이전에는 눈도 마주치지 못했던 무서운 선배들이 자신에게 잘해 주고 인정해 주는 모습을 보며 감동받고 우월감을 느끼게 된다. 이는 자신이 성장하고 있다고 착각하게 만들고, 이러한 오인은 그들만의 세상과 비행의 늪에 더 깊이 빠져드는 촉매 觸媒 의 역할을 하며 기폭 起爆 요소가 된다.

모든 비행의 끝은 24세이다. 24세가 되면 청소년 비행은 종료된다. 그 후에도 불법 세계 속에서 범죄의 선상을 오가는 사람들이 있지만, 시간이 흐를수록 청소년들의 삶과는 점점 거리가 멀어진다. 실세를 지난 고등학교 2학년 시점부터 그들만의 세상에서의 자신들의 위치는 조금씩 줄어들게 되고, 인지적 사고가 성숙해지고 성장함에 따라 이전까지 이어왔던 자신들의 행동을 어린 동생들이 하는 것을 보며 창피하게 생각한다. 하지만 자신들이 지내온 삶은 온통 그들만의 세상 속 사람들로 둘러싸여 있다. 그들은 적응적인 영역에서 설 자리가 없다. 온전히 그들만의 세상에서 성장한 성인 신분이 되어 가는 비행청소년들은 어떻게 살아야 하는지 알지 못하고 무엇을 해야 할지 모른다. 마음속으로 고민만 하면서 시간을 보내다 결국 또다시 그들만의 세상에 기웃거린다.

21세와 22세는 군대에 가기 때문에 사라진다. 군에 다녀오면서 생각이 바뀌고 철이 들어 스스로를 되돌아보고 미래에 대해 준비하는 경우도 있다. 하지만 그렇지 않는 경우에는 전역을 하고서도 그들만의 세상을 찾는다. 자신의 친구들이 모두 그들만의 세상에 있기 때문에 그들만의 세상을 찾는 것은 어렵지 않다. 23세~24세가 되었지만 이루어 놓은 것이 없다. 군대를 전역했지만 할 줄 아는 것이 없고 자신의 이력을 관리해 두지도 않았으며, '가치 없는 초가집' 이외에는 이루어 둔 것들이 전혀 없기 때문에 방황한다. 비행청소년으로 성장한 자신의 초라함과 몰락을 인정하고 싶지 않아 자신의 존재감은 더욱 부각시키기 위해 과시한다. 이 과정에서 돈이 필요하다. 이들은 돈을 어떻게 마련할까?

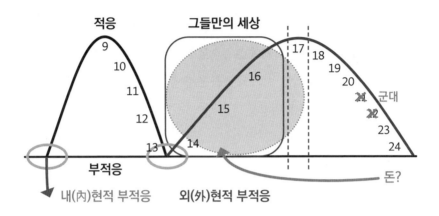

그들의 타깃은 14~17세 청소년들이다. 이들은 아직 어리고 신체적 성숙도 온전하게 이루어지지 않았기 때문에 손쉽게 무력으로 제압할 수 있으며, 수직관계를 활용하여 압박하고 돈을 뜯어내기에 수월하기 때문이다. 성인이 된 카푸어들은 해적처럼 자동차를 타고 다니며 지나가는 무면허 오토바이를 잡는다. 어린 청소년들을 압박하여 오토바이와 입고 있는 값비싼 옷과 돈을 빼앗는다. 자신들보다 1~2살 어린 동생들에게 다양한 사기 행각과 불법 행동을 지시하고 뒤를 봐주는 역할을 하며 수수료를 받기도 한다. 후배들에게 사이트 가입과 인증, 추천인 등록 등을 강요하기도 하는데, 이러한 행동들은 중기 청소년들에게 할당제로 배분되고 이 과정에서 어린 초기 청소년들은 무분별하게 동원된다. 또한 자신들의 심부름을 시키기도 하고 불법 사채를 하기도 한다. 이와 같이 패턴과 맥락으로 비행은 대물림되어 반복되며 확장된다.

청소년 비행은 주로 가을에 많이 발생한다. 그 이유는 비행의 공식에서 말하는 청소년의 성장에 대한 나이가 여름방학이 지난 후 성숙해진 모습으로 나타나기 때문이다. 비행의 핵심이 돈인 만큼 청소년이 용돈을 많이 받게 되는 날에 맞춰 비행이 확장되는 모습을 보인다. 가장 위험한 날은 생일이며, 그 외에 2학기 추석 명절 → 겨울방학 → 크리스마스와 연말 → 새해 설 명절 → 5월 어버이날 순서와 흐름으로 비행이 증가된다. 특히 친지들에게 용돈을 가장 많이 받는 시기의 중학교 졸업식은 세력을 확인하고 증명하는 시기이므로, 비행의 정점을 앞둔 중학교 3학년 졸업은 각별히 유념해야 한다.

여자 청소년의 비행의 정점 '성(性)'

초기 [비행의 공식: 가치 없는 초가집]이 해결하지 못한 쟁점 2
2. 남학생을 중심으로 설명되는 비행의 공식은 여학생을 논리적으로 설명해 내지 못한다.

비행의 공식은 청소년들이 비행화되는 과정에서 나타나는 일관된 보편적 패턴을 설명한다. 따라서 개인차는 당연히 존재할 수밖에 없으며, 각자의 세상에서 서열과 환경적 요소에 따라 비행의 정도가 다를 수 있다. 또한, 이러한 개인차는 해당 청소년을 지도하고 이해하는 데 중요한 포인트로 고려해야 한다고 강조해 왔다.

이론은 어떠한 사건이나 현상을 기술하고 설명하는 논리적 체계를 말한다. 좋은 이론이 되기 위해서는 설명력과 예측력, 단순성, 궁극적인 물음에 대한 설명, 검증 가능성의 조건이 충족되어야 한다. 결론적으로, 하나의 이론이 되기 위해서는 현상에서 발생하는 보편적 요소들이 모두 포함되고 현상을 설명할 수 있어야 한다.

청소년 비행을 설명하는 이론인 '비행의 공식'은 청소년의 비행이[담배-술-오토바이-(문신)명품]의 순서대로 진행된다고 설명한다. 이 공식은 대부분의 남학생들의 비행은 충분히 해석하지만, 오토바이를 타지 않는 여학생들은 해석하지 못한다. 흡연의 시작과 음주는 남학생의 비행화 과정과 일치한다. 하지만, 여학생들은 오토바이를 잘 타지 않는다. 일부 여학생의 경우 남자 비행청소년들과 친하게 지내면서 오토바이 뒷자리에 타 본 경험이 있을 수 있지만, 모든 여학생이 오토바이를 타지 않기에 위의 비행의 공식은 여학생에게는 온전하게 성립되지 못한다. 여학생의 비행화 과정에 대해 상세하게 살펴볼 필요가 있다. 그들만의 세상은 기본적으로 남학생들이 주도하며, 여학생들이 결합되어 설명된다. 그렇기에 남학생의 완성된 비행의 공식을 풀어보면 여학생의 비행화 과정을 설명할 수 있다.

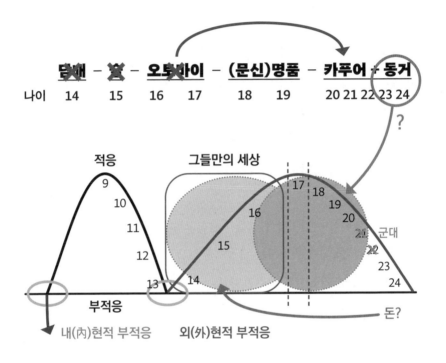

비행의 공식에 따르면, 성인 신분이 된 남자 비행청소년들은 동거를 하는 것으로 설명되는데 그렇다면 그들은 누구와 동거를 할까? 바로 그림에서 설명되는 바와 같이 17세 전후부터 20세까지의 그들만의 세상에 있는 여학생들과 연애와 동거를 한다. 이것이 여학생의 비행에 영향을 준다. 성인 신분이 되었음에도 불구하고 그들은 꼬맹이라 불리는 자신의 손발이 되어 줄, 노예 역할을 해 줄 사람들과 돈이 필요하므로 청소년들의 세상에

직·간접적으로 머무르며 존재감을 과시하고 활동한다. 이때 알게 되는 어린 여학생들이 자신들의 여자 친구가 되는 것이다. 여학생들은 나이가 많은 남자를 만나고 성인 신분인 남자들은 어린 여학생들을 만난다. '여학생이 나이가 많은 남자를 만나는 이유'와 '남자가 나이가 어린 여학생을 만나는 이유'는 다음과 같다.

여학생이 나이가 많은 성인 남성을 만나는 이유

그들만의 세상에서 성장한 성인 남성들은 청소년기를 벗어나 성인이 되었음에도 여전히 정신을 차리지 못한 채 자신들보다 어린 청소년들의 무리에서 존재감을 확인하며 우월감을 느낀다. 이들은 비행의 늪에 깊게 빠져 있으며 가진 것과 배운 것이 그것뿐이기에 문신과 명품으로 몸을 꾸미고 고급 차를 타고 다니며 자신의 세력과 건재함을 과시한다. 비행의 정점에 서 있는 여학생들에게는 이러한 모습이 매우 멋있어 보인다. 그들만의 세상의 청소년들이 선망하던 모습으로 나타난 남성은 여학생들에게 매우 매력적으로 보이고, 여학생들은 그들과 친해져 자신들의 것으로 만들고 싶어 한다. 어린 남학생들에게는 우월감을 과시하지만, 어린 여학생들에게는 남성으로서의 매력을 어필하며 관심을 받고자 한다. 이러한 남성들은 자신에게 호감을 보이는 여학생들에게 다가가며, 여학생들 역시 그러한 남성들에게 끌린다. 여학생들은 그들과 친해지거나 연인 관계가 되면서 자신이 다른 친구들보다 앞서간다고 느끼게 된다. 고급 차를 타고 다니며 자신을 과시하고, 자신의 남학생 친구들이 자신의 남자 친구와 그 동료들에게 절절매는 모습을 보며 우월감을 느낀다. 이러한 경험은 여학생들에게 일종의 '신분 상승' 효과를 가져다준다.

남자들의 세상인 그들만의 세상 속 파워 있는 누군가와의 관계는 여학생의 권력과 신분과도 직결된다. 이는 남학생들이 힘 있는 선배의 보호를 받으며 위력을 강화시키고 지위를 얻는 것과 같은 원리다. 그들만의 세상의 비행청소년들은 기본적으로 영향력 있는 선배와 가까운 관계를 맺음으로써 자신들의 사회적 지위를 높이고 보호받으려 애쓴다. 여학생들도 비슷한 맥락에서, 자신들의 또래가 아닌 나이가 많은 남성들과 교류하게 된다. 이러한 관계를 통해 그녀들은 '아무도 나를 함부로 대하지 못한다'는 일종의 현실적인 방패막을 마련한다.

　　남성들 역시 어린 여학생을 만나야 자신이 더 돋보이기 때문에 자신보다 낮은 지위에 있는 여학생들과 교류한다. 나이 많은 남성들이 상대적으로 어린 여학생과의 관계를 통해 자신들의 권력을 과시하고, 자신들의 영향력을 드러내고 존재감을 확인하려는 것에서 여학생들의 관계 욕구와 상호보완적인 관계를 성립한다. 이 관계는 그들만의 세상 속 남성과 여학생 모두의 이익을 충족시키며, 그들의 지위를 공고히 하는 중요한 역할을 한다. 남성들은 자신들의 권력을 과시하고 존재감을 확인하는 반면, 여학생들은 자신들의 안전과 권력을 보장받는다. 이러한 상호보완적인 관계는 각자의 필요와 욕구를 충족시키며, 그들만의 세상의 구조 속에서 서로의 위치를 더욱 강화한다.

▎ 성인 남성이 나이가 어린 여자 청소년을 만나는 이유

　　24세의 성인 남성이 어린 청소년을 만나는 이유는 단순하다. 그는 또래의 이성을 만날 능력이 부족하기 때문이다. 이러한 남성들은 자신들만의 좁은 세상에서 살아왔기 때문에 일반적인 사회생활을 잘 이해하지 못하며, 주변 환경과 생활 모두 그들만의 세상 속 비슷한 사람들로 가득 차 있다. 이들은 성인으로서 직업을 갖고 경력을 쌓는, 미래를 위한 준비가 부족하다. 고등학교를 졸업하지 않은 경우도 흔하며, 설령 검정고시나 졸업장을 가지고 있더라도 충분한 기술과 학력, 사회 경험을 쌓지 못했다. 그 결과, 이들은 성인으로서의 역할을 제대로 수행하기 어렵고, 사회에서 자신의 나이에 맞는 삶을 살며 스스로를 증명하는 데 큰 어려움을 겪는다. 이들은 이러한 상황이 불편하게 느껴지며, 열등감으로 느껴진다. 이를 존재감으로 바꾸고 자신의 부족함을 회피하기 위해 다시 자신이 편안하게 느끼는 그들만의 세상으로 돌아가려는 경향이 있다. 성인이 되어도 책임을 다하지 못하고, 자신보다 연령대가 낮은 청소년들과 어울리면서 심리적 위안을 얻는다. 이들은 어린 청소년들과의 관계에서 우월감을 느끼고 자신이 통제할 수 있는 상황을 만들고자 하며 이를 통해 자신의 자존감을 유지하려 한다. 이와 같은 방식으로 이들은 현실 도피를 하고, 성인으로서의 어려움을 가리기 위해 애쓴다. 결론적으로 아무것도 갖추지 못한 성인 신분이 된 그들만의 세상 속에서 성장한 청소년들이 자신의 존재감을 확인할 수 있는 방법은 다시 그들만의 세상으로 돌아가 위력을 휘두르는 것뿐이다. 성인으로서의 역할을 다하지 못하고 자신의 수준보다 낮은 어린 집단으로 몸을 낮추어 어린 청소년들과 함께 지내는 것이다.

이와 같은 과정과 심리적 기제들로 성인들은 어린 여학생과 이성 교제를 하는 것이며, 이러한 이성 교제는 여학생의 비행화 과정에 기름을 붓는 기폭제의 역할을 한다. 성인 남성과 교제를 한 여학생은 또래의 남자 청소년을 만나지 못한다. 성인과 연애를 하게 됨으로써 생활 반경과 규모가 기하급수적으로 커져 버리기 때문에 또래의 남학생들은 시시하고 재미없게 느껴진다. 늘 자동차를 타고 다니던 여학생에게 걸어 다니는 것은 더 이상 만족감을 주지 못할 것이다. 소소한 데이트 대신 수영장 등 모든 편의시설이 풍부하게 갖춰진 호화로운 풀빌라를 빌려 놀며 과시하는 것이 몸에 배었기 때문이다. 성별과 상관없이 이들 모두는 그들만의 세상 속 사람들이며, 비행의 공식과 같은 비행화 과정을 거치며 성장해 왔다. 다시 말해, 그들만의 세상끼리 만나 연애를 하는 것이다. 그들만의 세상 속에서 성장한 성인들과 어울리는 여학생은 청소년임에도 불구하고 유흥을 비롯하여 청소년에게 유해한 자극적인 환경들에 막무가내로 노출되어 버린다.

비행의 공식 [가치 없는 초가집]

여학생의 비행의 공식

담배 – 술 – 성 – (문신)명품

나이   **14**   **15**   **16**   **17**   **18**   **19**

여학생들의 비행의 공식은 [담배-술-성-(문신)명품]으로 설명된다. 남학생의 비행화 과정에서의 핵심 요소인 '오토바이'가 '성性'으로 바뀌는 것이다. 담배와 술은 비슷한 과정을 경험하며 그들만의 세상에서 자리 잡게 된다. 남학생들은 친구 집에서의 외박 등의 핑계로 음주 행동의 기회를 만들기도 하지만, 대부분의 과정에서 여학생들의 외박은 남학생들보다 더 엄격하게 관리되기 때문에 이는 여학생들의 가출과도 긴밀하게 연관된다. 가정에서 쫓겨나 부득이하게 가출하는 경우도 있지만, 음주를 하기 위해 가출을 하기도 한다.

가출을 하게 되면 남자 비행청소년들이 몰려 있는 장소에 가게 되는데, 이때 술을 마시게 되는 경우도 많다. 마땅히 갈 장소가 없다면 공원을 맴돌거나 무인 카페 등에서 주로 시간을 보내게 되는데, 이때 오토바이를 타는 비행의 정점에 있는 오빠들과 친해지는 계기가 된다. 이때 여학생들은 또래의 남학생이 아닌 자신보다 나이가 많은 오빠들과 친분을 쌓게 된다. 수직적인 관계가 형성된 그들만의 세상에서, 여학생들은 또래 남학생들과는 다른 관계 맥락으로 점차 자신의 신분이 상승하는 것을 경험하게 된다. 이들 남자 비행청소년들은 어린 여자 비행청소년들과 이성 교제를 하게 되고 성적으로 접근하기도 한다. 여자 비행청소년들도 몸매가 강조되는 딱 붙는 옷이나 짙은 화장, 야한 옷차림을 하고 다니며 남성을 유혹한다.

여학생의 비행의 핵심은 성^性이다. 이러한 과정은 남학생의 비행과도 밀접하게 관련되어 있다. 남학생의 비행은 주로 같은 성별인 남학생들끼리만 이루어지기도 하지만, 여학생의 비행에는 같은 성별인 여학생뿐 아니라 남학생이 얽히고설키며 함께 연관된다.

여자 비행청소년들이 자신보다 나이가 많은 남자와 연애하는 것은 대단히 흔한 일이다. 저자는 실제 비행청소년들을 지도하는 장면에서 청소년들에게 그들만의 세상의 여학생들이 성인과 교제하는 경우가 얼마나 되는지 질문해 왔다. 이때 대부분의 청소년들은 망설임 없이 '거의 다'라고 답했다. 이는 청소년들 사이에서 성인과의 교제가 일반적이고 널리 퍼져 있음을 시사하며, 그들만의 세상에서 이러한 행동이 얼마나 보편적인지를 잘 보여 준다. 연애의 대상이 바뀔수록 남자의 나이는 점점 올라가는 경향이 있다. 그들만의 세상에서 중학교 2학년 여학생은 한 살 많은 중학교 3학년 남학생과 사귀다가 헤어지게 되면 두 살 많은 남학생으로 업그레이드하는 모습을 보였다. 이후 또 헤어지게 되면 그보다 더 나이가 많은 남자를 만나는 패턴을 보였다. 중학교 3학년 여학생은 고등학교 2~3학년인 17~18세 남학생과 사귀고, 고등학생이 되면 20~22세 남학생과 연애하며, 18세가 되면 그 이상의 나이 차이가 나는 남성을 만나는 경향을 보인다. 이러한 양상은 여학생들이 연애를 통해 자신보다 나이가 많은, 그들만의 세상 속 위력과 경제력을 가진 남성과 교제하며 자신의 신분을 강화하려는 현상으로 볼 수 있다.

그들만의 세상에서 여학생들끼리의 관계는 더 중요하다. 여학생들은 자신의 내 집단 영역에 들어오지 않은 여학생들을 경계하고 과도하게 배척하는 모습을 보인다. 여학생들의 비행은 남학생들과는 달리 무리 짓는 형태보다는 개인화되지만, 관계적으로 얽히고설킨 모습으로 나타난다. 자신의 눈 밖에 나거나 심기를 불편하게 하는 여자 청소년들을 관계적으로 공격하며 압박하는 모습을 보인다. 때로는 그들만의 세상 속 여자 비행청소년들은 자신이 친하거나 마음이 있는 남자와 친하게 지내는 다른 여학생들을 대상으로 '성과 관련된 거짓 소문'을 퍼뜨리며 사이버폭력을 행하기도 했다. 뿐만 아니라, 여학생들은 나이가 많은 오빠 등 자신들의 인맥을 동원하여 상대를 압박하고 폭력을 가하는 경우도 많았다. 이는 ['드러나는 남학생의 비행'과 '가려지는 여학생의 비행']에서 설명되는 여학생들의 관계적 공격성을 살펴본다면 맥락을 이해하는 데 도움을 받을 수 있을 것이다.

그들만의 세상에 스며들었지만 쉽게 자리를 잡지 못하는 여자 비행청소년들은 자신보다 어린, 잘생기고 우월한 그들만의 세상 경계선에 있는 청소년들과 교제하는 경우가 많았다. 그러한 비행의 선상의 남학생들과의 이성 교제는 여학생의 그들만의 세상에 진입하는 교두보 역할을 해 주었고, 그들만의 세상에서 인정받지 못하는 남학생들의 이중생활을 연장시켜 주었으며 성 문제를 가속화시켰다. 이들의 연애는 기간이 대체로 짧으며 오랜 기간 연애를 하는 경우는 드물다. 중학교 2학년의 여자 비행청소년들은 처음에 중학교 1학년 후배들과 또래에게 관심을 보이다 이를 지나 중학교 3학년의 남학생을 만난다. 저자가 많은 비행청소년들을 지도하면서 들은 바에 의하면 여학생의 경우 중학교 2학년, 남학생의 경우 중학교 3학년 전후에 연애 과정에서 가장 성관계를 많이 시작된다고 했다. 상황과 환경에 따른 개인차는 존재할 수 있지만, 비행의 공식에서 설명하는 남학생이 오토바이를 처음 타게 되는 시기와 일치한다. 남학생과 마찬가지로 여학생들의 비행화 과정에서의 개인차는 이들을 지도하는 데 매우 중요한 단서가 된다. 연인의 관계라면 성관계까지 이어지는 경우는 흔했고, 주로 부모님이 계시지 않는 빈집이나 모텔과 유사하게 밀폐되어 있는 룸 카페, 모텔에서 관계가 이뤄졌다. 연인 사이가 아닌 경우에도 술자리 혹은 자취방에서 이뤄지기도 하였으며, 건물 옥상, 아파트 옥상 앞 비상계단, 어두운 공원, 주차된 화물차의 짐칸, 자판기 뒤, 놀이터 등의 기가 막힌 장소에서 무분별하게 성관계가 이루어지기도 했다.

비행청소년들의 성性과 관련된 실상을 조금 더 자세히 살펴보면 한 가지 특이한 점이 눈에 띈다. 그것은 놀랍게도 이들 간의 성관계 여부를 그들만의 세상 모든 사람이 알고 있다는 사실이다. 그들만의 세상의 구성원들은 '언제, 누구와, 어디서, 무엇을 했는지'를 아주 상세하게 알고 있다. 이는 그들의 비행이 주로 '자신을 과시하는 것'에서 비롯되기 때문이다. 특히 그들만의 세상에서 서열이 낮은 남학생들은 이성과의 관계 후 이를 준거집단에 알리는 것이 중요한데, 이는 자신을 과시하기 위해서다. 설령 이를 숨기려 하더라도 자신보다 위력이 강한 친구들의 공격적인 질문을 쉽게 피할 수는 없다. 여학생들은 대놓고 공개하려고 하지는 않지만, 그들과의 친분이 깊다는 사실을 과시하며 은근히 자랑하는 경향이 있다. 이렇게 해서 누가 누구와 관계를 맺었는지 서로 모두 알고 있기 때문에, 여학생들의 이미지는 쉽게 나빠질 수 있다. 이처럼 그들만의 세상에서는 성관계에 대한 정보가 빠르게 공유되며, 이는 개인의 이미지에 큰 영향을 미친다.

나이 차이가 나거나 성인과 연애를 하는 경우에 이들은 말로는 연인 사이였지만, 힘과 권력의 균형이 크게 불균형했다. 이와 관련하여 데이트폭력 교제폭력 에 자주 노출되는 모습을 보였다. 몸과 마음이 완전히 지배당해 자신의 삶이 피폐해진 경우를 많이 보았으며, 성과 관련된 다양한 문제가 있는 경우도 자주 목격했다. 때로는 그 폭력의 수위가 매우 위험한 수준에 이르는 경우도 많다. 헤어지고 싶었지만 보복이 두려워서, 또는 자신과 주변 친구들을 해치려는 협박 때문에 억지로 관계를 유지하는 경우도 많았다. 이로 인해 헤어지지 못하는 상황이 빈번했다. 남자 친구에게 폭행을 당한 여학생에게 저자와 상담교사가 "무슨 일이니? 왜 맞고 온 거야?"라고 물었더니, "제가 잘못해서 맞은 거예요. 잘못하면 맞아야죠. 왜 맞으면 안 되나요?"라고 답하는 황당한 경우도 있었다. 이러한 대답은 데이트폭력의 심각성을 여실히 보여 준다. 청소년들이 폭력을 정당화하거나 스스로에게 잘못을 돌리는 인식이 퍼져 있다는 점은 매우 우려스러운 부분이다. 이는 교제폭력이 단순한 신체적 피해를 넘어서 정신적, 정서적 왜곡을 초래할 수 있음을 나타낸다.

▌어린 여학생들을 유혹하는 사설 놀이 시설

안전하게 운영되는 놀이 시설과는 달리, 일부의 자극적인 운영을 일삼는 사설 놀이 시설은 여학생들의 비행의 소굴과도 같았다. 특히 초등학교 고학년이나 중학생 시기에 여학생들이 많이 모이는 번화가에 위치한 일부 사설 놀이 시설은 여학생들의 비행의 온상이 되곤 했다. 마치 그들만의 세상처럼 친구들이 모이고 함께하는 장소가 따로 정해져 있듯이, 그들이 집결하는 놀이 시설의 위치도 정해져 있었다. 남학생들은 이러한 놀이 시설에 크게 관심을 두지 않았지만, 후기 아동기와 초기 청소년기의 여학생들은 이곳에서부터 비행의 달콤한 유혹과 자극적인 경험에 노출되는 모습을 쉽게 목격할 수 있었다. 이들은 번화가에 위치한 사설 놀이 시설에서 친구들과 어울리며 DJ 오빠들과 주변 환경에 섞여 일탈의 매력에 빠져들었다. 이러한 환경은 비행의 온상이 되어 여학생들이 처음으로 비행의 유혹을 경험하고 자극적인 즐거움을 맛보게 되는 장소가 되었다.

저자는 DJ로 근무하는 청소년들을 지도한 경험이 있었고, 유명한 놀이 시설을 직접 찾아가 관찰한 적도 있었다. 가출한 여중생들은 거기서 찾으면 된다는 소문을 들은 적이 있었는데, 실제 그 장소는 어린 여학생들의 집합소였다. 일관된 모습의 짙은 화장을 하고 노출이 심한 옷을 입은 어린 여학생들이 정말 많았다. 이 사설 놀이 시설에서 근무하는 남자들은 외모와 몸매를 기준으로 채용되었으며, 매우 수직적인 관계 속에서 일했다. 그들만의 세상 속 사람들이 이 시설의 구성원으로 존재했고, 어린 중학생부터 10대 후반의 후기 청소년, 성인 남성으로 이루어진 이 시설은 엄격한 상하관계 속에서 운영되었다. 일부 시설에서는 아주 적은 돈을 받고 일하면서 착취당하기도 했다. 이런 상황에서 일하는 사람들은 자신보다 위의 직급들의 압박과 폭력을 두려워했다. 그리고 소녀 팬들로부터 받는 주목 때문에 자신의 존재감을 내려놓을 수 없었다. 자신의 상황에 대해 공허함을 느끼면서도 미래에 대한 투자라 생각하고 합리화하며 일을 계속 이어 나갔다.

사설 놀이 시설의 DJ들은 그들만의 세상에 진입하는 후기 아동기와 초기 청소년기의 여학생들에게 아이돌과 같이 묘사되었다. 이들은 10대의 어린 소녀 팬들을 자극하며 노출과 같은 성적인 액션과 말을 하며 자극했다. 그들의 자신들에 대한 충성도에 따라 보상의 개념으로 SNS에 언급을 해 주거나 사진을 찍어 주기도 했다. 같이 커피를 마셔 주거나 자신들의 회식 자리에 데리고 가는 등 관계를 이용한, 소녀들이 좋아할 만한 마케팅을 진행하며 그들을 모으고 관리했다. 어린 여학생들에게 티켓을 강매하거나 선물을 요구하기도 했으며, 일부의 경우에는 자신들이 마음에 드는 여학생들을 사적으로 만나 술을 사 주거나 성적인 행동을 하기도 했다. 이들은 어린 여학생들을 협박하기도 했으며 성매매와 착취, 성희롱 등의 위험에 빠트리기도 했다.

▌'드러나는 남학생의 비행'과 '가려지는 여학생의 비행'

공격성은 모든 사람이 갖고 있는 특성이지만, 성별에 따라 그 양상은 서로 다른 심리적 특성을 보인다. 이는 청소년 비행 과정에서도 분명하게 드러난다. 남학생의 '신체적 공격성'은 주로 다른 사람을 해치거나 해하려는 의도를 가진 외현적인 신체적 및 언어적 행동을 포함한다. 남학생의 이러한 외현적인 공격성이 서열과 과시를 만들어 내고 오토바이에 의한 이동력과 불법 세계의 경제력이 합쳐지기 때문에 그들만의 세상의 주류 세력이 되는 것이다. 반면, 여학생은 신체적 공격성보다는 1:1의 관계를 통해 나타나는 소리 없는 '관계적 공격성'에 더 집중한다. 이러한 관계적 공격성은 '의도적으로 따돌리기, 친구를 배제하기, 싫어할 것이라 말하기, 다른 친구들이 싫어하게 만들기, 말 걸지 못하게 하기' 등의 형태로 나타난다. 학교폭력에서도 남학생은 직접적이고 물리적으로 공격성을 표출하며 싸우거나 신체적으로 괴롭히는 행동을 많이 보이는 것에 반해, 여학생은 상대방과 직접 접촉하지 않더라도 자신의 주변을 이용해 상대방을 겨냥하고, 상대의 자존심이나 감정에 상처를 주는 형태로 나타나는 경우가 많으며 왕따나 따돌림의 형태로 공격성이 나타난다. 이러한 심리적 차이는 남학생과 여학생의 비행화 과정에도 결정적인 영향을 끼친다.

초기 청소년기의 흡연과 음주는 비슷한 양상으로 시작되지만, 중기 청소년기로 성장하면서 비행의 패턴은 뚜렷하게 달라진다. 비행화 과정이 진행될수록 남학생과 여학생의 비행 양상에는 성별에 따른 차이가 분명해진다. 남학생의 경우, 무면허 운전이나 오토바이 및 자동차 관련 범죄, 사기, 폭력 등 겉으로 드러나는 비행이 많아진다. 오토바이의 탑승으로 이동력이 강해지며, 불법 세계에서 획득한 돈으로 자신을 과시하며 무리 지어 다니기 때문에 쉽게 포착된다. 이성 친구 또한 과시를 위한 액세서리의 개념으로 생각하는 경우가 많으며, 이들을 이용하거나 착취하며 자신의 우월감을 느낀다. 신나고 흥분되며 자극적이고 과시적인 남학생의 비행은 점점 서열화 속에서 비행의 영역과 범주를 확장시켜 나간다. 그들만의 세상을 만들며, 이러한 비행은 단순한 일탈을 넘어 그들 사이에서 지위를 높이는 수단이 되기도 한다. 이는 더욱 과감하고 위험한 행동으로 이어져, 자신들만의 영역을 더욱 넓히고자 하는 욕구를 자극한다. 이런 과정에서 비행의 빈도와 강도는 점차 증가하며, 청소년기의 비행 양상이 명확하게 드러나는 모습을 보인다.

반면, 여학생의 비행은 주로 성 ^性 과 관련된 문제로 나타나며, 겉으로 드러나지 않고 은밀하게 진행되는 경향이 강하다. 이러한 비행은 주로 인간관계 속에서 발생하는데, 성 문제와 같이 자신에게 위험을 초래할 수 있는 상황으로 발전할 수 있어 외적으로 크게 드러나지 않고 움츠러드는 경향이 있다. 남학생들이 주도하는 그들만의 세계에서 여학생들은 외현적인 비행을 통해 얻는 이익보다는, 그들과의 관계에서 얻는 심리적 안정감, 자신의 신분 상승, 그리고 더 강해진 위력을 더욱 중요하게 여기는 경향이 있다. 이로 인해 여학생의 비행은 겉으로 잘 드러나지 않고 은밀하게 이루어지는 경우가 많다. 여학생의 비행은 남학생에 비해 사회적으로 덜 가시적이다. 특히 성과 관련된 비행은 주로 조용하게 이루어지며, 이러한 비행은 신체적, 정서적으로 큰 위험을 초래하기 때문에 청소년을 더욱 위태롭게 만들 수 있다. 따라서 그들만의 세상에 진입하는 여학생들에게는 더욱 세심한 관심과 주의가 필요하다. 여학생들의 비행이 겉으로 잘 드러나지 않는 만큼, 그들의 행동에 숨겨진 위험성을 인식하고 예방하는 노력이 중요하다.

심리적 특성에 따른 남학생과 여학생의 서로 다른 비행 양상은 청소년 비행에서 성차가 나타나는 주요 원인이 되며, 청소년 비행의 다양성과 복잡성을 이해하는 데 중요한 요인이 된다. 이와 같이 '드러나는 남학생의 비행'과 '가려지는 여학생의 비행'이라는 패턴은 대물림되며, 비행화 과정에서 성별에 따른 각각의 비행의 공식은 정형화된다. 이러한 성차는 비행의 발생과 그 양상에서 중요한 결정적 차이를 나타내며, 청소년 비행 문제에 효과적으로 개입하기 위해서는 성별에 따른 접근이 필요함을 시사한다.

반복되는 도박의 시작과 채무 관계

가정에서 부모가 돈을 주지 않았는데도 불구하고 자녀에게 계속 돈이 생긴다면, 이는 일반적인 청소년의 가정에서는 이해하기 어려운 일이다. 부모가 자녀에게 주는 용돈은 제한적임에도 자녀가 집에서 식사하는 시간이 현저하게 줄어들고 밥을 밖에서 해결하며 친구에게 옷을 빌려왔다고 말한다면, 부모는 의아할 수밖에 없다. 이러한 상황은 자녀가 용돈 외의 다른 경로로 돈을 마련하고 있음에 대해 신중하게 고민해 보아야 한다. 부모가 알지 못하는 물건들이 자꾸 생기고 '돈 많은 친구가 사 준 거다, 친구가 사용하지 않는 물건을 받아 왔다'와 같은 앞뒤 맥락이 전혀 맞지 않는 말들 얼버무리고 상식적이지 못한 주장을 반복한다면 '자녀의 준거집단의 형성 환경'과 '불법 세계에서의 획득'의 두 가지를 의심하고 살펴보아야 한다.

첫 번째는 '자녀의 준거집단의 형성 환경'을 살펴보아야 한다. 청소년 비행은 그들만의 세상에서 준거집단을 형성하게 되면서부터 본격적으로 시작되는 점을 감안하여, '그들만의 세상에서 뿌리를 내린 것은 아닌지의 여부'를 최대한 객관적으로 살펴보아야 한다. [비행의 늪: 그들만의 세상]에서 제시된 '그들만의 세상의 10가지 문화에 대한 체크리스트'를 통해 그들만의 세상의 진입 여부를 체크해 볼 수 있다.

두 번째는 '출처를 알 수 없는 저 돈이 도대체 어디서 생긴 것인가?'에 대해 의심하며 불법 세계에서의 획득, 특히 '청소년 도박 여부'에 관해 반드시 살펴야 한다. 그들만의 세상에서 준거집단을 형성하지 않았더라도 이

부분은 유념해야 한다. 도박을 하게 되면서 그들만의 세계로 진입하는 경우도 존재하기 때문에 관련 문제에 관해 더욱 신경 쓰고 유념하는 것이 좋다. 이러한 도박 문제는 청소년들이 불법적인 활동에 빠져들게 하고 경제·정서·사회적으로 큰 위험을 초래할 수 있다. 청소년 도박 문제는 비단 비행 청소년들만의 문제가 아니다. 초·중·고의 교육과정 전체의 모든 청소년이 도박의 위험에 노출되어 있기 때문에 가정에서의 각별한 지도와 관심은 필수적이며 관련 예방을 위한 노력도 함께 선행되어야 한다. 부모와 교육자들은 이러한 위험성을 인식하고, 자녀들이 건전한 환경에서 성장할 수 있도록 지속적인 관심과 지도가 필요하다. 비행의 공식에서 청소년 비행의 핵심은 '돈'이라 설명한다. 청소년이 돈을 획득하는 방법을 앞서 설명하였는데, 불법 세계에서 가장 두드러지게 많이 행하는 잘못된 돈의 획득이 바로 '청소년 도박'이다.

출처를 알 수 없는 돈

청소년들 사이에서 '돈 복사'라고 불리는 청소년 도박은 매우 심각한 상황이다. 대부분의 청소년 도박은 스마트폰을 통한 '사이버 도박'이다. 실제로, 비행청소년들 대부분은 도박을 한다. 인터넷 검색창에 도박 관련 단어나 '꽁돈', '꽁머니'를 검색하기만 해도 관련 사이트가 수없이 검색된다. '공짜空짜'는 어떤 에너지나 힘, 자원, 돈을 들이지 않고 거저 얻은 물건을 의미하는데, 돈을 공짜로 얻을 수 있다는 것 자체가 도박의 허상을 잘 보여준다. 하지만 돈에 대한 올바른 가치관이 아직 형성되지 않은 청소년들에게는 이러한 허상이 솔깃할 수밖에 없고 이러한 도박의 유혹에 더욱 취약할 수밖에 없다.

청소년들이 도박 관련 사이트에 가입하면 '꽁머니'라는 일종의 포인트를 받게 된다. 이러한 꽁머니로 시작된 초기 도박은 대체로 승률이 높다. 이는 청소년들이 처음부터 이득을 얻지 못하면 흥미를 잃고 떠나기 때문에 그들의 호기심을 자극하고 다시 베팅하도록 유도하기 위한 전략이다. 꽁머니 5,000원으로 시작된 도박이 점차 1~2만 원이라는 금액으로 불어나고, 이렇게 불어난 돈은 출금되어 이들의 용돈으로 사용된다. 비행청소년들은 도박으로 획득한 돈으로 밥을 사 먹거나 담배를 피우며, 친구들과 함께 노래방이나 PC방, 당구장 등에서 그들만의 놀이문화를 즐긴다.

비행청소년들은 이러한 즐거움과 생활의 여유로움을 맛보게 되고, 자신이 돈을 획득하여 오늘을 즐긴다는 잘못된 성취감과 다른 일반 학생들이 즐기지 못하는 것을 쉽게 즐긴다는 우월감에 빠져들게 된다. 커져 버린 생활 규모는 자신의 용돈이 상대적으로 적게 느껴지게 만들고 자신의 생활의 불만족스러움을 가속화시킨다. 그들은 과거 꽁머니로 시작되어 돈을 획득한 도박에서의 성공 경험을 토대로 그간 받아온 용돈을 도박을 통해 늘리려는 생각을 하게 된다. 도박에서 베팅해 이득을 취한 청소년은 도박을 더욱 맹신하며 집착하게 되고, 도박을 계속 반복한다. 반면, 베팅에서 실패하여 이득을 취하지 못한 청소년은 자신의 용돈이 모두 사라졌기에 생활에 필요한 돈을 친구에게 빌리게 되고, 이 과정에서 그들 간의 채무 관계가 시작된다. 이러한 채무 관계는 그들의 일상생활에 압박으로 되돌아온다. 이러한 압박을 해소하고자 하는 마음, 이전 베팅에서 경험한 짜릿한 쾌감, 여유로운 삶에서 느끼는 즐거움과 성취감, 그리고 친구들에게 밥을 사 주면서 느끼는 자신이 멋지다고 생각하는 우월감에 도취되어 청소년은 다시 도박을 시작하게 된다. 이로 인해 악순환이 본격적으로 시작된다. 도박에 실패한 청소년들은 실망하고 '두 번 다시 도박을 하지 않겠다'고 다짐하지만, 주변 친구들이 도박을 통해 여유롭게 사는 모습을 보며 다시 한번 도전해 볼까 하는 생각을 반복적으로 끊임없이 하게 된다. 서로가 서로를 자극하는 악순환이 반복된다.

청소년이 주로 행하는 도박에는 다양한 종류가 있다. 온라인 카지노 게임이 대표적이며, 이 외에도 불법 스포츠 토토, 화투, 포커, 체스, 사다리 게임, 달팽이 레이싱 게임, 가위바위보 게임 등이 있다. 우리나라에도 합법 사행산업이 존재하지만, 미성년자의 도박 행위는 모두 불법이며 허용되지 않는다. 그럼에도 불구하고, 불법 도박 사이트들은 청소년을 불법 세계로 유인하기 위한 마케팅을 통해 그들을 마구잡이로 유혹한다. 청소년을 유혹하는 마케팅에는 어린 친구들이 혹할만한 여러 가지 마케팅 전략이 포함된다. 도박 사이트들은 가입한 청소년이 도박을 경험해 보도록 가입 머니를 제공하거나, 매일 아침 꽁머니와 함께 알림 메시지를 보내 주기도 한다. 불법 도박 사이트를 운영하고 관리하는 이들은 자주 도박을 행하는 그들의 고객인 청소년들에게 커피나 햄버거, 치킨 등의 기프티콘을 보내 유혹하며 이들을 관리한다. 때로는 베팅한 금액에 대해 잃은 돈을 페이백하거나 식사비를 제공하기도 하며, 많이 잃게 되면 충전한 금액에 가산하여 포인트를 제공하기도 한다. 불법 도박 사이트는 이러한 마케팅을 '이벤트'라는 단어를 사용하며 청소년들에게 접근한다. 심한 경우에는 전화기 사용이 어려울 정도로 문자와 전화가 쏟아지는데, 이러한 영업 전략은 어린 청소년들의 호기심을 자극한다. 도박 경험이 있던 청소년들은 이러한 자극에 노출되어 도박을 쉽게 잊지 못하게 만든다. 이들의 마케팅은 대형 백화점의 사은 행사를 방불케 한다. 불법 도박 사이트의 대표적인 이벤트 마케팅은 다음과 같다.

비행의 공식 [가치 없는 초가집]

불법 도박 사이트의 이벤트 마케팅 전략

▌신규 가입 첫 충전 이벤트
- 신규 회원에게 가입 축하 포인트 제공

▌복귀자 이벤트
- 도박 복귀 시, 첫 충전 금액에 추가 금액 제공 (예: 과거 도박 경험이 있는 자의 복귀에서 5만 원 충전 시 3만 원 추가)

▌정착 지원금 이벤트
- 가입 후 일정 기간 내에 특정 금액을 여러 번 충전 시 추가 포인트 지급 (예: 가입 7일 이내 5만 원 이상 3회 충전 시 2만 포인트 지급)

▌위로금 이벤트
- 특정 기간 동안 매일 입금하고 출금 기록이 없을 경우 위로금 지급
  (예: 입금 합계 50만 원 이상 시 3만 포인트 지급)

▌간식-야식 이벤트
- 특정 시간에 일정 금액 이상 충전 시 추가 포인트 혹은 기프티콘 증정

▌햄버거 이벤트
- 특정 시간에 일정 금액 이상 충전 시 햄버거 세트 기프티콘 증정

지인 추천 이벤트

- 지인 추천 시, 추천받은 지인이 특정 금액 이상 충전하면 추천인에게 보상 개념의 포인트 지급 (예: 추천받은 지인이 30만 원 충전 시 추천인에게 10만 포인트 지급)

생일 이벤트

- 생일 회원에게 축하 포인트 지급

기타 마케팅

- 리뷰 작성 이벤트
- 충전-환전 지연 이벤트
- 주말 연승연패 이벤트
- 등급 업 이벤트
- 돌발 이벤트
- 미니게임 연승연패 이벤트
- 연속 출석 이벤트
- 월급날 이벤트
- 채팅장 입장 이벤트

청소년 도박의 경우, 성인과는 다르게 품행 문제가 있는 경우와 없는 경우를 구분하여 지도하는 것이 효과적이다. 도박 문제로 인해 상담과 치료가 필요하지만, 품행에 전혀 문제가 없고 담배, 술, 오토바이와 같은 비행이 전혀 나타나지 않는 경우도 있다. 이런 경우, 도박 중독의 관점에서 청소년을 깊이 이해하고 그들에게 맞춤형 치료와 상담을 제공할 수 있다. 이를 통해 도박 중독의 근본 원인을 파악하고, 청소년들이 도박 중독을 극복하여 건강한 방식으로 문제를 해결하도록 지원할 수 있다. 하지만, 담배, 술, 오토바이와 같은 비행을 포함한 품행 문제를 가진 청소년들을 도박 중독의 관점에서만 지도하는 것은 분명한 한계가 있다. 그들의 준거집단이 모두 비행청소년들로 구성되어 있으며, 도박 행동이 비행의 일환으로 이루어지기 때문이다. 이를 간과한 채, 품행 문제에 대한 심층적인 이해 없이 단순히 도박 문제에만 매몰되어 중독의 개념으로만 접근하게 된다면 그 노력은 임시방편에 그치고 실패할 확률이 높아진다. 이 경우에는 근본적인 원인이 되는 품행 문제를 우선적으로 다루는 것이 효과적이며, 비행 문제에 초점을 맞춰 접근해야 한다. 비행 문제의 해결을 중심으로 청소년을 지도하면서, 그 맥락 속에 포함된 도박 문제의 해결도 함께 모색하는 것이 훨씬 효과적이다. 이러한 접근은 청소년들이 비행과 도박 중독을 동시에 극복하도록 도와주며, 더 나은 생활 방식을 채택하도록 유도할 수 있다.

비행청소년들은 '내기 문화'에 상당히 익숙해져 있다. 내기란, 일정한 승부를 다투는 상황 아래서 어느 한쪽에 금품을 거는 행위이다. 이들은 실제로 틈만 나면 "내기?", "얼마 걸래?"와 같은 말들을 건네며 내기를 일삼는다. 그들의 일상에는 '당구 내기, 볼링 내기, 스크린 야구 내기' 등의 내기가 생활에 스며들어 있다. 이러한 사소한 내기가 스며든 습관화된 비행청소년들의 삶은 도박 문제의 전초前哨적 역할을 한다. 실제로, 비행청소년들은 소소한 금액의 내기부터 큰 금액이 걸린 내기까지 무분별하게 진행한다. 처음에는 단순한 게임에서의 내기로 시작하지만, 내기에서 패한 청소년은 예상치 못한 큰돈을 부담해야 하는 상황에 처하게 된다. 이렇게 돈의 지출 규모와 놀이의 판이 커지면서 자연스럽게 더 많은 돈을 획득하려는 욕구가 생기고, 이는 결국 더 위험한 도박으로 이어진다. 점차 도박의 유혹에 빠져드는 청소년들은 더 큰 금액의 내기에 몰두하게 되며, 도박의 늪에서 벗어나기 더욱 어려워진다. 이러한 과정을 통해 도박이 일상생활에 깊숙이 침투하면서, 청소년들은 점차 도박의 유혹에서 벗어나기 힘들어진다.

청소년들의 도박 문제는 성별에 따라 다르게 나타난다. 남학생의 경우 도박 행위가 쉽게 드러나는 반면, 여학생은 도박 행위를 은폐하는 경우가 많다. 이는 품행 문제의 비율이 남학생에게서 더 높게 나타나는 이유도 있겠지만, 성별에 따른 비행화 과정의 차이가 있기 때문이다. 남학생은 돈이 중심이 되는 드러내는 비행을, 여학생은 성^{性}이 중심이 되는, '가려지는 비행'을 더 많이 한다.

남학생은 돈을 통해 여학생들에게 자신의 경제력과 위력을 과시하려 하기 때문에 이 과정에서 많은 돈을 사용한다. 반면, 여학생은 관계적 공격성을 나타내며 얽히고설키는 복잡한 관계를 중심으로 움직이기 때문에 과시하는 남학생과 어울리게 되면서 비교적 적은 돈을 사용하게 된다. 이러한 성별에 따른 구조적 차이는 남학생과 여학생의 도박 문제 양상에 영향을 미친다. 남학생은 더 많은 돈을 필요로 하고 돈을 획득하기 위해 도박 행위를 쉽게 드러내는 반면, 여학생은 이러한 비행 행동을 은폐하려는 경향이 있어 도박 문제가 잘 드러나지 않는다. 이로 인해 남학생과 여학생의 도박 문제가 서로 다른 형태로 나타나게 된다. 청소년들 사이에서도 도박 중독 양상을 보이면 '중독 환자'로 취급하는 경향이 있다. 돈이 많은 여학생들은 성^{性}과 관련된 문제로 귀속되어 소문이 나거나 의심을 받기도 하는데, 여학생들은 이를 의식하여 이미지 관리를 위해 은폐하기도 한다. 남학생과 여학생의 비행 양상을 이해하는 것은 중요하다. 남학생의 경우 도박 행위가 쉽게 드러나기 때문에 직접적인 접근이 가능하다. 하지만, 여학생은 비행과 마찬가지로 도박 행위도 은폐하려는 경향이 있기에 보다 섬세하고 세밀한 접근이 필요하다. 이러한 차이를 이해하고 접근 방식을 달리함으로써 청소년들의 도박 문제를 효과적으로 접근할 수 있을 것이다. 남학생에게는 명확하고 직설적인 방법이 유효할 수 있지만, 여학생에게는 은폐된 행동을 찾아내고 이해할 수 있는 민감한 접근이 필요하다.

비행청소년의 돈에 대한 인식

저자가 지도한 비행청소년 중에는 도박 행위를 통해 10만 원을 투자하여 1,000만 원을 딴 사례가 있다. 이 청소년은 획득한 돈으로 원하던 물건을 구매하고 친구들과 밥을 먹고 놀며 이동하는 데 모두 소진했다. 이 청소년이 올바른 돈의 가치를 알 수 있을까? 해당 청소년은 자신이 벌었던 돈으로 아주 풍요롭게 돈을 흥청망청 사용하면서 지냈고, 기본적인 삶의 기준들이 통째로 흔들리는 모습을 보였다. 비행청소년의 돈에 대한 인식은 정말 심각하다.

도박에 빠진 일부 청소년들은 10,000원을 '1', 100,000원을 '10'으로 인식한다. 45,000원을 '4.5'로 인식하고 메모장에 기입하는 이러한 청소년들은 돈에 대한 올바른 인식을 할 수 없다. 돈을 그저 하나의 단일 숫자로 생각하는 비행청소년들은 도박에 더욱 취약하다. 실제로 도박에 빠진 비행청소년들은 45,000원을 친구에게 빌리면 '4.5'라고 휴대폰 메모장에 기입해 놓고, 그 친구에게 20,000원을 추가로 더 빌리면 '4.5+2'로 메모했다. 그 후 15,000원을 갚으면 '4.5+2-1.5'로 메모하는 것을 보고 정말 놀랐다. 이러한 방식으로 돈을 계산하는 청소년들은 돈에 대한 올바른 인식을 가지기 어렵다. 현재의 청소년들은 현금으로 용돈을 받고 동전 지갑을 들고 다니던 기성세대와는 전혀 다른 시대를 살고 있다. 지금의 청소년들은 용돈을 계좌로 받고, 카드를 들고 다니며 결제하는 시대에 산다. 정보통신기술과 스마트기기의 비약적인 발전으로 우리의 삶은 이전과 비교할 수 없을 정도로 윤택해졌지만, 그로 인해 돈의 가치를 이해하기는 더욱 어려워졌다. 디지털 결제가 보편화되면서, 청소년들은 돈의 실체를 직접 경험하지 못하고 돈의 가치를 추상적으로만 인식하게 되어 돈을 다루는 능력이 약화되고 있다. 이러한 변화는 청소년들이 재정 관리와 책임감을 배우는 데 큰 장애물이 되고 있다. 100,000원이 1,000원짜리 100장이라는 것을 안다면, 돈을 그렇게 함부로 쓸까? 100,000원이 100원짜리 동전으로 1,000개라는 것을 생각해 본다면 함부로 돈을 사용하지 못할 것이다.

도박 문제가 있는 비행청소년들은 복잡한 채무 관계에 얽매이게 된다. 그들은 돈을 쉽게 생각하고 그 가치를 잘 이해하지 못하기 때문에 채무 관계를 쉽게 생각한다. 도박을 통해 자신이 가진 돈을 탕진하거나, 돈을 제대로 관리하지 못한 청소년들은 현재 생활에 당장 돈이 필요하게 되면 주변의 비슷하게 도박을 하는 청소년들에게 쉽게 돈을 빌린다. 이 과정에서 빌려준 사람은 빌린 사람에게 이자를 받는데, 이것이 청소년이 '돈놀이'라 했던 불법 사채이다. 실제로 이들은 많은 채무 관계에 얽히며, 그로 인해 빚이 수천만 원에 이르기도 한다. 또한, 심한 독촉과 압박에 시달리며 더욱 심각한 상황에 빠지게 된다. 이러한 빚과 사채 이자 때문에 학업 성적과 학습 동기는 기하급수적으로 떨어지며, 삶의 무가치함을 느끼는 경우도 많다. 끊임없이 쏟아지는 빚 독촉 전화에 시달리며, 청소년들은 점점 돈의 노예가 되어 가는 자신을 발견하게 된다. 이러한 악순환은 그들의 정신적, 정서적 상태를 더욱 악화시키며 미래에 대한 희망을 잃게 만들기도 한다.

도박으로 돈을 잃은 청소년이 선배에게 50만 원을 빌리고, 일주일마다 이자로 50만 원을 주겠다고 약속하는 일은 매우 흔하다. 이들에게 500,000원은 그저 숫자 '50'에 불과하며, 쉽게 획득한 가치를 알지 못하는 돈이기에 쉽게 잃어버리고 그 과정에서 돈에 대한 현실적 개념만 무너진다. 당장 현금이 필요하면 또 다른 친구에게 돈을 빌리고, 그 돈을 갚아야 할 때는 또 다른 친구에게 돈을 빌리면서 이자가 점점 쌓여 수백만 원, 수천만 원에 이르기도 한다. 그들은 단순히 '도박 한 번만 성공하면 된다'는 환상에 희망을 걸고, 모든 고민이 해결될 것이라 믿는다. 이러한 잘못된 믿음은 그들을 더욱 깊은 채무의 늪으로 빠뜨리며, 현실에서 두피하게 만든다. 이 과정에서 많은 청소년들은 '나의 채무 관계만 해결하고 도박을 다시 하지 말아야겠다'고 다짐하지만, 근본적인 환경과 태도의 변화가 없고 자신에 대한 성찰이 없는 이러한 생각은 현재의 행동을 합리화하기 위한 일시적인 자기 위안에 불과하다. 결국, 그들은 같은 실수를 반복하게 되고 더 깊은 문제에 빠지게 된다. 이러한 악순환은 그들의 삶을 점점 더 힘들게 만들고, 문제를 해결하기 어렵게 만든다. 덧붙여 서로의 채무 관계를 정당화하며 단편적이고 일시적인 해결책으로 악순환을 피하려는 모습도 많이 보인다. 친구들 사이에서 돈을 빌려주고 빌리는 채무 관계는 종종 자신들만의 '의리'로 합리화된다. 자신도 도움을 받은 적이 있기 때문에 '나 몰라라 할 수 없다'거나, '도박 행위 자체가 부모 몰래 이루어지기 때문에 서로 도와줘야 한다'는 이유로 이러한 행동을 정당화한다. 그 결과 모두 함께 비행의 늪에 더 깊이 빠지게 되고, 복잡하고 난잡한 채무 관계를 이어가며 악순환을 경험하게 된다.

주위 친구들이 도박을 통해 돈을 쉽게 얻는 모습을 보며 청소년들은 도박에 대한 유혹에 쉽게 흔들리게 된다. 도박을 하지 않으면 바보가 되는 분위기 속에서 청소년들은 '돈을 복사한다'고 표현하며 '옆에서 돈을 복사하는데 어떻게 바보처럼 가만히 있을 수 있겠냐?'고 생각하게 된다. 이렇게 하여 돈을 쉽게 얻으려는 잘못된 경제관과 위험한 가치관을 형성하게 된다. 쉽게 번 돈으로는 돈의 진정한 가치를 이해할 수 없다. 잘못된 방법으로 획득한 돈으로 밥을 사 먹고 옷을 사 입으며 흥청망청 놀게 되면 '누리는 것에 대한 중독'에 빠지기 쉽다. 가치와 과정을 무시한 채 결과와 물질에만 집착하고, 노력과 책임은 사라진 채 자신의 삶을 윤택하게 즐기고 누리는 것에만 관심을 가지게 된다. 이러한 삶은 청소년들이 진정한 성취감과 만족을 경험하지 못한 채 공허하고 허무함으로 가득 차게 만든다. 그리고 이와 같은 공허한 삶을 회피하고 덮기 위해 청소년들은 점점 더 과시와 보여 주기에만 집중하게 된다. 만약 알 수 없는 돈이 자꾸 생기는 청소년이 있다면, 반드시 비행 문제와 도박 행동을 의심해 보는 것이 좋다. 도박의 쾌락은 매우 짜릿하며 한 번 크게 돈을 딴 경험은 성실한 노동의 가치를 무색하게 만든다. 도박으로 인해 일시적으로 생긴 돈은 생활 수준을 상승시키고 그에 따라 품위 유지 비용도 증가되어 청소년들은 더욱 도박에 집착하게 된다. 이는 그들이 더 깊은 문제에 빠지게 하고 건강한 생활로 돌아가기 어렵게 만든다. 결과적으로 도박의 악순환은 청소년들의 삶을 지속적으로 위협하며 건강한 성장과 가치관의 형성을 저해한다.

도박에 빠진 비행청소년들을 지도하는 데 있어서 가장 중요한 것은 도박의 배경이 된 그들만의 세상과 그 관계를 정확하게 이해하는 것이다. 청소년들이 도박에 빠지게 된 배경을 이해하기 위해서는 가정환경, 사회적 요인, 심리적 상태 등을 종합적으로 파악해야 한다. 또한, 청소년의 일반적인 도박 문제도 품행 문제와 밀접하게 연결되어 있으므로 품행 문제에 주의를 기울이는 것이 좋으며, 도박 중독의 심리적 요인을 분석하고 치료하는 심층적인 심리적 접근이 필요하다. 더불어, 청소년들에게 돈에 대한 올바른 가치관의 형성을 돕기 위한 지도와 함께 '경제 개념', '금융 교육'을 함께 제공하는 것이 필수적이다. 이러한 교육을 통해 청소년들은 돈의 진정한 가치를 이해하고 건강한 금전 관리 습관을 형성할 수 있다. 또한, 도박의 위험성을 인식시키고 도박이 미치는 부정적인 영향을 교육하는 프로그램을 제공해야 한다. 청소년들이 건전한 생활로 돌아올 수 있도록 지속적인 심리·사회적 지원을 제공하여 자존감을 높이고, 긍정적인 사회적 관계를 형성할 수 있도록 도와야 한다. 이러한 종합적인 접근을 통해 청소년들은 도박의 위험성을 인식하고, 더 나은 미래를 향해 나아갈 수 있는 힘을 기를 수 있다.

그들만의 세상에 대한 대단한 특권 의식

　비행청소년들의 행동과 특권 의식은 보여 주기 식의 과시하는 형태로 표현된다. 아직 어린 미성년인 10대가 20대의 성인처럼 행동하고 삶의 아무런 기반도 마련하지 못한 20대가 30대처럼 풍요롭게 즐기며 과시하고 행동하는 것이 비행의 본질이다. 그들만의 세상 속에서 성장하는 비행청소년들은 실제 나이나 경험과 관계없이 성숙한 척하며, 겉모습과 보여지는 일부의 거만한 행동만으로 성숙함을 가장하려 한다. 겉모습을 치장하기 위해 살아가며 과시하는 행동이 점차 그들의 삶의 목적으로 변한다. 겉치장과 과시를 위한 삶을 살게 하고 진정한 자기 성찰과 성장을 방해하게 된다. 이러한 행위는 내면의 공허함을 감추지 못해 결국 제대로 된 삶의 방향을 설정하지 못하고 방황하게 된다. 진정한 성장이 아닌 허상의 성숙을 추구하며 그들의 모든 노력은 자신의 미래 비전과 꿈을 향한 건강한 자기 계발이 아닌 타인과 주변에 보여 주기 위한 것에 집중된다.

과시하며 보여 주는 삶 속에서의 놀이문화

그들만의 세상의 비행청소년들은 매일 즐겁게 논다. 학교의 출결과 학업에는 전혀 관심이 없고 매일 무리 지어 즐기러 다닌다. 이들이 주로 노는 장소는 학년이 올라갈수록 달라지며, 점차 규모가 커지는 양상을 보인다. 청소년의 놀이문화도 단계가 있다. 각 놀이는 일반적인 생활 속에서 쉽게 접할 수 있는 것들이며, 그 자체로는 문제가 되지 않는다. 그러나 청소년들만의 세계에서 그들은 점차 일반적인 청소년들이 일반적으로 쉽게 접근하지 않는 놀이로 발전해 가는 모습을 보인다. 나이에 따라 변화하고 진화해 가는 놀이문화들이 존재하며, 이는 보편적으로 일정한 패턴을 따른다. 이들만의 놀이 공식도 존재하는데, 비행의 공식의 발전 단계와 유사하며 겹친다. 학년이 올라감에 따라 이 공식에 따른 장소를 주로 이용하며, 점차 더 비용이 많이 드는 놀이로 발전한다. 그들만의 세상 속 비행청소년들의 놀이 공식은 다음과 같다.

그들만의 세상의 놀이 공식

PC방	코인 노래방	당구장	볼링장	스크린 야구장	스크린 골프장	

나이	12	13	14	15	16	17	18	19

청소년들은 'PC방'을 자주 이용한다. 요즘의 PC방 문화는 과거와 상당히 달라졌다. 과거의 PC방은 담배 연기로 가득하고 어두운 분위기가 일반적이었으나, 현재 대부분의 PC방은 카페처럼 깨끗하고 쾌적한 환경을 제공하기도 한다. PC방은 비행청소년뿐만 아니라 게임을 좋아하는 일반 청소년들도 즐겨 찾는 장소이다. 하지만, 여기서 중요한 점은 무리 지어 다니는 비행청소년들이 자주 방문하는 PC방이 존재한다는 것이다. 때때로 이들은 과거의 어둡고 담배 연기가 자욱한 PC방을 찾아다니기도 하지만, 이러한 환경이 아니더라도 그들이 좋아하고 주로 찾는 PC방이 따로 있다. PC방에서 음식을 시키고 음료를 주문하며 자신보다 서열이 낮은 동료에게 결제를 요구하는 등의 행동을 보이기도 한다. PC방에서의 이러한 행동은 비행청소년들의 그들만의 세상 속 문화의 한 단면을 보여 준다. 이들은 단순히 게임을 즐기는 것에 그치지 않고, 그들만의 서열 문화와 권력 구조를 반영한 행동을 보인다. 이러한 환경에서, PC방은 단순한 놀이 공간을 넘어 비행청소년들이 사회적 관계를 형성하고 유지하는 중요한 장소로 작용한다. 초기 비행청소년들은 그들만의 세상 속 자신들의 준거집단들과 함께 PC방에서 시간을 보낸다.

이들은 PC방과 함께 '코인 노래방'도 자주 간다. 비행청소년들이 주로 모이는 코인 노래방은 그들만의 아지트와 같기 때문에 일반 청소년들은 잘 가지 않으며, 자연스럽게 비행청소년들의 집결지가 된다. 여기서 이들은 자신보다 만만한 동료에게 노래방 비용이나 담배를 빼앗으며 세력을 과시한다. 비행청소년들만 이곳을 찾는 것은 아니다. 노래를 부르는 것이 대중화되어 있는 지금 시대에는 그들만의 세계에 완전히 속하지 않는 청소년들도 코인 노래방에 많이 방문하기 때문에 경계를 뚜렷하게 설정하기는 어렵다. 하지만 빈도와 사용 시간의 차이를 보면 패턴의 차이가 명확해진다. 일반 청소년들은 학원을 다니고 일찍 귀가하며 자신이 할 일들을 하느라 종종 PC방과 노래방을 찾는 반면, 비행청소년들은 대부분 같은 시간에 정해진 장소에서 만나 무리 지어 매일 노래방에서 하루의 시간 대부분을 보낸다. 정말 노래방에서 살다시피 한다. 이들은 노래를 좋아하거나 잘하는지 여부와 상관없이 매일 노래방을 찾는다. 심지어 변성기 때문에 노래를 하지 않는 청소년들도 무리와 함께 노래방을 매일 방문하며, 지나가던 그들만의 준거집단 속 아이들도 노래의 여부와 상관없이 노래방에 집결한다. 그리고 함께 있는 그 모습과 과정을 SNS에 과시한다.

노래방에서 나온 비행청소년들은 흡연을 한 후, '당구장'으로 몰려간다. 보통 중학교 1학년 후반기부터 당구를 치러 가는 모습을 많이 보인다. 당구장에는 자신들보다 한두 살 많은 그들만의 세상 속 비행청소년들이 잔뜩 모여 있다. 그들만의 세상은 모두 연결되어 있듯, 이미 관계가 형성되거나 알고 있는 사이가 대부분이다. 형들의 부름에 어린 청소년들은 쫓아가 심부름을 하거나 서커스단과 같이 장난의 대상이 되기도 하지만, 깍듯하게 처신하며 자신의 존재를 알리고 그들만의 세상 속 자신의 세력과 영역의 뼈대를 형성하는 중요한 기회들이 된다. 당구장은 단순히 놀이를 위한 장소를 넘어, 비행청소년들이 관계를 맺고 사회적 지위를 다지는 중요한 공간으로 작용한다. 이 시기에 선후배 간의 '내기 문화'가 본격적으로 자리

잡는다. 당구 게임을 통해 당구장 비용을 결제하거나 음료수를 내기로 걸면서 이러한 문화가 생활화된다. 청소년들이 친구끼리 모여 당구를 치러 간다면 그들만의 세상에서 준거집단을 형성한 것이 아닌지 살펴보는 것이 좋다.

노래방과 당구장을 매일 놀러 가는 그들만의 세상에서 뿌리내린 청소년들의 다음 놀이 장소는 '볼링장'이다. 청소년 비행의 놀이문화에서 볼링장은 핵심이다. 보편적으로 중학교 2학년쯤 되면 비행청소년들은 무리 지어 볼링장을 찾기 시작한다. 볼링장이 핵심인 이유는, 볼링장은 PC방, 코인 노래방, 당구장과 달리 현저히 숫자가 적기 때문이다. 지역에 볼링장이 많지 않기 때문에 볼링을 치기 위해서는 해당 장소들로 모여야 하고, 이로써 이 장소는 비행청소년들이 대규모로 모일 수 있는 공간이 된다. PC방은 각각의 의자가 배정되고, 코인 노래방은 좁으며, 당구장은 많은 인원이 모이기 어렵다. 반면, 볼링장은 볼링 장면을 뒤에서 구경하거나 모여 있어도 큰 문제가 되지 않는다. 이 때문에 비행청소년들은 볼링장에서 더 자유롭고 대규모로 모일 수 있다. 또한 게임 레일이 많기 때문에 모두 함께 게임을 즐길 수 있어 그들이 내기 게임을 하기에 최적의 장소가 된다. 볼링장은 이들이 그들만의 세상에서 사회적 관계를 유지하고 새로운 사람들과 연결되며, 자신들의 존재를 과시하는 주요 장소로 작용한다. 이와 같은 이유로 볼링장은 인근 지역 비행청소년들의 집결지가 된다. 일부 청소년들은 타고 온 오토바이를 문 앞에 세워 두고 과시하기도 한다. 이러한 집결로 인해 서열이 낮은 비행청소년이 볼링장 근처에 어슬렁거리면 갈취나 오토바이 렌탈의 대상이 되기 쉽다. 지역별 자존심을 건 게임이나 나이별로 팀을 나눠서 게임이 진행되기도 하는데, 당연히 내기로 진행된다. 하지만 이들의 내기는 실제로 공짜로 놀기 위한 수작에 불과하다. 게임에서 이기면 자리를 떠나지만, 지게 되면 온갖 이유를 들어가며 이길 때까지 게임을 계속한다. 결국, 게임 비용은 서열이 낮은 친구들이나 어린 친구들에게 모두 전가된다. 한 명의 비행청소년이 수십만 원의 게임 비용을 결제해야 하는 경우도 있다.

이러한 놀이 방식 때문에 그들의 생활 규모는 갈수록 커지고, 이를 유지하기 위해 많은 돈이 필요해지는 것이다. 청소년들이 도박에 쉽게 빠지는 이유도 바로 이러한 비행을 유지하는 데 필요한 자금을 마련하기 위해서다. 이들은 점점 더 큰 금액을 필요로 하게 되며, 이를 충당하기 위해 불법적인 방법을 선택하는 경우가 많아진다. 지역마다 소위 잘나간다는 비행청소년들이 모이는 볼링장은 그들의 인맥을 자랑하는 터전이 되기도 한다. 이들은 이를 두고 '인사 된다'고 표현하는데, 이 말은 선배들에게 인사를 하고 그 인사를 받아 주는 과정을 통해 인정받는다는 의미를 담고 있다. 또한 후배들이 찾아와 깍듯하게 인사하여 철저히 처세하고 자신을 예우하는 것도 포함한다. 이러한 행위와 모습들은 그가 지역의 실세임을 확인하는 계기가 되며 자신의 영향력을 과시하는 기회가 된다. 이들은 주변에 자신의 넓은 인맥을 자랑함으로써 주변에 자신의 존재감을 더욱 드러내고, 스스로 잘나간다고 착각하며 우월감에 젖는다. 이러한 인사를 받는 선배를 보는 어린 후배들은 그들만의 세계에 더욱 빠져들며, 선배를 신격화하고 깍듯하게 예우하며 잘 보이기 위해 애쓴다. 실제로 늦게 귀가하는 어린 청소년에게 부모의 전화가 계속 오자, 선배가 "전화 안 받냐?"고 묻는 상황에서, 어린 청소년이 "괜찮아요, 형. 엄마가 저 포기했어요, 형."이라고 대답하며 자신이 가정과 학교에서 무법자임을 주장하고 선배들에게 인정받고자 부단히 노력하는 어린 청소년들도 있었는데, 참으로 한심하고 안타까웠다. 이처럼 볼링장은 단순한 놀이 공간을 넘어, 비행청소년들이 자신들의 서열과 관계를 공고히 하고 잘나가는 척하며 우월감을 느끼는 장소로 작용한다.

볼링장을 다녔던 청소년들은 이후 스크린 야구를 치러 간다. 이곳에서도 역시 내기 게임을 즐기며, 매일 노래방, 당구장, 볼링장, 스크린 야구장을 반복하며 그들끼리의 무리 지어 즐긴다. 청소년으로서 이러한 놀이문화를 유지하는 것은 비용이 부담스러울 수밖에 없는데, 이들은 내기에서 얻은 돈, 불법적인 방법으로 획득한 돈, 생일날 받은 돈 등을 활용해 자신들의 놀이 규모를 점점 키워 가는 것이다. 스크린 야구를 즐기던 청소년들은 점차 스크린 골프로 넘어가기도 하며, 유흥을 즐기고 실제 도박을 하기도 한다. 지역마다 비행청소년들이 주로 찾는 청소년에 대한 신분 확인이 까다롭지 않은 '모텔'도 따로 존재하며, 이러한 정보들은 그들만의 세상 속에서 실시간 공유되어 전해진다.

이들은 후배들이나 다른 청소년들이 쉽게 할 수 없는 일을 해야 자신이 돋보인다고 생각하기 때문에 놀이의 규모를 키우며 즐긴다. 당연히 이들은 모든 과정과 장면을 SNS에 인증하고 과시한다. 그들의 SNS는 같은 세계의 사람들로 가득 차 있어 이러한 과시는 즉각적인 반응과 부러움을 받으며 그들을 더욱 우쭐대게 만든다. 또한, 선배들에게도 자신의 건재함을 뽐낼 수 있으며 자신의 존재감을 드높이고 세력을 굳히는 계기가 되기 때문에 더욱 열심히 분발한다. 이러한 활동은 그들의 사회적 지위를 강화하고, 비행 문화 속에서의 영향력을 더욱 확고히 하는 데 기여한다.

비행청소년들이 집결하는 카페도 따로 존재한다. 이들이 찾은 카페는 흡연이 가능한 카페이다. 이들은 주로 흡연실이 있거나 야외 테라스가 있는 카페를 선호하며, 동네마다 자주 방문하며 모이는 특정 카페가 정해져 있다. 이러한 장소에 가면 비행청소년들이 바글바글 모여 있는 모습을 쉽게 볼 수 있다. 테라스에 앉아 음료를 마시던 상위 서열의 비행청소년들은 지나가던 꼬맹이들을 불러 괴롭히며 놀기도 하고, 자신의 영향력을 과시하기 위해 이들을 병풍처럼 세워 두기도 한다. 이들은 명품 가방을 테이블 위에 올려두거나 오토바이를 카페 입구에 잘 보이게 주차시켜 이를 뽐내는 행동도 한다. 문신을 한 경우에는 문신이 잘 드러나는 옷을 입고 담배를 피우며 자신의 존재감을 과시하고 우월감을 느낀다.

　그들만의 세상에서 학년이 올라갈수록 놀이문화와 생활 영역은 일정한 단계를 거쳐 확장된다. 비행청소년들의 놀이문화는 성인처럼 행동하며 즐기는 것으로 요약할 수 있다. 성인과의 차이점은 놀이의 모든 장면과 과정이 '과시의 도구와 기회로 활용'된다는 점이다. 이들은 청소년으로서 학업과 성장 과정에서 중요한 발달 과업을 뒤로한 채, 그들만의 세상에서 특별한 행동을 한다고 생각하며 이를 자신들만의 권리로 착각하는 특권 의식에 빠진다. 비행청소년들은 일반 청소년들이 하지 못하는 행동을 통해 자신들의 우월감을 느끼고, 이러한 놀이 과정을 통해 서열과 권력 구조를 강화한다. 놀이문화는 단순한 재미를 넘어 비행청소년들의 사회적 지위를 공고히 하는 중요한 수단이 된다. 이들은 점점 더 위험하고 부정적인 행동 패턴에 빠져들며 사회적 문제를 일으키는 주체로 성장하게 된다. 이들은 다양한 놀이 공간에서 서로의 영향력을 과시하며, 후배들에게 자신의 건재함을 뽐내고 더 큰 규모의 놀이문화를 형성해 나간다. 이러한 과정에서 비행청소년들은 점점 더 깊은 비행과 불법적인 행위에 빠지게 되며 이는 그들의 미래를 더욱 어둡게 만든다. 비행청소년들의 이러한 행동은 단순히 개인의 문제를 넘어, 사회 전반에 걸쳐 부정적인 영향을 미치게 된다.

비행청소년들은 운동에도 큰 관심을 갖는다. 대체로 운동 신경이 뛰어나며 또래에 비해 신체적으로 성숙한 경우가 많아 운동을 좋아한다. 앞서 [비행의 늪: 그들만의 세상]에서 소개한 비행청소년들의 문화 중 하나인 [⑤ 그들의 패션 : 특이하면서 트렌디한 복장]에서 '남학생은 남성성을, 여학생은 여성성을 크게 강조하며 성인을 흉내 내는 모습을 보인다'고 설명했다. 이는 많은 비행청소년들이 또래보다 신체적으로 월등히 성숙하다는 점을 시사하며, 이러한 신체적 성숙은 초등학교 고학년과 중학생들에게는 큰 위력으로 작용할 수 있다. 보여 주기 식의 과시에 몰입하는 청소년들은 운동한 자신의 몸을 자랑하며 SNS에 올리고 으스대는 모습도 많이 보인다. 실제로, 그들만의 세상 속 청소년들 중 많은 비율이 운동선수이거나 운동을 잘한다. 이들의 운동 종목은 육상, 수영을 비롯하여 복싱, 유도, 태권도 등 다양하다. 이 중에서 남자 비행청소년들이 가장 관심을 많이 보이는 운동은 복싱, 권투, 유도, 태권도, 주짓수와 같은 격투 종목이다. 이는 서열화된 그들만의 세상에서 자신의 힘을 갖추기 위함이다. 이러한 이유로 그들만의 세상 속 친구들이 해당 운동으로 몰리기 때문에 또래의 준거집단과 어울리고 무리를 지어 다니기 위한 이유도 발생된다. 운동은 건강에 매우 좋으며 언급된 운동 종목들도 훌륭한 운동이다. 그러나 초기 청소년이 격투 종목의 운동을 자꾸 다니고 싶어 한다면 어떤 이유로 운동을 하려 하는지 살펴볼 필요가 있다. 그들만의 세상의 친구들과 어울리고 자리 잡기 위해 운동을 하려는 것이 아닌지 주의 깊게 살펴보아야 한다. 이러한 이유로 운동을 하게 되면, 그들이 운동을 통해 건강을 유지하고 스트레스를 해소하기보다는 비행을 강화하고 서열과 권력을 유지하는 도구로 전락할 위험이 있다. 이들은 운동을 통해 신체적으로 더욱 강해지지만, 동시에 그들만의 세계에서 더 깊이 빠져드는 결과를 초래할 수 있다.

자신의 삶에 대한 분명한 양가감정

　비행청소년들은 그들만의 세상에서 무법자로 살아가며, 가치 없는 초가 집을 지키고 누리는 것에 중독되어 있다. 이들은 성인들의 놀이와 문화를 흉내 내며 매 순간을 과시하고 드러내면서 우월감에 빠져 있다. 그 결과, 대단한 특권 의식에 젖어 든다. 이들은 배달이나 퀵 등의 아르바이트 또는 불법적인 방법으로 얻은 돈으로 자신들만의 놀이문화를 즐기며 화려한 생활을 이어간다. 성인들이 보았을 때는 엉성하고 빈약해 보일지 모르지만, 또래 관계를 기준으로 보면 비교적 풍족한 생활을 이어간다. 생활이 풍족해지고 시간이 흐르면, 청소년들은 학년이 오르고 신체적으로 성장함에 따라 이전보다 나아진 상황을 마주하게 된다. 후배들이 "네, 형"이라고 부르며 충성을 맹세하고, 자신들이 함부로 행동해도 선을 넘지 않는 모습을 보면서 우월감에 도취된다. 앞서 설명한 바와 같이, 이들은 17세가 되면서 선배들에게도 이전보다 더 인정받고 존중받는 느낌을 받으며, 후배들의 예우를 즐긴다. 이는 청소년기의 특징인 '자기중심성'과 '상상적 청중'과도 연결된다. 자신이 특별하다고 생각하고 모든 것을 통제할 수 있다고 착각하는 것이다. 비상식적인 언행과 복장은 그들에게 무법자로서의 존재감을 확인하는 중요한 역할을 하며, 이러한 모습은 일반적인 사람들에게 불쾌감을 준다. 이들은 교사와 부모의 통제를 벗어난 무법자의 삶을 즐기면서도, 의식주 모든 면에서 부모에게 의지하고 자신이 모든 것을 할 수 있다고 착각하는 모순된 모습을 보인다. 실제로는 부모의 지원 없이는 아무것도 할 수 없는 상황에 놓여 있으면서도, 그들은 자신들만의 세계에서 똘똘 뭉쳐 '우리의 삶은 빛날 것'이라는 환상 속에 살아가고, 근거 없는 자신감으로 중무장하고 있다.

그러나 이들이 항상 자신감으로 가득 차 있는 것은 아니다. 자신의 생활이나 삶이 일반 친구들과 비교되거나 미래에 대한 걱정이 생길 때, 그들은 회의감을 느끼고 내면의 공허함과 불안정함을 강하게 느낀다. 이런 양가감정 속에서 스스로를 돌아보고 현재 상황을 객관적으로 인식하여 건설적인 방향으로 삶을 전환하려는 노력이 필요하지만, 혼자서 이를 해내기란 매우 어렵다. 불편한 마음이 들 때면 다시 자신이 속한 집단으로 돌아가, 그들과 유대 관계를 맺은 친구들에게 의지하며 힘든 마음을 나눈다. 그들만의 세상에서 살아가는 청소년들은 자신들끼리 모이고 다니는 특정 장소와 동선만을 주로 다니기 때문에 자신의 삶을 객관적으로 바라보기 어렵다. 일반적인 세상과 삶을 갈망하면서도, 그 세상을 인도해 주고 모델링해 줄 사람이나 상황을 만들지 못한다. 세상에 잘못되고 싶은 사람은 아무도 없기에 이러한 양가감정은 모든 비행청소년이 조금씩 느끼지만, 인지적으로 성숙해진 18세 전후의 후기 청소년에게서 더욱 절실하게 느껴진다. 특히 미래에 대한 걱정과 더불어 그들만의 세상의 주류가 자신들보다 어린 중학생들로 채워지고 있다는 사실을 깨달을 때 더욱 그러하다. 양가감정을 느끼면서도, 정해진 서열 속에서 세력권을 관리하며 느끼는 우월감과 예우받는 달콤함, 상위 포식자로서 생활하며 누렸던 즐거움, 그리고 준거집단을 모두 내려놓기란 결코 쉽지 않다. 후기 청소년들은 때때로 '주변의 친구들이 자신의 삶에 도움이 되지 않는다'거나 '친구를 모두 끊어 내고 싶다'고 말하기도 한다. 그러나 지금까지 쌓아 온 모든 것을 내려놓으면 자존심과 자부심의 원천이 사라진다고 생각해 현재 상황에 대한 결핍을 느끼게 된다. 그들만의 세상에서 이탈하고 탈^脫 비행하는 것은 자신의 존재 자체가 사라지는 두려움을 느끼게 하고, 결국 다시 비행의 늪으로 되돌아가게 된다.

비행의 공식 [가치 없는 초가집]

그들을 관찰하면서 [④ 세력의 건재함: 졸업식]에서 나타나는 그들의 졸업식 축하 문화는 때때로 학교에 대한 그리움으로 비쳤다. 이전 교육 과정에서의 학교생활을 많이 그리워하는 모습으로 보이기도 했으며, 이는 과거에 대한 후회와 미련을 나타내는 무의식적인 내면화된 양가적 감정의 표현이었다. 청소년 비행을 경험한 이들은 학업을 중단한 경우가 많다. 고등학교에 진학한 후 교칙 위반 등의 생활교육위원회의 회부 결과로 더 이상 학교를 다니지 못하게 되는 경우가 가장 흔했으며, 비행의 늪에 빠져 스스로 학교 자체를 무의미하게 생각하는 경우도 많았다. 그러나 학교 밖 청소년이라고 해서 모두 비행 문제를 가지고 있는 것은 아니다. 여러 개인적인 이유로 학교를 다니지 않는 경우도 있고 단순히 학교를 다니고 싶지 않아서 또는 대학 진학을 위해 전략적으로 학교를 다니지 않는 경우도 많기 때문이다. 청소년 비행의 문제를 경험한 청소년들은 자의적이든 타의적이든 여러 이유로 학교를 그만두게 되었지만, 시간이 지나면서 대부분의 청소년들이 학교를 그리워했다.

책을 집필하면서 지도했던 학생들이 떠오른다. 법무부에서 2호 처분인 소년수강명령을 받은 학생들을 지도할 때, 학생들이 저자를 '자신의 인생에서 마지막 선생님'이라고 칭하며 따랐던 기억이 난다. 한번은 학교를 다니지 않는 학교 밖 청소년이 40시간의 교육 중 마지막 날 교복을 입고 온 적이 있었다. 열심히 지도를 받았던 그 학생에게 교육이 마무리될 때쯤 왜 교복을 입고 왔는지 물어보니, '학교가 그리워서'라고 답했었다. 그때 마음이 많이 뭉클했고 안타까웠으며 이들을 지도함에 있어 책임감을 느꼈다.

현실 속 막다른 길에서의 내면화된 괴리감

양가감정으로 인해 변화하고 새롭게 나아가고 싶지만, 그동안 쌓아 둔 것이 없기에 현실에서 더욱 비참함을 느낀다. 비행의 정도가 강하고 서열화된 그들만의 세상에서 스스로를 '상위 포식자'라 명명하며 지배적인 위치에 있던 청소년일수록 그동안 누려 왔던 위치와 권위가 자존심과 연결된다. 현실에서 아무것도 아니고 아무런 준비가 되어 있지 않음을 인정하는 것은 자존심을 상하게 하고 비참함을 느끼게 하므로, 현실 속에서 자신을 지키려는 막다른 길에서 미성숙한 부적응적 방어기제를 남발하게 된다. 서열화된 그들만의 세상에서 높은 지배적 위치에 있을수록 비행의 정도는 심하고, 가정과 학교에서 교육과 지도의 누락이 많다. 누구도 자신을 좌지우지하지 못하게 하며 왕으로 군림했기에 대처 능력은 더욱 미흡하다. 현실 지각 능력은 더욱 떨어지고, 정상적인 교육환경에서 성장하지 못한 이들은 현재의 삶과 미래의 삶을 연결하여 생각하는 자기 연속성이 부족하다. 청소년기 성장과 발달에 필요한 발달 과업을 건강하게 충족하지 못해 또 다른 결핍으로 이어져 악순환에 빠진다. 이러한 삶의 근원적인 공허함을 지닌 비행청소년들은 억지로 존재감을 만들려 하며, 그러한 존재감을 어린 청소년들에게 으스대고 우쭐거리며 뽐내는 것으로 채우려 한다. 이로 인해 문신과 명품, 그리고 돈에 더욱 집착하게 된다.

예부터 행동이 무모하고 지나침을 비유하여 '간이 부었다'라고 표현하기도 한다. '한 번 부은 간은 절대 돌아오지 않는다'는 것을 꼭 명심해야 한다. 서 있던 사람은 앉고 싶고, 앉은 사람은 누워 있고 싶으며, 누워 있으면 자고 싶어진다. 큰 집에 살던 사람이 작은 집으로 이사 가기 싫어하고, 좋은 차를 타던 사람이 작은 차를 타기 싫어하는 것처럼, 사람은 누구나 더 잘되고 싶지 못되고 싶은 사람은 없다. 청소년들의 비행도 마찬가지다. 그들만의 세상에서 비행의 공식대로 강화되며 성장한 비행청소년들은 과거에 했던 혹은 어린 친구들의 전유물이 된 과거의 비행 행동을 지나 더욱 발전된, 어린 친구들이 따라 하지 못하는 비행을 하려 애쓴다. 그래야 우월감을 유지할 수 있고, 자신이 아직 죽지 않았다는 건재함으로 영역 안에서 존재감을 나타낼 수 있기 때문이다. 이러한 원리는 스무 살 이상의 비행에서 설명된 오토바이가 카푸어가 되며, 오토바이 렌탕이 자동차 렌탕으로 바뀌는 것과 같은 이치이다. 중기 청소년들은 무면허 오토바이의 범죄가 많지만 후기 청소년들은 자동차 무면허와 관련된 범죄가 많은 것과 같은 맥락이다. 이러한 원리가 '비행의 진화 과정 원리'다. 이 원리 속에서 분수와 상황에 전혀 맞지 않는 자신들의 품위를 유지하며 눈은 높아지지만, 현실은 텅텅 빈 상태가 된다. 겉으로의 이중생활은 내면으로 스며들어 괴리감으로 변모 變貌 한다. 적응적인 삶으로 자신을 채우지 못해 발생한 내면화된 괴리감은 개인의 결핍과 본질이 비어 생긴 공허함이 결합되어 악순환이 되고, 현실에서의 초라한 자신을 마주하게 됨으로써 양가감정을 반복적으로 느끼게 된다. 이 과정에서 그들은 자신의 삶에서 합리화, 부인, 부정, 억압, 회피, 행동화 등의 미성숙하고 부적응적인 방어기제로 자신을 지키려 비합리적으로 애쓴다. 이처럼 누리는 것에만 중독된 삶은 텅텅 빈 스스로의 삶과 대비되며 내면화된 괴리감을 더욱 증폭시키고 결핍을 극대화하여 부정적 정서를 야기한다. 이것이 바로 '비행의 저주'다.

악순환의 굴레

비행의 공식

반복되는 악순환

비행의 제국

비행의 제주

그릇된 삶의 기준 진로

행동 수정

미성숙한 방어기제

비행의 대물림

노래방 PC방 스크린야구 자연스러운 놀이문화

우월감 공허함

양가감정

고시

존재감

실패와 좌절

자연스러운 놀이문화

올바른 가치관

비행의 저주

[그릇된 삶의 기준]

누리는 것에 대한 중독 : 텅텅 빈 스스로의 삶

막다른 길에 선 그들의 실상

1 과거에 대한 후회와 미래에 대한 걱정

공통적으로 보여지는 문제

1 미성숙한 부적응적 방어기제의 사용

2 허황된 미래에 대한 막연한 기대와 논리

3 올바르지 못한 가치관

4 텅 빈 과거와 엉성한 현재, 그리고 답이 없는 미래

막다른 길에 선 그들의 실상

비행의 늪에서 성장한 비행청소년의 삶은 일반적인 청소년기와는 전혀 다른 방향으로 진행된다. 이들도 청소년이며, 모든 아이가 그렇듯이 청소년은 결국 성인이 된다. 일반적인 적응의 영역에서 성장한 청소년들은 성인이 되는 것을 기대하며 설레는 마음을 느끼고 빨리 어른이 되고 싶어 한다. 학교라는 기관에서 통제받으며 학원과 가정의 답답함에서 벗어나는 것이 어른이 되는 것이라 느끼기 때문이다.

이들은 대학 진학을 꿈꾸고 미래의 꿈을 그리며 자신의 삶을 펼쳐나갈 준비를 하며 내일을 바라본다. 하지만 비행의 늪에서 준거집단을 형성하며 살아온 비행청소년들은 학창 시절 동안 쌓아 온 것도, 이룬 것도 없다. 이들은 누리는 것에 중독되어 달콤한 맛을 찾아다니며 허상의 우월감에 도취되어 살아왔다. 그 결과, 가치 없는 초가집을 지키기 위해 사회적 규범을 넘나들며 살아온 것이 전부이다. 후기 청소년 시기에 접어들면서 대학 진학이나 취업 등 성인으로서의 진정한 자립과 독립을 준비해야 하는 시기가 다가오자, 이들은 불안과 걱정으로 힘들어한다. 그리고 일반적인 미래를 위해 묵묵히 노력하며 준비해 온 청소년들의 삶과 자신의 삶을 비교하기 시작한다. 후기 청소년이 된 그들은 자신들만의 세상 속에서 변치 않는 모습으로, 과거에 대한 후회와 미래에 대한 걱정으로 하루하루 고민에 가득한 모순적인 일상을 보낸다. 그것이 막다른 길에 선 그들의 실상이다.

과거에 대한 후회와 미래에 대한 걱정

비행청소년의 삶은 일반적인 청소년과 현저히 다르다. 일반적인 청소년들은 안정된 환경에서 학업과 사회화를 통해 미래를 설계하고 준비하지만, 비행청소년들은 비행의 늪에서 벗어나지 못하고 방황하며 불안정한 삶을 이어간다. 청소년기를 지나 성인이 되는 20세를 기점으로 적응적인 영역의 청소년과 그들만의 세상 속 비행청소년의 삶은 극명하게 차이가 나기 시작한다.

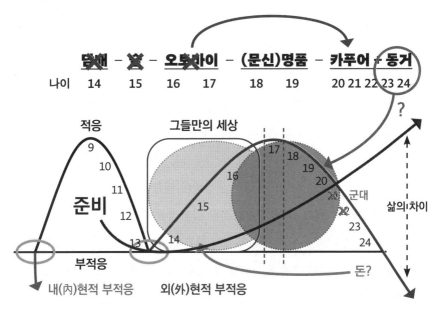

일반적인 청소년은 학교와 가정에서 균형 잡힌 성장을 경험한다. 이들은 발달 과정에 맞는 지도와 보호 속에서 성장하며 학교에서는 학업과 사

265

회적 관계를 통해 다양한 경험을 쌓는다. 학교라는 작은 사회에서 생활의 지도를 받으며 사회화 과정을 경험하고 그 과정에서 올바른 가치관을 형성하며 건강한 대인관계와 다양한 사회 기술을 배우고 익힌다. 가정에서는 부모의 지지와 소통을 통해 건강한 애착 관계를 형성하고, 안정된 삶의 환경 속에서 자아 개념과 정체성을 확립하며 정서적으로 건강하게 성장한다. 이 과정에서 청소년들은 자신의 꿈을 키우고 성인으로서의 삶을 준비하며, 학창 시절의 다양한 경험을 통해 자존감과 자신감을 향상시킨다. 이들은 미래를 준비하면서 어른이 되기를 기대하고, 대학 진학이나 직업 선택 등의 목표를 가지고 꾸준히 노력한다. 이러한 과정에서 성인이 되는 것에 대한 기대감과 설렘을 느낀다. 미래를 준비하며 청소년기의 발달 과업을 건강하게 성장시킨 적응적인 청소년들은 고등학교를 졸업한 후 대학에 진학하거나 취업을 통해 자신의 미래를 꿈꿔 나간다.

하지만 비행청소년은 비행의 늪에서 성장하며 일반적인 청소년과는 다른 삶을 살아왔다. 이들은 제2의 분리-개별화 시기 몸의 성장에 따라 자신에게 주어진 권력을 남용하며 잘못된 방식으로 자율성과 독립성을 지키려 했다. 가정 밖에서 자신만의 세상을 형성하며 이중생활을 강화하고 부적응적인 방향으로 성장해 왔다. 학교에서는 기본적인 질서를 무시하고 우월감에 도취되어 무법자로 살아가며 자신의 행동이 옳다고 착각하며 성장했다. 비행청소년들은 학업 스트레스나 진로 고민보다는 비행을 정당화하고 유지하기 위해 모든 시간과 에너지를 쏟아 왔다. 이들은 또래 그룹 내에서 자신의 위치를 확인하고 이를 지키기 위해 비행의 공식을 강화하며 가치 없는 초가집을 무의미하게 지켜 왔다. 이들에게 중요한 것은 미래가 아닌 현재였으며, 발달 과정에 맞는 지도와 보호 없이 성장한 이들은 성숙하지 못하고 자기 연속성도 부족하다. 그들만의 세상 속에서 과시하며 우월감에 도취되어 있던 비행청소년들은 청소년기가 끝나면서 서서히 몰락한다. 학교와 가정의 보호를 받는 청소년이라는 틀 안에서 하지 말아야 할 행동들을 하며 우쭐했지만, 정작 자신의 삶을 빛나게 해 줄 여건은 아무것도 준비하지 못했다.

비행청소년들은 그들만의 세상에서 자신의 건재함을 증명하고 어린 동생들에게 치이지 않기 위해 현실에서도 힘든 나날을 보낸다. 이들은 더 발전하기에는 능력이 부족하고 무엇을 해야 할지조차 알지 못하기 때문이다. 시간이 흘러 후기 청소년이 되면서 성인으로서의 삶이 다가오자 불안과 걱정이 커진다. 대학 진학이나 취업 등 자립을 준비하는 과정에서 이들은 자신의 과거와 일반적인 청소년들의 삶을 비교하며 많은 후회를 한다. 자신의 삶이 부질없었음을 깨닫고 미래에 대한 걱정과 불안에 시달린다. 불편한 마음과는 달리, 이들은 주변 환경도 여의치 않고 쌓아놓은 기술이나 이력도 없으며, 모델링할 수 있는 올바른 가치관을 가진 사람도 없어 제자리를 맴돈다. 방황이 깊어지고 고민과 생각이 많아질수록 정서적으로 예민해지고, 이를 회피하고 억압하며 과거를 부인하고 현재를 합리화하는 악순환을 반복한다. 결국, 과거에 대한 후회와 미래에 대한 걱정으로 가득하지만 변화되지 못한 삶을 살아가는 모순적인 일상을 보내며 더욱 힘들고 괴로운 공허한 삶을 살게 된다.

의미 있는 학창 생활을 하지 못하고 허상에 빠져 누리는 것에만 중독된 삶은 건강한 청소년의 성장과 발달을 저해하고 내면을 공허하게 만든다. 이러한 공허함이 깊어질수록 비행청소년들은 자신들만의 세상에서 우월감을 느끼며 남보다 낫다는 실속 없는 생각이나 느낌을 유지하기 위해 부적응적 생활에 더욱 집착하고 그 패턴을 강화하게 된다. 외적인 삶에서의 이중생활은 마음속에서 양가감정으로 자리 잡아 내면화된 괴리감만 증폭시킨다. 불편한 마음은 자신을 지키기 위한 미성숙한 방어기제의 남용으로 이어진다. 이로 인해 비행청소년들은 내면의 갈등과 불안을 억압하며 건강한 자아 성장을 방해받게 된다. 이러한 상태는 그들의 정서적 안정을 해치고, 스스로의 삶을 객관화하며 미래를 준비하는 데 큰 장애물이 된다.

\# 공통적으로 보여지는 문제

미성숙한 부적응적 방어기제의 사용

심리학에서는 '자아'라는 개념을 통해 자신을 이해하고 설명한다. 자아가 스트레스를 받거나 두렵고 불편한 상황에 직면하면 우리는 '불안정함'을 경험하게 되고, '불안'이라는 불편한 감정을 느낀다. 이때 우리의 무의식은 불안으로부터 자아를 보호하고 이 상황을 해결하기 위해 다양한 반응을 일으킨다. 정신분석학에서는 자아를 보호하고 방어하기 위한 자동적 적응 행위를 '방어기제'라고 부른다. 방어기제는 자아가 두렵고 불편한 상황에서 느끼는 불안을 처리하며 마음의 평정을 찾고 진정시키기 위한, 무의식적으로 작동하는 일련의 정신 과정이다. 방어기제는 우리의 자아가 스트레스와 불안을 관리하고 적응할 수 있도록 도와주는 중요한 정신적 도구이다. 각 방어기제가 어떤 상황에서 나타나는지, 그리고 그것이 어떻게 우리의 심리적 균형을 유지하는 데 기여하는지 이해하는 것은 우리의 정신 건강을 증진시키는 데 중요한 역할을 한다.

방어기제의 종류는 매우 다양한데 그 종류에는 신체화, 퇴행, 동일시, 투사, 수동공격성, 행동화, 합리화, 부인, 억압, 회피, 지식화, 반동형성, 해리, 전치, 유머, 승화, 억제, 이타주의 등이 있다. 방어기제는 크게 성숙한 방어기제와 미성숙한 방어기제로 나눌 수 있지만, 반드시 그 수준에 머무르는 것은 아니다. 방어기제가 어떤 상황과 맥락에서 나타나는지에 따라 해석의 여지가 달라질 수 있다.

예를 들어, 미성숙한 방어기제에 속하는 '퇴행'은 자신이 감당하기 어려운 현실에 직면했을 때 미성숙한 정신 기능의 단계로 되돌아가는 것을 말한다. 성인이 불편하고 불안한 상황에서 갑자기 어린아이처럼 행동하거나, 3살의 아이가 갓 태어난 동생을 질투하여 아기처럼 행동하는 것은 미성숙한 모습으로 보일 수 있다. 그러나 60대 성인이 초등학교 동창을 만나 어린 시절의 추억을 떠올리며 유치한 말장난과 행동을 하는 것은 상황에 맞는 적절하고 즐거운 행동으로 해석할 수 있다.

비행청소년들을 지킨 잘못된 방어기제의 폐해

부모와 힘겨루기를 하는 비행청소년이 실제 저자에게 "저 오늘 집에 안 들어가려고요, 엄마가 너무 나대요."라고 말한 적이 있다. 이들은 자신이 원하는 것을 얻기 위해 종종 부적절하게 생각하고 행동한다. 그러나 세상을 살아가는 데 있어 상황에 대한 '적절한 대처'는 무엇보다 중요하다. 순간의 행동과 태도, 그리고 대처 방식이 우리의 삶에 스며들어 지속적으로 나타난다면 그것이 곧 그 사람의 '성격'이 된다. 성격은 개인이 다른 사람과 구분될 수 있는 특징으로, 상당히 안정적이고 일관된 개인의 고유한 패턴이다. 원하는 것을 얻기 위한 방법과 문제를 해결하고 상황을 극복하는 방법을 건강하게 학습해야 하지만, 이들은 적응적인 영역에서 이를 올바르게 학습하고 내면화하지 못했다. 비행청소년들은 그들만의 세상에서 그릇된 삶의 기준을 형성하며 '미성숙한 대처 방법'을 학습해 왔다. 그들은 자신의 목표를 달성하기 위해 적절하고 긍정적인 방법을 배우지 못한 채, 오히려 부적절하고 비효율적인 대처 방식을 자신의 삶을 이끌어 가는 방법으로 선택했다. 이를 유지하기 위해 상황을 회피하고 부정하며 자신의 삶을 합리화해 자신을 지켜 왔다. 이러한 부적응적 방어기제는 그들의 삶을 마주하는 올바른 태도와 자세를 흐트러뜨린다.

외적인 삶에서 이중생활을 하며 현실의 삶을 건강하게 채우지 못한 비행청소년들은 현실을 마주할 때마다 마음 한편에 허전함과 공허함을 느낀다. 이들은 불편한 마음을 지키기 위해 주로 합리화, 회피, 부인, 억압, 행동화 등의 미성숙한 방어기제를 부적절한 시점에 사용한다. 이러한 잘못된 자기방어로 인해 자신을 되돌아볼 시간과 기회를 놓치게 된다. 이는 온전한 자신에게 집중하기 어렵게 만들고, 객관적이고 있는 그대로의 실태를 살피는 데 방해가 된다. 이러한 방어기제는 일시적으로 마음의 평정을 유지할 수 있지만, 장기적으로는 문제의 근본적인 해결을 방해한다.

합리화, 부인, 부정, 그리고 행동화는 비행청소년들이 가장 많이 사용하는 방어기제이다. 예를 들어, 합리화는 자신이 저지른 행동이나 선택을 정당화하려는 시도로, 자신의 행동을 깊이 있게 반성하지 못하게 한다. 회피는 불편한 상황이나 감정을 피하려는 행동으로, 결국 문제를 직면하고 해결하는 것을 지연시킨다. 부인은 현실을 인정하지 않으려는 태도이며, 억압은 불쾌한 감정이나 기억을 무의식적으로 억누르는 것이다. 나이가 어린 청소년이나 자신을 되돌아볼 여유나 준비가 되지 않은 청소년들은 "비행의 공식이 100% 정확하긴 하지만, 저는 아직 그 정도는 아니에요."라거나 "선생님 말씀처럼 과거에는 비행청소년이었는데, 지금은 비행청소년이 아니잖아요? 요즘 도박도 안 하거든요." 같은 식으로 합리화와 부인으로 현실을 부정한다. 자신의 존재가 부정당하거나 자신의 삶을 직면하게 되면 부정적 정서를 경험하게 되는데, 이때 폭력적인 행동화의 방어기제가 나타나기도 한다.

행동화는 자신의 불편한 고통이나 부정적 정서를 건설적으로 발전시키지 못하고 내면의 갈등을 외적인 행동으로 표현하는 부적응적 방어기제이다. 이러한 행동화는 부정적 감정과 고통을 즉각적으로 해소하는 1차 이득과 함께, 그 결과로 나타나는 2차 이득의 강화로 반복되어 비행청소년들의 대처 방법으로 굳어지기도 한다. 남학생들은 서열화와 문제를 해결하는 방법에서 행동화가 많이 나타난다. 비행청소년 교육 장면에서 무질서하게 행동하는 청소년이 있었는데, 그 청소년을 본 다른 남학생이 "너무 시끄러운데, 그냥 가서 때릴까요?"라고 저자에게 묻기도 했다. 교사가 자신의 마음을 알아주지 않는다고 자신을 무시한다고 생각하며 교무실에서 소란을 피우고 컴퓨터와 책상을 망가뜨리며 교사에게 욕을 하는 행동은 행동화의 전형적인 예이다. 이들은 폭력적인 행동을 통해 일시적인 해방감을 얻지만, 이는 근본적인 문제를 해결하지 못하고 오히려 부적응적 패턴을 강화시키게 된다.

준거집단의 붕괴를 막는 비행청소년들의 필사적인 노력

믿기 어려울 수도 있지만, 저자가 책을 쓰고 있는 지금도 비행청소년들이 연락해 와 자신의 삶과 비행의 흐름을 구체적으로 제보하며 저자를 응원하고 있다. 사회에 물의를 일으키고 여러 차례 재판을 받아 보호관찰을 받고 소년원을 여러 번 다녀온 그들이 왜 비행의 공식이 정확하다고 하며, 저자에게 밤낮을 가리지 않고 연락해 제보하며 도와주겠다고 할까? 그들은 공통적으로 "제 주변에는 제대로 된 사람이 아무도 없었는데, 선생님은 저를 이해해 주고 올바른 이야기를 해 줘서 고마워요."라고 말했다.

밤새 게임을 하고 오토바이를 타며 담배와 술에 찌든 생활을 하는 비행청소년들은 그들만의 세상에서 여러 가지 문제를 일으킨다. 하지만 앞서 살펴보았듯, 이들에게도 양가감정이 존재한다. 변화하지 못하고 그들만의 세상에 머물러 있던 비행청소년들은 "비행의 공식을 알고 나니 비행 행동을 하면서도 계속 찝찝해요."라고 말한다. 이는 저자의 지도가 일종의 브레이크 역할을 했기 때문이다. 저자의 강의를 들은 청소년들은 자신의 삶과 행동을 되돌아보게 되고, 이러한 자기 성찰 과정이 양가감정을 자극해 변화의 동기를 불러일으킨다. 저자가 그들만의 세상과 상황을 정확히 이해하고 그들의 삶의 변화를 함께 고민해 준 것이 그들에게 큰 사회적 지지로 비친 것이다. 저자와의 대화 시간은 그들이 자신의 상황을 객관적으로 이해하고 되돌아보는 시간이 되었으며, 반성하는 계기가 되었다.

초기 청소년들은 자신이 하고 있는 일이 모두 비행청소년의 삶의 일부라는 사실에 놀랐고, 후기 청소년들은 자신의 삶을 그대로 표현한 것 같아 어린 시절이 한심하게 느껴진다고 후회했다. 그러나 저자의 지도를 받으면

비행의 저주 [그릇된 삶의 기준]

서 '이미 늦었다'고 생각했던 자신들이 사실은 많은 기회를 가지고 있음을 깨닫고, 새로운 삶을 준비해 나갔다. 이렇게 효과적인 교육과 상담, 지도는 비행청소년들이 자신의 삶을 되돌아보는 계기로 만들며, 그들의 양가감정 속 긍정적인 변화를 선택하게 하고, 스스로의 변화 동기를 강화해 행동으로 이어지게 하는 데 긍정적인 역할을 한다.

하지만, 이러한 변화의 노력을 방해하는 결정적인 요소가 있다. 바로 준거집단의 직접적인 방해, '이간질'이다. 저자를 만난 청소년이 저자의 지도를 받아 성찰하고 좋은 길로 나아가려는 것을 기존의 준거집단은 좋아하지 않는다. 이는 두 가지 이유로 설명될 수 있다.

첫 번째 이유는 변화하려는 친구와 달리 자신들은 전혀 변화되지 못하는 모습을 보면서 불안감과 조바심을 느끼기 때문이다. 이중생활을 통해 준거집단을 강화하며 자신의 존재감을 확인해 온 비행청소년들은 이러한 상황이 매우 두렵고 혼란스럽게 느껴진다. 그래서 변화하려는 친구와 그 변화를 이끄는 저자를 이간질하고, 반대의 양가감정에 무게를 실어 온갖 방어기제를 총동원해 변화를 중지시키고 기존의 그들만의 세상에 머무르게 하려 한다.

두 번째 이유는 준거집단의 붕괴를 막기 위해서다. 준거집단이 자신의 전부였는데, 그 전부를 잃게 된다고 느끼며 필사적으로 준거집단의 붕괴를 막는다. 변화하려는 친구는 비행청소년들의 세상과 거리를 두려 할 것이고, 이는 남아 있는 청소년들의 준거집단을 와해시키는 결과를 초래한다. 예를 들어, A-B-C-D-E로 구성된 비행청소년 준거집단에서 A가 변화하려 하면 B, C, D, E는 필사적으로 A를 붙잡으려 한다. A가 빠지면 자신들의 준거집단이 붕괴될 것을 두려워하기 때문이다. 이러한 필사적인 노력과정에서 합리화, 부인, 부정, 억압, 회피 같은 미성숙한 방어기제가 남발되며 준거집단의 응집력은 더욱 강화된다. 비행청소년들은 자신들의 준거집단을 지키기 위해 최선을 다한다. 이러한 준거집단의 훼방은 비행청소년 지도에서 가장 강력한 방해 요소이다.

　그들만의 세상의 비행청소년들은 그동안 신뢰할 수 없는 삶을 살아왔기 때문에 가족과 친지, 교사 그리고 주변의 사회적 지지층으로부터 신뢰를 잃었고 부정적인 낙인을 받으며 지내 왔다. 이러한 낙인은 단순한 오해나 편견을 넘어, 그들의 시선 속에서 자신의 존재 자체를 부정적으로 느끼게 만든다. 실제로 후기 비행청소년들은 자존감이 낮으며, 자신의 삶이 무가치하다고 느낀다. 이러한 내면적 갈등으로 인해 심리적 어려움을 경험하는 경우가 많다. 그들만의 세상에서는 이를 바로잡아 줄 수 있는 좋은 모델이 존재하지 않는다. 자신들만의 좁고 폐쇄적인 세상 속에서 자신과 비슷한 상황에 처한 사람들 외에는 긍정적인 모델을 찾을 수가 없다. 이러한 상황은 변화를 시도하는 데 있어 큰 장애물이 된다. 새로운 길을 모색하려 할 때마다 익숙한 부정적 환경과 맞서야 하며, 긍정적 본보기가 없는 상황에서는 희망을 찾기가 더욱 어렵다. 이러한 요인들은 그들이 변화를 낯설게 여기는 요소가 된다. 결국 이들은 그들만의 세상에서 서로를 의지하며 서로와 비교하며 자신의 가치를 확인하기에, 서로를 망가뜨린다. 미성숙한 방어기제를 남발하며 허황된 미래에 대한 막연한 기대와 논리로 중무장하게 된다.

비행의 저주 [그릇된 삶의 기준]

허황된 미래에 대한 막연한 기대와 논리

비행의 늪에 빠져 그들만의 세상에서 지내 온 비행청소년들은 자신의 삶을 되돌아보며 한심하고 비참하게 느낀다. 실제로, 라포 형성이 잘된 19세 전후의 비행청소년들을 상담할 때 그들은 '후회된다, 비참하다, 한심하다'는 말을 자주 하며 변화와 개선에 대한 의지와 양가감정을 적나라하게 표현한다. 그동안 우월감을 느끼며 살아왔지만, 결국 그것이 잘못된 길임을 스스로 깨닫게 되는 것이다. 이들은 성장하면서 한때 자신들이 옳다고 믿었던 가치관과 행동이 실제로는 얼마나 잘못된 것이었는지를 인식하게 된다. 특히, 미래에 대한 불안과 중학생 시절의 강한 서열화가 아닌, 평등해지는 성인 사회로 나아가면서 자신을 되돌아볼수록 더더욱 초라하게 느껴진다.

이러한 성찰 과정에서 과거를 되돌아보며 반성하게 되는 것은 필연적이다. 하지만 대부분의 비행청소년들은 현실에 직면하는 것을 불편해하며 회피한다. 자신의 과거와 현실은 부정한 채, 불확실한 미래에 대한 과도한 기대만을 확장시키며 현실의 문제와 상황을 개선하지 않고 도피하려는 경향을 보인다. 이러한 부인, 부정, 억압, 회피, 합리화와 같은 미성숙한 방어기제는 청소년의 '부족한 현실 지각'을 이어가는 연료처럼 사용된다.

부족한 현실 지각 능력

자신의 존재 가치를 부정당하는 것은 세상에서 가장 두렵고 불편한 일이다. 비행청소년들의 지도가 어려운 이유도 바로 여기에 있다. 이들에게는 과거의 잘못된 행동에 대한 매몰 비용도 존재한다. 일부 청소년들은 쾌락에 지나치게 몰두한 나머지 자신의 행동이 철없다는 것을 인식하지 못한다. 그러나 후기 청소년들은 자신의 행동이 바람직하지 못했다는 사실을 충분히 알고 있다. 처음부터 이를 깨달았던 것은 아니다. 그들만의 세계 속에서 자신의 삶에 자긍심과 우월감을 느끼며, 그것이 옳은 방법이라고 착각했던 것이다. 비행청소년들은 종종 우월감의 밑바닥에서 막다른 길에 다다른 듯한 조급함을 느끼며, 이는 그들의 부족한 현실 지각 능력으로 인해 더욱 심화된다. 이들은 정상적인 학교 교육을 받지 않아 신체적 성장과 별개로, 정신적 성숙과 사회 구성원으로서의 책임, 역할을 다하는 데 어려움을 겪는다. 저자는 강의를 할 때 교육의 효과를 증진시키기 위해 소감문을 받고 피드백을 제공하는데, 많은 비행청소년들이 "이렇게 볼펜을 잡아본 게 몇 년 만인지 모르겠어요."라고 말한다. 이들은 학교생활에 부적응하여 오랫동안 앉아서 수업을 들은 기억이 없고, 비행 행동이 아닌 자신의 성장을 위해 무언가를 배우려 노력한 경험이 적다. 이들은 때로는 현실과 동떨어진 이야기를 하며, '조금만 공부하면 의과대학에 진학할 수 있을 것' 또는 '명문대학교에 진학할 것'과 같은 허황된 생각을 하기도 한다. 물론 명문대 진학이 불가능한 것은 아니지만, 이에 걸맞은 전략적 노력은 전혀 하지 않으면서 허울 좋은 부푼 꿈에 자신을 합리화하는 경향이 있다. '명문대 진학 준비하는 중'이라는 실속 없는 말 그 자체가 자신의 과거를 덮고 현재를 위로하며 미래를 걱정하는 도구적 메시지가 되는 것이다.

이는 청소년기의 발달 특징인 '자기중심성의 인지적 미성숙'과 관련이 있다. 청소년은 인지적으로 성숙해 가는 단계에 있기 때문에 완전한 성숙을 이루지 못하고, 자기중심적인 모습을 보일 때가 많다. 이들은 '자신의 경험과 감정이 독특해서 타인이 이해할 수 없다'고 생각하며 '자신에게 일어나는 일이 다른 사람과는 다르다'고 여긴다. '태평양에 빠져도 배영으로 빠져나올 수 있을 것 같은데요', '건물이 무너져도 자신은 잘 빠져나올 수 있어요'와 같은 생각들이 그 예다. 이러한 자기중심성은 비행청소년에게 허황된 미래에 대한 막연한 기대와 논리를 불러일으킨다. 개인적 우화와 상상적 청중 개념은 열등감에 사로잡힌 비행청소년의 우월감을 극대화한다. 이들은 자신의 능력과 자원을 올바르게 평가하는 데 어려움을 겪으며, 자신의 능력을 과대평가하거나 한계를 과소평가할 수 있다. 이로 인해 현실적인 대처 능력을 갖추지 못하고 비현실적인 선택을 하게 된다. 이는 비행청소년이 지속적인 실패와 좌절을 경험하게 하며 낮은 자존감으로 이어지게 되고, 그로 인해 더욱 심한 자기중심성에 빠지게 되는 악순환을 초래하게 되어 현실의 올바른 지각을 방해한다.

우리는 다양한 상황에 맞서 슬기롭고 현명하게 대처하며, 좌절과 아픔 속에서 성숙해지고 대처 능력을 향상시킨다. 그러나 비행청소년들은 그들만의 세상에서 성장했기 때문에 상황에 따른 적절한 대처 방법을 배우지 못했다. 청소년기는 주도성과 독립성을 발휘하는 시기지만, 비행청소년들은 학교와 사회의 규칙을 위반하며 불편한 질서를 거부했다. 그 결과, 성인이 되면서 올바른 대처 능력을 함양할 기회를 놓쳤다. 앞서 설명한 바와 같이 이들의 주변 사람들 역시 비슷한 상황에 처해 있어 부적절한 대처 방법만 강화되었다. 이들이 학습한 부적절한 대처 방식은 그들의 삶에 부정적인 영향을 미치며, 잘못된 가치관의 성립으로 이어진다. 비행청소년은 종종 실패와 거절에 대한 부정적인 경험을 처리하는 데 어려움을 겪는다. 자신의 목표에 대한 열정은 긍정적이지만, 실패로 끝날 때 그 충격은 상당히 크다. 실패를 경험하더라도 이를 현실적으로 슬기롭게 극복하며 성장하고 미래의 교훈으로 삼는 것이 중요한데, 이는 비행청소년이 놓치는 부분이다.

이러한 상황을 악용하는 어른들도 존재한다. 이들은 불법적인 이익을 얻기 위해 청소년을 이용하며 더욱 허황된 기대를 심어 준다. 어린 중학생들을 고용하여 착취하고 악용하는 경우도 흔했다. 실제로 고등학교 생활에 흥미를 전혀 느끼지 못하는, 자기 가게의 아르바이트생에게 '학교를 그만두고 자신의 가게에서 일을 하는 게 어떤지' 물어보는 경우도 있었고, 아르바이트 월급을 주면서 '이 돈을 우리 가게에 투자해 보는 게 어때? 실장으로 진급도 시켜 줄게'라고 묻는 어른들도 있었다. 정말 이러한 우리 어른들의 말과 행동이 청소년의 미래에 도움이 되는 행동들인지 고민해 봐야 한다. 일부 나쁜 어른들은 청소년들에게 빠른 돈벌이나 성공을 약속하며 범죄 활동에 끌어들이기도 했다. 청소년들은 이러한 상황에서 심각한 갈등을 겪는다. 미래에 대한 불확실성은 그들에게 두려움을 주고, 현재의 어려움은 고통을 준다. 청소년들은 미래에 대한 막연한 기대와 현재의 어려움에서 벗어나고자 하는 욕구 사이에서 갈등을 겪으며, 종종 어른들의 속임수에 넘어간다. 이러한 초기 사회 경험은 그들의 삶에 더욱 큰 부정적인 영향을 미치며, 심리·사회적으로 더 큰 어려움에 직면하게 한다. 이들을 도와주기 위해서는 올바른 정보를 제공하고, 현실적인 기대를 갖도록 도우며, 허황된 미래에 대한 기대를 현실적인 목표와 계획으로 전환하도록 지원하는 것이 필요하다.

변화된 비행청소년 세상의 구조

앞서 [비행의 늪: 그들만의 세상] - [부모의 오판: 착각과 합리화]에서 언급한 바와 같이, 비행청소년 세상의 구조는 과거와 상당히 많은 부분에서 달라졌다. 오늘날 우리는 스마트폰, 태블릿, 컴퓨터 등 다양한 기기를 통해 언제 어디서나 정보를 접할 수 있게 되었다. 이는 우리의 생활 방식을 혁신적으로 변화시켰다. 현대 사회에서 인터넷과 정보통신 기기의 급속한 발전은 우리에게 편리함과 풍요로운 삶을 제공했지만, 동시에 변화의 속도를 급격히 빠르게 하고 경쟁을 극도로 심화시켰다. 정보의 홍수 속에서 청소년들은 끊임없는 자극을 받아 집중력과 인내심이 약화되는 부작용을 겪고 있다. 또한, 더 많은 스트레스와 압박 속에서 타인과 자신을 끊임없이 비교하며 유해한 정보들에 노출되고 있다. 이로 인해 그들만의 세상은 점점 더 SNS에 의존하게 되었으며, 모두를 연결시켰다.

많은 부모가 사춘기의 일탈이나 방황을 단순한 성장 과정으로 치부하지만, 현재 사회는 이전과는 완전히 다른 차원으로 변모했다. 과거에는 잠시 방황한 후에도 돌아올 수 있는 자리가 있었지만, 지금의 시대는 너무나 빠르게 변화하고 경쟁이 치열해져서 청소년들이 다시 돌아올 자리를 빼앗아 버렸다. 현대 사회에서는 청소년들이 잠깐의 방황 후에도 안정된 자리를 찾기 어려운 상황이 되었다. 이는 빠른 변화와 심화된 경쟁뿐만 아니라 사회 전반의 가속화된 변화 때문이기도 하다. 변화의 속도는 이전 세대가 경험하지 못한 수준으로 빠르며, 그로 인해 청소년들이 잠시라도 방향을 잃으면 다시 제자리로 돌아오기 힘든 구조가 되어 버렸다. 이와 같은 상황은 비행청소년들이 방황하는 동안 단순히 길을 잃는 것이 아니라, 되돌아올 수 있는 기회 자체를 박탈당하는 결과를 초래한다. 그들은 더 이상 안정된 자리를 찾기 어렵고, 이는 그들의 미래에 심각한 영향을 미친다. 그들만의 세상에서의 지속 시간과 적응적인 영역의 되돌아올 자리는 반비례한다. 시간이 흐를수록 그들이 되돌아올 자리는 좁아진다.

학교폭력의 양상도 변화하고 있다. 학교라는 청소년이 많이 모인 장소에서는 사소한 다툼이 발생할 수 있고, 이러한 문제들이 학교폭력으로 심의될 수 있다. 하지만 사회와 모두의 노력 덕분에 비행청소년이 일반 청소년을 괴롭히는 학교폭력은 점차 줄었다. 과거에는 '일진'이라 불리던 무리들이 일반 친구들을 괴롭히고 돈을 빼앗는 전형적인 언어·신체적 폭력이 주를 이루었다면, 이제는 이러한 폭력의 영역이 구분된다고 할 수 있다. 물론 지역과 학교별로 차이는 존재할 수 있으나, SNS로 확장된 그들만의 세상과 학교폭력의 예방 효과들로 인해 일반 영역의 친구들을 압박하는 경우는 그들만의 세상에서 비행의 공식이 진행될수록 점차 줄어드는 추세로 나타난다. 이를 대신하여 그들만의 세상 속 구성원 내에서 돈을 빼앗고 괴롭히는 폭력의 양상으로 변화되었다. 그들만의 세계에서 벌어지는 선후배 간의 폭력은 더욱 심화되었지만, 이러한 사회적 문제는 이들의 이중생활 속에 깊이 감춰져 있다. 특히 SNS의 발달과 인터넷 정보통신 기기의 활용이 늘어나면서 사이버폭력이 폭발적으로 증가하고 있다. 그들만의 세상의 선배에게 공격당한 피해자가 또다시 후배를 공격하는 악순환의 양상은 그들만의 세상의 패턴이며 더욱 심화되고 있다. 이러한 변화는 표면적인 학교폭력의 양상이 줄어드는 것으로 보이지만, 그들만의 세상과 분리되어 표현되는 새로운 형태로 진화하고 있음을 설명한다.

비행의 저주 [그릇된 삶의 기준]

실패하고 좌절하며 경험하는 부정적 정서와 기회비용

비행청소년들의 자기중심성은 '아무도 나를 제대로 이해하지 못할 뿐이지, 나는 잘되고 있고 탄탄대로에 있다'는 허상을 불러일으키고 열등감을 가리게 한다. 그렇기 때문에 그들만의 세상에 더 집착하는 것이다. 그들만의 세상에서 느끼는 우월감으로 이러한 생각은 더욱 강화되며 착각은 더 깊어진다. 스스로를 되돌아볼 기회가 있더라도 비행의 달콤함과 과거에 대한 반성과 후회, 불편한 감정이 이를 가로막는다. 이로 인해 청소년들은 미성숙한 방어기제로 자신을 감싸며 잘못된 자기방어를 하게 된다. 이러한 삶의 태도와 대처 과정은 청소년들의 진정한 성찰과 변화를 방해하고 문제를 더욱 복잡하게 만든다. 그 결과, 이들은 내면의 허전함과 공허함을 느끼게 되며 부정적인 정서에 휩싸이게 된다. 부적응적 방어기제로 중무장한 비행청소년들은 비행화 과정이 오래 지속될수록 되돌아올 자리가 점점 좁아지고 자신이 가진 좋은 자원도 상실하게 된다. 남은 현실에서 그들이 할 수 있는 것은 허황된 미래에 대한 막연한 기대뿐이다. 이때 느껴지는 현실과의 괴리감은 비행청소년들을 심리적으로 위축시킨다. 그들의 비현실적인 기대와 단기적인 사고는 실패와 실망을 초래하고, 현실을 왜곡하거나 회피하는 행동은 문제를 부정하거나 합리화하는 악순환으로 이어지며 잘못된 대처 방법의 획득으로 굳어진다. 이러한 과정에서 발생하는 부정적 정서와 기회비용은 자신감을 저하시켜 정상적인 발달 기회를 놓치게 만든다.

그들만의 세상에서 성장한 청소년은 성인이 되어서도 그들만의 세상에 머무른다. 함께 지내는 친구나 동료와의 인간관계, 그리고 익숙한 환경은 변하지 않는다. 익숙한 환경 속에서 제대로 된 삶의 가치를 배우지 못하고 자신을 직면하지 못한 채 삶을 미화하고 포장하며 합리화한다. 현실을 부정하고 회피하면서 자신의 생각과 삶에 더욱 매몰되어 부적응적인 삶에 집착하게 된다. 양가감정을 느끼지만 이를 행동으로 옮기기 어렵고, 이를 도와줄 환경과 계기가 필요하다. 비슷한 처지의 친구들만 만나면서 불법적으로 많은 부당 이익을 취해 자랑하는 모습을 보며 자신이 뒤처졌다는 생각을 하고, 소외감과 박탈감을 느낀다. 이들은 현실에 대한 준비 없이 시도한 노력들이 실패로 끝나 좌절감을 느끼며 부정적인 정서를 경험하게 된다. 불법적인 행동으로 많은 돈을 벌었으나 현재는 불법 행동을 하지 않아서 수입이 줄어들고, 윤택했던 삶은 불편함으로 가득 차게 된다. 과거에 대한 후회와 현실의 고통을 이겨 내지 못해 괴로워하면서, 결국 그들만의 세상 속에서 양가적인 감정만을 느끼며 변화하지 못한다. 불편한 마음을 보호하기 위해 미성숙하고 부적응적인 방어기제를 사용하게 된다.

자신의 미래를 준비하고 도약하며 성장해야 할 중요한 기회와 시간을 모두 놓치게 되고, 이 모든 것들은 '기회비용'으로 작용된다. 기회비용의 악순환이 시작되는 것이다. 이러한 악순환은 청소년기 초기부터 형성된 그릇된 삶의 기준에서 비롯되며, 잘못된 가치관으로 인해 현재와 미래의 삶이 과거와 불일치하게 된다. 이러한 과정에서 돈을 따라 다시 비행의 길로 접어들게 되면, 악순환은 더욱 증폭되어 다시 돌아오지 않는 이 소중한 시기를 또 한 번의 기회비용으로 모두 날려 버리게 된다.

올바르지 못한 가치관

비행청소년들이 그들만의 세상에서 많은 것을 누리며 성장하는 것이 '비행의 저주'라 불리는 이유는 단순히 규칙과 질서를 지키지 못하고 사회 규범을 넘나들며 범죄자가 되기 때문만은 아니다. 물론, 범죄 행위는 사회적 문제를 일으키고 그들의 삶에 도움이 되지 않으며 바람직하지 않은 행동이다. 비행의 저주는 잘못된 방향에서 느껴 온 헛된 우월감의 결과로 만들어진 그들의 텅 빈 삶과, 현실의 직면을 피하기 위해 부적절하게 남용된 미성숙한 방어기제, 그리고 공허한 삶을 끝내고 악순환의 고리를 끊을 '삶에 대한 올바른 태도와 건강한 가치관'의 형성이 제대로 이루어지지 않음을 의미한다.

그릇된 삶의 기준의 형성 과정

그들만의 세상 속 비행청소년들은 미래를 준비하지 못한 채 공허한 상태에서 부적절한 대처를 반복한다. 그러나 더 큰 문제는 그들이 잘못된 준거집단 속에서 성장하면서 그러한 부적절한 대처가 반복되어 모델링되고 학습된 결과로 '그릇된 삶의 기준'을 형성하게 된다는 것이다. 올바른 가치관이 형성되지 않고, 잘못된 가치관이 그들의 삶의 기준이 되면서, 무엇이 잘못된 것인지 모른 채 이들은 세상과 끊임없이 부딪치게 된다. 무엇이 바람직한지조차 알지 못한 채 세상과 마주하는 것은 현재와 미래의 그들에게 큰 고통과 상처로 다가온다. 이로 인해 그들은 삶의 어려움 속에서 악순환을 가속화하게 되며, 그들의 행동은 자신과 주변 사람들에게 불편함과 위험을 초래하게 된다.

▍ 학교에서 배우지 못한 누락된 사회화 과정: 생활 지도의 부재

학교는 학생들에게 학문적 지식뿐만 아니라 사회적 기술과 도덕적 가치를 가르치는 중요한 장소이다. 학생들은 학교에서 다양한 사람들과의 상호작용을 통해 사회적 관계를 맺고, 문제 해결 능력을 기르며 타인의 감정을 이해하고 공감하는 법을 배운다. 또한, 학교는 학생들이 자신의 흥미와 재능을 발견하고 발전시킬 수 있는 종합적 기회를 제공하며 다양한 동아리 활동과 스포츠, 예술 프로그램 등을 통해 안전한 환경 속에서 자신의 잠재력을 최대한 발휘할 수 있게 한다. 학교는 학생들에게 단순히 정보를 전달하는 공간이 아니라, 그들이 건강하고 균형 잡힌 개인으로 성장할 수 있도록 돕는 중요한 역할을 한다. 단순히 학습 동기를 강화하고 학습 과정을 지

원하며 학업 성취를 증진시키는 역할을 넘어서는 중요한 '사회화의 공간'
이다. 학교는 학습 지도와 더불어 생활 지도도 이루어지는 작은 사회로서
아동과 청소년들이 안전하게 보호받으며 성장할 수 있는 장소이다.

이 작은 사회 안에서, 교사의 지도 아래 사회화 과정을 통해 학생들은 사
회의 질서를 배우고 타인을 배려하며 균형 잡힌 삶을 살아가는 방법을 익
힌다. 이를 지도하는 것이 바로 '생활 지도'이다. 학교는 이처럼 학생들이
전인적 全人的 인 성장을 이룰 수 있도록 다양한 경험을 제공하고, 올바른 가
치관을 형성할 수 있는 기반을 마련해 준다. 이러한 교육환경에서 학생들
은 지식 습득 외에도 중요한 삶의 기술들을 배우게 되며, 이때 학습한 다양
한 사회적 기술은 그들의 성숙한 삶을 지탱한다.

그러나 등교를 거부하고 지각하며 조퇴와 결석을 반복하고 교칙을 위반
하여 정상적인 학교생활을 하지 않는 외현적 부적응의 양상을 보이는 비행
청소년들은 이러한 교육적 혜택을 제대로 누리지 못했다. 이들은 학교라는
보호된 환경 내에서 사회화 과정을 학습하지 못했으며, 결과적으로 사회의
규칙과 질서를 존중하는 법을 배우지 못했다. 이러한 청소년들은 종종 잘
못된 환경에서 성장하면서 그릇된 삶의 기준을 습득하고, 무엇이 옳고 그
른지를 분별할 수 있는 올바른 가치관을 형성하지 못하게 된다.

▌ 가정에서부터 시작된 그릇된 삶의 기준: 가정교육의 중요성

잘못된 삶의 기준 형성은 단지 이들의 정상적인 학교 교육 이탈 문제에
만 국한되지 않는다. 올바른 가치관 교육의 초석은 가정교육에 있다. 가정
에서의 훈육 과정에서 존중, 배려, 예의, 성실, 협력, 규칙 준수 등 삶의 기

본이 되는 가치관을 가르치고 익히는 것이 중요하다. 이들이 가정에서 배운 삶의 기준들은 학교라는 작은 사회 속에서 다듬어지고 성숙해지며 세련되어져야 한다. 교사들과의 연수와 자문을 진행하면서, 가정에서 이루어졌어야 할 기본 교육이 전혀 이루어지지 않았거나, 그러한 기본적인 교육을 학교가 대신해 주어야 한다며 일방적으로 떠넘기는 부모들과 관련된 사례들을 많이 접할 수 있었다. 이러한 상황에서 교사들은 매우 힘들어했다. 교사들은 교육적 역할을 수행하는 데 있어 학생들에게 가정에서 이미 형성되어야 할 가치관의 부족을 메꾸기 위해 노력해야 하는 부담을 느낀다. 이는 교사들에게 큰 압박을 주며, 학교 교육의 본래 목적을 달성하는 데 대단히 큰 방해 요소가 된다.

몇몇 가정에서의 부적절한 교육은 정말 황당하기도 했고, 안타까운 마음이 많이 들었다. 청소년 비행을 연구하고 이들을 지도하면서 비슷한 사례들이 반복되곤 하는데, 몇 가지 대표적인 사례가 떠오른다.

학교에서 지도가 어려운 학생의 부모를 만난 적이 있는데, 학생의 일탈에 대한 학교의 의견에 그 부모는 '본인도 비행청소년이었고 많이 놀아 봤다'고 주장한 사례가 떠오른다. 비행청소년을 지도하고 비행화 과정의 원인과 가정의 역할을 설명하는 저자에게, 부모는 '자신도 놀아 봤기에 다 알고 있으며 자신의 자녀가 손바닥 안에 있다'고 으스대며, 자녀의 놀고 싶은 마음을 이해한다고 주장했다. 그 말이 맞았다. 어린 시절 많이 놀아 본 부모들은 청소년의 비행에 대해 잘 알고 있었고, 비행의 맥락도 일반 부모들에 비해 잘 이해하고 있었다. 하지만 이런 부모들은 중요한 점을 놓치고 있었다. 그것은 바로 '자신들이 성장한 그들만의 세상의 비행청소년들의 환경은 다른 부모들보다 잘 이해했지만, 정작 중요한 적응적인 영역에서의 삶과 올바른 행동들에 대해서는 잘 알지 못한다'는 것이었다. 이러한 이유로 가정에서 교육이 잘 진행될 수 없었다. 부모가 비행청소년으로 성장하지 않았더라도 '부모부터 잘못된 가치관을 갖고 있어 무엇이 옳고 그른지 분별하지 못한다'는 경우도 많았다. 자녀들의 행동이 부적절하다면 그것이 잘못된 것임을 가르치고 올바른 방향으로 지도해야 함에도, 부모 자신들이 잘못된 것임을 인지하지 못하기에 방법을 알 수도 없었고 지도할 기회도 놓쳐 버렸다.

황당한 부모들의 지도들을 몇 가지 소개하면 다음과 같았다. '미성년자인 남자 청소년이 문란한 성관계를 하고 다니는 것을 알게 된 부모가 피임수술인 정관수술을 해 주는 것', '오토바이 폭주를 즐기는 아들 옆에서 자신의 차를 운전하며 폭주를 함께하였기에 아들과 허물이 없다는 것', '불법도박을 하여 돈을 획득한 것을 알게 된 부모가 발생한 돈을 보고 적금을 들어야 한다고 말하거나 선물을 사 달라고 말하는 것', '문신을 허용하고 비행청소년의 삶을 살 것이면 깡패가 되라는 것', '본인의 자녀가 모텔에서 친구들과 술을 먹고 있는 것을 자신에게 이야기하기에 자신이 자녀와 소통이 원만하며 잘 지도하고 있다는 것', '가정에 가출한 이성의 친구를 몰래 데려와 함께 스킨십을 하는 것을 알면서도 방임하거나 허용하는 것' 등이 실제 사례이다.

아동과 청소년기는 다양한 경험과 활동을 통해 세상을 이해하고, 배려, 용기, 지혜, 이해, 사랑, 존중, 협동 등의 사회화에 필요한 건강한 덕목을 다양하게 배우고 느끼는 시기이다. 그러나 부모의 욕심으로 인해 이러한 사회적 덕목을 건강하게 학습하는 기회를 잃는 경우도 흔했다. 학교생활에 부적응하거나 교권을 침해하여 사회봉사를 받은 청소년이 봉사 기관에서 많은 것을 느끼고 돌아와 가정에서 '나도 미래에 다른 사람을 돕는 일을 해 보고 싶다'고 이야기한 것을 듣고, 부모가 '그런 일은 돈을 벌지 못한다, 안 된다'며 단정 지어 그 생각을 제거해 버리는 일도 있었다. 이러한 사례는 부모의 지나친 욕심과 편견이 아이들의 사회화 과정을 방해하고, 그들의 긍정적인 자아 형성을 저해할 수 있음을 보여 준다. 청소년은 다양한 사회적 덕목을 배우고 학습하며 꿈을 키우고 자신의 재능을 발휘해야 한다. 하지만 부모의 태도가 아이의 성장을 저해할 수 있다. 예를 들어, 부모가 경제적 이익만을 최우선시하고 자녀의 사회적 활동과 경험을 제한하면 아이들은 '돈'이 세상의 전부라고 생각하게 될 수 있다. 비행의 핵심이 '돈'이라는 것을 깊게 생각해 보아야 한다. 이로 인해 아이들은 물질적 가치에만 집중하게 되어 배려와 협동, 사랑과 존중 같은 중요한 사회적 덕목들을 소홀히 할 위험이 있다. 이는 궁극적으로 아이들의 건강한 가치관 발달을 방해하고, 나아가 사회의 건전한 구성원으로 성장하는 데 걸림돌이 될 수 있다. 청소년기는 단순히 학문적 성취뿐 아니라 정서적, 도덕적 성장도 중요한 시기인 만큼, 부모는 자녀가 다양한 경험을 통해 폭넓은 가치를 배울 수 있도록 지원해야 한다.

부모의 말과 행동, 그리고 상황 대처 방법은 자녀에게 그대로 모델링되어 자녀의 삶의 기준이 된다. 청소년기에 형성되는 삶의 기준은 가정, 준거 집단, 그리고 중요한 사람들로부터 영향을 받는다. 이를 잘 이해한 부모는 자녀에게 긍정적인 영향을 미치기 위해 책임감 있는 자세와 마음가짐을 가져야 한다. 자녀의 삶의 출발점은 부모로부터 시작되며, 올바른 가치관 교육의 초석은 '가정교육'임을 결코 잊지 말아야 한다. 가정에서 먼저 존중, 배려, 예의, 성실, 협력, 규칙 준수 등의 기본적인 가치관을 가르치고 익히는 것이 중요하다. 부모는 자녀에게 올바른 행동과 태도를 보여 주며, 자녀가 건강하고 균형 잡힌 삶을 살아갈 수 있도록 이끌어야 한다. 이는 단순히 올바른 행동을 주입하는 것을 넘어서, 안정적인 환경 속에서 자녀와 원만한 소통을 통해 그들의 생각과 감정을 이해하고 지지하는 역할을 포함한다. 이는 자녀가 사회 속에서 건강하게 성장하고, 타인과 조화롭게 살아갈 수 있는 능력을 키우는 데 중요한 밑거름이 된다. 부모는 자녀와의 소통을 통해 자녀의 내면을 깊이 이해하고, 자녀가 올바른 삶의 기준을 성립하며 건강한 사회 구성원으로 성장할 수 있도록 지속적으로 지지해야 한다. 자녀의 성공적인 사회화와 올바른 가치관 형성은 '가정에서 시작된다'는 점을 잊지 말아야 한다. 부모는 자녀의 첫 번째 스승이자 가장 큰 영향력을 가진 역할 모델임을 인식하고, 책임감 있는 태도로 자녀를 양육해야 한다.

┃ 준거집단에서 완성되는 그릇된 삶의 기준: 스며든 음지의 삶

삶의 기준이 되는 가치관은 발달 과정에서의 경험과 성숙을 통해 형성된다. 유아기와 아동기에는 부모와 학교를 통해 사회적 규범과 도덕적 기준을 배우며 기본적인 가치관을 습득한다. 청소년기에 접어들면 독립성과 자율성이 중요해지면서 참조집단이 자신들의 또래의 구성원으로 형성된 준거집단으로 변화하게 되고, 이때 형성된 준거집단을 통해 다양한 사회적 경험과 상호작용을 통해 가치관을 형성하게 된다. 이 시기는 초기 가치관 형성에 중요한 시기로, 성인이 되면서 이러한 가치관이 더욱 성숙해지고 정교화된다. 준거집단은 청소년의 삶의 기준을 정하고, 정체성 형성에 핵심적인 역할을 한다. 가정에서 습득한 기본적인 가치관은 학교와 사회 속에서 다듬어지지만, 학교에서 제대로 사회화되지 못한 기준은 그들만의 세상 속 준거집단에서 왜곡될 수 있다. 비행청소년들은 그들만의 세상에서 긴밀한 유대 관계를 형성하며 부적응적인 삶에 몰입하게 되고, 이 과정에서 잘못된 삶의 기준과 미성숙한 대처 방법을 모델링하고 학습하게 된다. 이 과정에서 삶에 대한 부정적인 태도를 취하게 되며 비합리적 신념이 형성되고 미성숙한 방어기제를 사용으로 이어지게 된다. 이로 인해 청소년들은 사회의 규범과 질서를 지키기보다는 당장의 이득과 쾌락에 몰두하게 되어 준법정신을 함양하지 못하여 올바른 도덕적 가치나 사회적 규범을 학습하지 못하게 된다. 이러한 올바르지 못한 가치관의 형성은 개인의 사회적 부적응을 초래할 수 있으며, 나아가 사회 전체에 부정적인 영향을 미칠 수 있다. 잘못된 삶의 기준의 형성은 사회의 질서와 규칙, 타인에 대한 배려와 존중보다는 자신의 편의와 이익만을 우선시하는 이기적인 생각으로 이어진다.

비행의 저주 [그릇된 삶의 기준]

'나만 아니면 된다'는 이기적인 생각

　낡은 명품지갑을 들고 다니거나, 중고 물품을 구매하는 사이트에서 만 원에 구매한 가짜 명품을 들고 다니는 청소년들이 있다. 이들은 아직 어리기 때문에 정품과 가품에 대한 인식조차 없는 경우가 많다. 예를 들어, 명품 맨투맨 티셔츠를 입고 온 청소년을 본 적이 있는데 그 옷은 목이 더 이상 늘어날 수 없을 만큼 늘어나 있었다. 또 다른 경우로, 명품 패딩을 입고 다니지만 빨래를 하지 않아 흰색 옷이 검은색처럼 보일 정도로 때가 잔뜩 끼어 있는 모습을 보기도 한다. 이러한 청소년들은 '돈이면 모든 것이 다 된다'는 잘못된 신념을 가지고 있다. 그들은 '돈만 많으면 되고, 나만 아니면 된다'는 이기심 가득한 생각으로 대상을 살아간다. 이러한 신념과 태도는 바람직하지 못한 가치관의 밑바탕이라 볼 수 있으며, 이는 우리가 바로 잡아야 할 중요한 지도 포인트가 된다.

　비행청소년들은 저자에게 늘 "도대체 왜 질서를 지켜야 돼요? 안 걸리면 상관 없지 않나요?"라고 물었다. 언제부터인가 '나만 아니면 된다'는 말과 생각이 우리 사회에 만연하게 되었다. 이러한 사고방식은 준법정신이 결여된 대단히 이기적이고 편협한 태도를 반영한다. 자기중심적이며 이기적인 이러한 생각들은 공동체를 배척하고 개인의 이익만을 도모하며 관련된 책임을 회피하려는 합리화의 수단으로 사용되고 있다. 이러한 사고방식은 우리의 삶과 사회 전반에 상당히 부정적인 영향을 미친다. 우리는 이러한 잘못된 생각과 신념을 바로잡아야 한다. 잘못된 개인주의로 인한 '나만 아니면 된다'는 이기적인 사고방식과 사회적 풍토는 반드시 바뀌어야 할 사회적 과제이다.

잘못된 신념을 가진 채 이중생활을 하는 비행청소년들은 그들만의 세상에서 자신에게 유리한 것만을 선별적으로 선택하고 학습해 왔다. 이들은 자신들에게 이득이 되는 이기적인 사회적 풍토를 적극적으로 받아들이며 성장했고, 그 결과 사회적 규범을 무시하고 자신의 이익과 편의만을 고려하여 질서를 지키지 않아도 된다고 믿게 되었다. 이러한 그릇된 가치관을 지니고 있기 때문에 이들은 사회적 규범을 넘나드는 행위의 옳고 그름을 판단하지 못하고 즉각적인 보상과 자극만을 추구하며 자신들에게 이득이 되는 편협한 행동을 일삼게 되어 버린다. 청소년들은 아직 가치관과 윤리의식이 완전히 확립되지 않은 상태에서 다양한 영향을 받으며 성장한다. 이러한 시기에 '나만 아니면 된다'는 사고방식은 특히 위험하다. 청소년들은 이러한 잘못된 생각을 통해 사회적 책임을 무시하며, 규범을 지키지 않아도 된다고 믿게 된다. 이기적인 사고방식은 공동체의 신뢰와 협력을 저해하고 사회적 불평등을 심화시키며 개인의 성장과 발전을 저해한다. 청소년 비행을 예방하고 올바른 가치관을 심어 주기 위해 이기적인 태도를 버리고 타인을 존중하며 배려하고 서로를 이해하고 협력하는 사회 문화를 만들어 나가야 한다.

그들을 지도함에 있어, 그들만의 세상이 넓게 분포되며 모두 연결되어 형성되어 있다는 특징을 반드시 고려해야 한다. 학교의 무법자들을 효과적으로 지도하기 위해서는 지도의 일관성이 중요하다. 예를 들어, A학교는 규율을 엄격하게 지켜서 학생들을 잘 관리하고 있지만, 인근 B학교에서 규율을 느슨하게 적용하면 A학교의 학생들에게도 부정적인 영향을 미칠 수 있다. 학생들이 서로 다른 기준에 노출되면 혼란을 겪고, 규율을 따르려는 동기가 약해질 수 있기 때문이다. 필요한 경우, 원만한 생활 지도를 위해 학교가 서로 협력해서 기준과 규칙을 의논하는 것이 좋다. 이렇게 하면 학교의 무법자들을 교정하는 데에도 큰 도움이 되고, 학생들은 일관된 교육 환경에서 생활하게 되며 규율 준수의 중요성을 더 잘 이해할 수 있다.

부모의 역할은 정말 중요하다. 방임이나 무책임한 양육은 자기 아이뿐만 아니라 그 아이와 어울리는 다른 친구들에게도 큰 영향을 미친다. 예를 들어, 중학생 부모가 '외박해도 된다'거나 '담배를 피워도 되지만, 집에서는 피우지 말라'고 허락하면, 그 기준이 그 학생의 친구들 전체에 퍼진다. 이는 단순히 한 가정의 문제가 아니라 다른 가정의 아이들까지도 잘못된 행동을 용인하게 만들어 사회적 영향을 미친다. 이런 상황은 각 가정에 갈등을 야기한다. 예를 들어, 어떤 가정에서는 엄격하게 외박과 흡연을 금지하고 있지만 다른 가정에서는 이를 허용한다면, 아이들은 혼란을 느끼고 부모의 권위를 의심하게 된다. 그 결과 부모와 자녀 사이의 갈등이 깊어지고 가정 내의 신뢰가 무너질 수 있다. 또한 이러한 잘못된 기준이 그들만의 삶의 기준이 되어 버리면 아이들은 올바른 가치관을 형성하기 어려워진다. 따라서 '자신들과 상관이 없다'는 생각을 버리고, 모든 부모가 한마음으로 뜻과 지혜를 모아야 한다. 공동체 전체가 힘을 합치는 것이 비행청소년을 지도하는 데 매우 중요하다. 이제는 우리 사회가 '나만 아니면 된다'는 이기적인 생각을 버리고, 서로를 배려하고 존중하며 살아가면 좋겠다.

올바른 가치관의 중요성

청소년 비행을 예방하고 지도하는 데 가장 중요한 핵심은 '올바른 가치관의 형성'이라고 생각한다. 개인의 가치관은 각자가 살아가는 삶의 기준점이 되고 뿌리가 된다. 삶의 기준과 지침이 되는 가치관이 올바르고 균형 있게 형성되어 있다면 그릇된 행동이나 사회에 반하는 행동을 하지 않을 것이다. 하지 말아야 할 행동은 자연스럽게 하지 않게 되며, '나만 아니면 된다'는 이기적인 마음도 갖지 않게 된다. 누군가가 지켜보고 있기 때문에 혹은 잘못이 드러날 위험이 있기 때문에 행동을 조심하는 것은 진실되지 못한 삶을 사는 것이며, 이는 자신의 삶에 진정성이 부족하기 때문이다.

저자는 올바른 가치관의 중요성을 강조하기 위해 '음주 운전'을 예로 든다. 음주 운전이란 술을 마신 상태에서 또는 술을 마신 후에 운전하는 행위를 말한다. 이는 술을 마시는 행위와 운전하는 행위의 결합이다. 이 행동은 쉬운가, 어려운가? 행위 자체만으로 보면 이보다 쉬운 행동은 없다. 복잡하지도 않고 어려운 행동도 아니다. 하지만 우리는 음주 운전을 하지 않는다. 그렇다면 우리가 언제라도 쉽게 할 수 있는 행동임에도 불구하고 음주 운전을 하지 않는 이유는 무엇인가? 음주 운전을 하지 않는 이유가 처벌을 받기 때문인가? 만일 그렇다면, 처벌이 없거나 약하다면 음주 운전은 해도 되는 행동인가? 그렇지 않다. 정답은 '음주 운전은 결코 행해서는 안 되는 행동이기 때문'이다. 언제라도 할 수 있는 쉬운 행동이지만, 우리가 음주 운전을 하지 않는 이유는 누군가가 보고 있기 때문이 아니라 '그 행동은 하면 안 되는 행동'이기 때문이다. 그것이 우리 '삶의 기준'이다. 올바른 가치관이라는 삶의 기준이 있기에 우리는 비도덕적이며 타인에게 피해를 주는 무책임한 행동을 하지 않으며, 건강한 사회 속에서 질서를 지키며 안전하게 살아갈 수 있다.

예를 들어, 계단에서 사람을 밀치지 않고 순서대로 안전하게 이동하는 것, 위험한 물건을 함부로 휘두르지 않는 것, 타인의 물건을 훔치지 않는 것, 타인을 함부로 대하거나 욕설을 하지 않는 것 등이 있다. 우리는 이러한 타인을 배려하고 존중하며, 안전하고 질서 있게 살아야 한다는 건강한 가치관을 지니고 있기 때문이다.

우리의 삶은 선택의 연속이다. 매 순간 우리는 크고 작은 선택을 하며 각 선택은 반드시 결과로 이어진다. 우리의 과거와 현재, 그리고 미래는 이러한 결과들의 연속선상에 놓여 있다. 선택의 결과들이 모여 삶에서 선순환의 패턴을 만들기도 하고 반대로 악순환의 고리를 형성하기도 한다. 그렇기에 우리의 삶에서 매 순간 이루어지는 선택은 매우 중요하며 악순환의 고리를 끊고 선순환으로 나아가기 위해 더욱 중요하다. 우리는 선택을 하기 위해 기본적으로 '생각'을 한다. 다양한 생각들 중에 우리는 '스스로 가장 중요하게 생각하는 것'을 중심으로 선택한다. 스스로 가장 중요하게 생각하는 것, 그것이 바로 '가치'이다. 가치들이 모여 조직화되고 정리되면 그것이 가치관으로 성립되는 것이며, 시간이 지남에 따라 구체화되고 성숙해진다. 가치관이 뚜렷해질수록 우리는 더욱 명확하고 자신감 있는 선택을 할 수 있다. 이러한 선택들은 다시 우리의 행동으로 이어지며, 행동은 결과로 이어진다. 결국 선택에 영향을 미치는 것은 가치관이다. 올바른 가치관은 올바른 선택을 이끌어 내며, 이 선택들은 올바른 결과를 만들어 우리의 삶을 선순환의 패턴으로 이어가게 한다. 반대로, 잘못된 가치관은 잘못된 선택을 불러일으키고, 이는 부정적인 결과를 초래해 악순환의 고리를 형성할 수 있다.

　그들만의 세상에서 배운 비행청소년의 잘못된 가치관은 왜곡된 삶의 기준으로 자리 잡아, 매 순간 슬기롭고 현명한 건설적 선택을 방해한다. 이들은 적응적인 삶의 대처 방법을 배우지 못한 채 그들만의 세상 속에 갇혀 즉각적인 만족을 추구하며 살아간다. 이 과정에서 자신들의 우월감의 원천 源泉이 되는 '가치 없는 초가집'을 지키기 위해 질서 유지를 저해하는 부적절한 인간관계를 형성하고, 학교와의 갈등을 초래하며, 경제적 문제를 야기하고, 범죄 행위를 일삼게 된다. 이러한 행동의 결과로 자존감 저하, 공허함, 우울, 불안 등 다양한 심리적 문제가 발생하며, 이는 삶을 악순환으로 이끈다. 이를 예방하고 해결하기 위해서는 청소년들에게 올바른 가치관을 심어 주는 노력이 필요하다. 올바른 가치관은 청소년들이 건설적인 선택을 할 수 있는 기반을 제공하며, 긍정적인 삶의 방향으로 나아가도록 돕는다. 이는 그들이 미래에 책임감 있는 사회 구성원으로 성장하는 데 중요한 역할을 하며 자존감과 자신감을 높여 주어 더 나은 선택을 하도록 이끈다.

　가정, 학교, 사회 모두가 청소년의 가치관 형성에 중요한 역할을 한다. 가정에서는 안정된 환경과 올바른 행동 모델을 제공하고, 학교는 학생들이 존중과 책임감을 배울 수 있도록 생활 지도에 더욱 관심을 가져야 한다. 사회는 이기심 대신 건강한 사회적 분위기를 조성해야 한다. 부모, 교사, 사회 전체가 협력하여 청소년들이 긍정적이고 책임감 있는 선택을 하도록 돕고, 비행을 예방하며 성공적인 사회 구성원으로 성장할 수 있도록 지원해야 한다.

텅 빈 과거와 엉성한 현재, 그리고 답이 없는 미래

비행청소년들은 텅 빈 과거, 엉성한 현재, 그리고 답이 없는 미래를 경험한다. 이들은 자신들만의 세상에서 이중생활을 하며 존재감을 확인하려고 학창 시절을 비행에 바친다. 그 결과, 그들의 청소년기는 텅 비어 있으며, 이렇게 비어 버린 과거는 엉성한 현재로 이어져 그들에게 고스란히 다가온다. 텅 빈 과거는 개인의 결핍과 부모와의 갈등으로 시작되는 이중생활에서 비롯된다. 이는 학업의 실패로 이어지고 사회적 소외는 그들만의 세상에서의 긴밀한 유대관계로 채워진다. 이러한 경험은 엉성한 현재로 이어진다.

비행청소년들은 일관성 없는 행동과 부적응적 생활 패턴을 보이며 명확한 목표나 계획 없이 즉흥적으로 행동한다. 학교나 가정에서 소외된 이들은 부정적인 인간관계를 형성하게 되고 이는 신뢰와 존중이 결여된 관계를 초래한다. 이러한 관계 속에서 청소년들은 더욱 고립되고, 자신의 문제를 해결할 수 있는 사회적 지지망을 구축하지 못한다. 비행청소년들은 정상적인 발달 과정을 따르지 못한 채 때로는 불법을 저지르며, 여러 사회적, 개인적, 법적 문제에 휘말려 악순환 속에서 삶의 방향을 잃고 살아간다. 이들은 성취감 없는 과거와 불안정한 현재로 인해 미래에 대한 명확한 목표와 방향을 설정하지 못하고, 삶의 불확실성 속에서 헤맨다. 암울한 현실은 그들의 자존감과 사회적 적응력을 약화시키고, 불안과 우울 같은 심리적 어려움을 초래한다. 이러한 과정은 청소년들이 발달의 결정적 시기에 건강하게 채워야 할 기회를 놓치게 하며, 이는 답이 없는 미래로 이어지게 된다.

학창 시절, 그들은 가치 없는 초가집을 지키는 것 외에는 아무것도 이루지 못한 채 미래에 대한 걱정으로 하루하루를 살아간다. 허황된 미래에 대한 막연한 기대와 고민 속에서 이제라도 바로 살아 보겠다고 애쓰는 청소년들도 있지만 쉽지 않다. 그들이 속한 세상에서는 적응적인 삶의 태도는 커녕, 무엇을 어떻게 해야 하는지조차 배울 수 없어 제대로 된 삶의 방향을 찾기 어렵다. 이들은 고민하며 자신들의 삶 속에서 부단히 노력하지만, 이러한 노력은 결국 실패로 이어져 좌절을 경험하게 된다.

이러한 현실의 상황들은 과거와 현재를 부적절하게 합리화하며, 자신의 객관적인 모습과 상황을 부인하고 부정하는 모습으로 나타난다. 불편한 현실을 직면하기를 피하며 회피하는 태도로 도피를 일삼는다. 이로 인해 자신의 삶의 매몰 비용에 빠져 스스로를 되돌아보지 못하며 미래에 대한 불확실성에 직면하게 된다. 답이 없는 미래는 직업적 불안정, 사회적 배제, 정서적 문제, 그리고 범죄의 악순환으로 이어진다. 학교나 직장에서의 실패는 청소년들에게 미래에 대한 불확실성을 심어 주며, 이는 그들이 범죄나 사회적 문제에 쉽게 빠지는 위험 요인이 된다. 정서적 문제는 그들이 자신의 감정을 제대로 이해하고 관리하는 것을 어렵게 만들어, 부정적인 행동을 반복하게 되는 악순환을 일으킨다.

비행의 저주 [그릇된 삶의 기준]

생활 지도를 할 명분

청소년 지도에서 중요한 포인트가 있다. 그것은 바로 청소년들이 어른들을 '선생님'이라고 부른다는 점이다. 저자가 강의를 할 때, 성인들은 저자를 '강사님'이라고 부르지만, 청소년들은 저자를 '선생님'이라고 부른다. 이는 강사뿐만 아니라 교육지원청, 보호관찰소, 청소년 상담 기관, 위탁 프로그램 기관 등 청소년들이 배우러 가는 모든 장소의 담당자에게도 마찬가지다. 청소년들은 자신에게 영향을 끼쳤던 어른들이 교사와 부모였기 때문에, 외부 기관에서 만난 어른들도 '선생님'이라고 호칭하는 것이다. 이 호칭은 단순한 예의나 관습 이상의 의미를 지닌다. 청소년들이 어른들을 '선생님'이라고 부를 때 그 속에는 무의식적으로 '나를 보호하고 이끌어 줄 사람'이라는 메시지가 내포되어 있다. 이것이 아주 중요한 포인트이다. '선생님'이라는 호칭 속에는 '생활 지도를 할 명분과 권한'이라는 암묵적인 핵심 메시지가 내재되어 있다. 같은 맥락에서, 청소년들이 어른들에게 '선생님'이라는 호칭을 사용하는 것은 청소년들이 어른들에게 지도를 받을 준비가 되어 있음을 의미한다. 어른들은 이 기회를 잘 활용하여 긍정적인 영향을 미칠 수 있는 중요한 역할을 수행해야 한다. 특히 비행청소년을 지도할 때 '생활 지도'는 핵심적이며 필수적인 요소이다. 어른들은 이러한 명분을 갖고 청소년을 단순히 콘텐츠로만 가르치는 것이 아니라, 긍정적인 태도와 마음가짐을 갖도록 이끌어 주고, 적응적인 행동을 할 수 있도록 지도해야 한다. 지도 과정에서 적응적인 행동이 어떤 맥락에서 왜 중요한지를 충분히 설명해 주는 것이 청소년과의 신뢰를 다지는 데 도움이 되며 변화된 행동을 이끌어 낼 수 있다. 단순히 통제하고 잔소리하는 것이 아니라, '해당 행동을 해야 하는 이유'에 대해 구체적으로 설명해 주는 것이 좋다.

비행청소년과 함께하는 모든 시간이 생활 교육의 시간이다. 비행청소년 상담과 교육 장면에서 생활 지도의 필요성은 더욱 강조된다. 다양한 프로그램을 시간표에 맞춰 진행하고 여러 강사가 프로그램을 운영하는 방식은 일관성 있는 생활 지도를 어렵게 만든다. 여러 강사에 의해 프로그램이 진행되더라도, 그와 더불어 담당자나 주 강사가 담임의 역할을 맡아 교육 전반의 흐름을 책임지고, 청소년의 생활 지도를 면밀하게 해 나가는 것이 좋다. 특히 비행청소년을 위한 선도 프로그램에서는 바람직한 생활을 지도하고, 기본 질서를 지키며 규칙을 준수하고 준법정신을 함양할 수 있도록 교육하고 지도해야 한다. 또한, 적절한 시점에 긍정적인 행동을 강화해 주어야 하며 이러한 올바른 생활 습관이 청소년들의 삶에 지속적으로 습관화될 수 있도록 연속적으로 지도하는 것이 중요하다. 이렇게 해야 청소년들이 상황을 모면하기 위해 일시적으로 눈가림하거나 대충 넘어가는 것이 아니라, 올바른 태도와 자세를 함양하고 규칙과 질서를 지키며 자신의 삶을 되돌아보고 변화 동기를 강화하여 적응적인 방향으로 나아갈 수 있다.

비행청소년들은 학교를 다니지 않는 경우가 많은데, 이때 그들에게 선생님이라 불리는 우리들은 담임 역할을 해 줌으로써 학교를 벗어난 청소년들에게 등대의 역할을 해 줄 수 있다. 좋은 어른이자 모델이 될 수 있는 어른과의 지속적인 상호작용을 통해 긍정적인 대인관계를 경험하고, 새로운 대인관계 기술을 습득할 수 있다. 생활 지도는 단순히 규칙을 지키게 하는 것을 넘어 청소년들이 스스로를 성찰하고 정서를 조절하며 적응적인 삶을 만들어갈 토대를 만드는 데 중요한 역할을 한다. 이를 위해 담당자는 청소년들과 지속적으로 상호작용하고 그들의 행동 변화를 유도하며 긍정적인 생활 습관이 형성될 수 있도록 꾸준히 지도해야 한다.

비행의 저주 [그릇된 삶의 기준]

비행청소년에게 다가서는 기술

│ 1. 초기 관계 형성의 핵심 열쇠: 라포 형성과 관계 주도권

비행청소년과의 첫 대면은 너무나도 중요하다. 첫 만남의 짧은 초기 시간에 신뢰를 얻지 못하면 그들은 마음의 문을 닫고 상담자와의 소통을 거부하게 된다. 이 경우 상담자는 그들의 마음을 여는 데 어려움을 겪으며 진정한 변화를 이끌어 낼 기회를 놓치게 된다. 청소년들과의 상담에서 성공적인 결과를 얻기 위해서는 그들의 문화를 이해하고 편견 없이 접근하며 라포 형성을 통해 신뢰를 쌓는 것이 중요하다. 이러한 접근은 청소년들이 자신을 되돌아보고 올바른 방향으로 나아갈 수 있도록 돕는 데 필수적이다. 이때 절대 놓쳐선 안 되는 것이 있다. 그것은 바로 '관계 주도권'이다.

비행청소년을 성공적으로 지도하고 상담하기 위해서는 '주도권'을 확보하면서 동시에 '라포 형성'을 이루어야 한다. 라포 형성의 핵심은 공감이지만 비행청소년 지도와 상담에서 공감을 먼저 앞세우면 실패할 수 있다. 그 이유는 비행청소년들에게 주도권을 즉시 빼앗기기 때문이다. 기본적으로 비행청소년들은 상담에 대한 동기가 낮고 내성이 강하며, 방어적으로 일관하고 상담사와 주도권을 두고 끊임없이 '기싸움'을 벌인다. 따뜻하게 공감하며 다가오는 성인에 대해 '자신을 통제하고 지배하려 한다'고 생각해 거부하는 경향이 있다. 상담 내성으로 상처받은 아이들은 자신을 정확히 이해하지 못하고 훈수만 두는 성인에 대한 불신이 깊다. 이들은 쉽게 마음을 열었다가 또 상처받는 것을 두려워해 방어적인 태도를 취하기도 한다. 이들의 마음을 열기 위해 공감을 남발하며 탐색하려 하면, 청소년들은 이야기의 주도권을 빼앗아 버리고, 부적응적 행동으로 시간을 이끌어 가 버린다. 지도와 상담에서 주도권을 잃으면 비행청소년과의 대화는 어려워지며 지도와 상담의 성공 확률은 크게 낮아진다. 단순히 공감하며 들어 주는 것만으로는 충분하지 않다.

품행 문제를 나타내는 청소년들을 지도하고 상담할 때 관계 주도권은 대단히 중요하다. 이들의 부적응적 대처 방식을 교정하고 생활 지도를 하기 위해서는 행동 수정이 필수적인데, 주도권을 잃으면 행동 수정은 어렵다. 문제 행동을 제거하고 교정해 가면서 심리적 접근을 병행해야 효과적이다. 주도권을 확보하기 위해서는 그들의 생활과 행동 패턴을 정확히 이해해야 한다. 또한, 그들이 왜 그들만의 세상에서 살아야 했는지, 왜 그렇게 외롭고 힘들게 지내야 했는지를 면밀하게 살피며, '오죽했으면 그랬을까' 하는 마음으로 바라보아야 한다. 그들의 삶에 대한 편견과 비난 없이 대화하는 모든 과정이 라포 형성을 위한 절호의 기회가 된다. 다문화적인 관점으로 비행청소년의 문화를 그들의 시선에서 이해하는 것이 진정한 공감이 된다.

이것이 이 책이 집필된 이유이다. 이 책을 통해 어떠한 경로로 비행이 진행되었으며 현재 어느 정도의 수준에 머물러 있는지, 친구들과의 관계는 어떻게 형성되었으며 현재의 비행과 앞으로 나아갈 비행들은 무엇인지를 쉽게 알 수 있다. 실제로 많은 비행청소년들은 '비행의 공식'의 전체적인 설명을 듣기만 해도 자신이 걸어온 길이 잘못되었음을 깨닫고 비행을 멈추기도 한다. 그 자체만으로도 자신을 되돌아보는 시간이 되기 때문이다. 이들의 세상을 정확하게 이해하는 것이 주도권을 거머쥐는 열쇠이며 라포 형성의 핵심이다.

| 2. 초기 라포 형성 이후 효과적인 지도의 각도

달구어진 가마솥은 모든 음식을 맛있게 조리해 준다. 원만한 라포 형성과 관계 주도권의 확보는 깊이 있는 대화의 기회를 제공하며, 준비된 상담 기술과 메시지를 전달하는 데 효과적인 토대가 된다. 초기 관계 형성이 원만하게 이루어졌다면 이후 지도를 위한 개입 방법에 대해 고민하는 것이 필요하다. 효과적으로 개입하기 위해서는 청소년의 발달 과정을 이해하고, 발달 단계에 맞는 접근이 필요하다.

청소년 시기는 아동기를 지나며 신체적으로 성장하고 힘이 생기면서 삶의 영역이 넓어지며, 이전과는 비교할 수 없을 만큼 넓은 조망을 갖게 되는 시기이다. 이러한 환경 속에서 자율성과 독립성을 확보하고 주도적으로 행동하려는 것이 특징이다. 초기 청소년기에는 이러한 주도성과 독립성, 자율성을 확보하기 위해 또래의 준거집단을 만들게 된다. 이 준거집단은 매우 강력하며, 준거집단 속에서 자신의 역할과 비중, 의미를 되새기며 자신의 정체성을 확립해 나간다. 이 시기에 청소년은 부모와 분리되어 자기 삶의 대부분을 스스로 주도하고자 하며, 준거집단인 친구들과 함께하는 모든 행동이 매우 즐겁고 짜릿하게 느껴진다. 이러한 자연스러운 성장 과정이 그들만의 세계에서 이루어지면, 비행청소년으로 성장하게 될 가능성이 높아진다. 이러한 청소년을 지도하기 위해 부모나 교사가 힘으로 준거집단을 흔들거나 주도성과 독립성, 자율성을 통제하면, 청소년들은 자신들의 영역을 침범하려 한다고 생각하여 반항적이고 거부하는 태도를 보이게 된다.

초등학교 고학년부터 중학교 1~2학년의 초기 청소년기에는 부모와 교사의 역할과 메시지가 절대적이었던 아동기 참조집단이 또래의 준거집단으로 변화되어 형성되고 다져 나가는 시기이다. 이 시기에는 건강한 영역에서 준거집단이 형성될 수 있도록 도와주는 것이 필요하며, 준거집단의 방향이 잘못되었다면 빨리 바로잡는 것이 좋다.

중학교 3학년과 고등학교 1~2학년의 중기 청소년기에는 자신이 속한 준거집단 속에서 자신의 영역을 확장하며 자기 정체성의 확립을 즐기는 시기이다. 이 시기에는 형성된 준거집단을 더욱 견고하게 만들기 위해 모든 에너지를 쏟아 내는 시기이며, 준거집단이 삶의 중심이 되는 시기이다. 이때 준거집단을 잘못 흔들면 저항에 부딪힐 수 있다. 따라서 이때는 청소년의 주도성과 독립성을 확보한 상태에서 건강하게 적응적인 삶을 이끌어 갈 방법에 대해 의미 있는 대화를 나누고 긍정적인 행동을 이어갈 수 있도록 지도하는 것이 좋다. 고등학교 3학년 이후 후기 청소년들은 형성된 초기 정체성을 확인받고 싶어 하며, 자신의 미래를 걱정하고 과거 학창 시절의 삶을 되돌아보고 미래 성인으로의 삶을 그리며 더 큰 영역에서의 소속집단의 형성에 관심을 갖는다. 이때 준거집단의 결과로 형성된 자신의 정체성을 확장시킬 또 다른 영역의 넓은 사회 참조집단을 만들고자 하는데, 이것이 인맥이다. 이 시기의 청소년들은 기존의 친구들을 넘어 인맥을 관리하며 자신의 삶을 다양한 사람들과 영역으로 확장시키고자 한다. 이때는 사회생활의 즐거움을 느끼고 자신의 사회적 신분과 역할에 관심이 많으며 사회 구성원으로서 소속되고자 노력한다. 이 시기의 후기 청소년들에게는 성인으로서의 건강한 삶을 준비할 수 있도록 진취적으로 이끌어 주는 것이 도움이 된다. 성인으로서의 삶을 준비하는 관점에서 현재를 되돌아보게 하고, 미래의 자신을 설계하도록 도와야 한다.

비행청소년 지도에서 '타이밍'은 매우 중요하다. 적절한 시기에 효과적

비행의 저주 [그릇된 삶의 기준]

으로 접근하지 못하면 변화의 골든타임을 놓치게 되고, 청소년들은 더 깊은 문제 속으로 빠져들 수 있다. 상담자가 청소년의 변화를 이끌어 낼 순간을 놓치면 그들은 더 이상 도움을 받으려 하지 않을 수 있다. 따라서 비행청소년을 지도할 때는 그들의 심리 상태와 행동 패턴을 면밀하게 파악하고 적절한 시기에 접근하여 신뢰를 쌓는 것이 필수적이다. 비행청소년의 삶과 이야기를 수용해 주어야 한다. 여기서 '수용'은 모든 것을 허용한다는 의미가 아니다. 수용을 통해 마음을 얻고 이야기를 끌어내야 청소년과의 대화가 가능하다. *"저의 이번 생은 망했다고 생각했고 모든 것이 끝이라 생각했는데, 그것이 아니라는 것을 알게 되어서 행복해요!"*라는 말처럼, 라포 형성이 잘 이루어지면 신뢰를 바탕으로 스스로 변화의 동기를 강화할 수 있다.

상담과 교육에서 가장 중요한 것은 진정성이다. 상담자의 진정성은 내담자에게 진심으로 전해지고 내담자의 진정성은 변화의 핵심 동력이 된다. 상담자는 청소년의 입장에서 그들의 감정을 이해하고 공감하며, 그들이 스스로 변화하고자 하는 동기를 찾을 수 있도록 도와야 한다. 이는 단순한 대화 이상의 의미를 지니며 청소년의 인생을 긍정적으로 변화시키는 중요한 계기가 될 수 있다. 청소년의 양가감정에서 변화의 기회와 의지를 잘 다루고 청소년을 믿고 지지해 준다면 청소년은 스스로의 삶을 되돌아보고 현재 상황을 탐색하며 발전적인 미래를 그리기 시작한다. 우리의 비행청소년들은 상처받은 아이들이다. 이들이 과거의 상처를 슬기롭게 극복하고 현재의 혼란에서 벗어나며 밝은 미래를 설계할 수 있도록 다각적인 접근과 지원을 제공해야 한다. 이를 위해 심리적 상담과 정서적 지원을 통해 그들이 겪는 내적 갈등을 해소하고, 안정된 인간관계를 형성할 수 있도록 도와야 한다. 또한, 교육 및 직업 훈련 프로그램을 통해 그들이 자신의 잠재력을 발견하고 자존감을 회복하며 사회에 긍정적으로 기여할 수 있는 역량을 키울 수 있도록 지원해야 한다. 뿐만 아니라, 가족과의 관계 회복을 돕고 지역사회와 연계된 지원 체계를 마련하여 청소년들이 건강한 사회적 지지망 속에서 성장할 수 있도록 지원해야 한다. 이와 같은 종합적인 접근은 비행청소년들이 그들만의 세상에서 벗어나, 진짜 자신을 만나며 스스로의 밝은 미래를 그려 갈 수 있는 변화의 초석 礎石 이 된다.

비행청소년 지도의 3가지 핵심 포인트

비행청소년 지도의 핵심은 잘못된 대처 방법과 생활 양식을 변화시키는 행동 수정, 그릇된 삶의 기준을 바로잡는 마음의 성장, 그리고 건강한 사회 구성원으로서의 준비를 돕는 진로 지도로 통합적으로 접근하는 것이다. 교정 矯正 작업을 통해 누락되었던 청소년의 성장 과업을 건강하게 보충하며 미래의 건강한 사회 구성원으로서의 역할을 현재에 준비하게 된다. 이런 통합적 접근을 통해 청소년들은 문제 행동을 수정하고, 자기 성찰을 통해 깊은 사고를 기르며, 긍정적인 미래를 위한 진로를 설정할 수 있다. 이를 통해 그들은 더 건강한 사회 구성원으로 성장할 수 있다.

▎1. 행동 수정: 잘못된 대처 방법과 생활 양식의 교정

비행청소년에게 생활 지도는 필수적이며, 이때 행동 치료 기법을 통한 행동 수정은 매우 효과적이다. 행동 수정 절차는 인간의 행동을 분석하고 수정하는 심리학의 분야이며, 개인의 삶을 증진시킬 목적으로 중요한 행동을 변화시키도록 돕기 위한 과정이다.

행동 수정은 외현적 행동에 초점을 맞추어 진행할 수 있기 때문에 비행청소년들의 거부감을 줄일 수 있을 뿐만 아니라, 현재 행동에 대한 즉각적이고 효과적인 처치가 가능하여 원리만 이해하면 생활 지도 장면에 비교적 간편하게 적용할 수 있다. 이러한 행동 수정은 부적응적 행동의 빈도를 감소시키고, 치료적 학습을 통해 새로운 적응적이고 도움이 되는 행동 빈도를 증가시켜, 청소년들이 더 나은 대처 전략을 수립할 수 있도록 돕는 심리 치료 기법이다. 비행청소년들은 자신을 통제하려는 시도에 대해 상당한 불편감을 나타내며, 거부하는 모습을 보인다. 그러나 행동 수정은 생활 속에서 자연스럽게 녹여 사용할 수 있으며, 비행청소년들이 적응적 행동을 체득해 나가는 데 매우 효과적이다.

토끼를 만나러 가는 사육사와 호랑이를 만나러 가는 사육사는 접근 방법이 달라야 하며, 각각의 특성에 맞는 노련한 사육 기술이 필요하다. 비행청소년 상담에서도 마찬가지이다. 비행청소년을 지도할 때 현재 그들의 영역을 잘못 건드리면 대단히 거부적인 태도와 방어적인 자세를 보이게 된다. 그렇기 때문에 현재 청소년의 상황과 수준에 맞는 섬세한 맞춤형 접근이 필요하다.

행동 수정은 청소년의 드러난 단순 행동에 초점을 맞추며, 적응 행동에 대한 강화를 통해 삶에 대한 새로운 방법을 알려 주는 것이다. 적응적인 행동에 대해 구체적으로 언급하는 것이 효과적이며, 비행청소년들이 쉽게 할 수 있는 행동들부터 단계별로 진행하는 것이 좋다. 강화는 즉각적으로 이루어져야 하며 강화를 하면서 적응적인 행동을 구체적으로 다시 정리하여 강화의 이유를 정확하게 설명하는 것이 중요하다. 이때 강화물을 물질적인 것으로 설정하면 행동의 수정 목적 자체가 물질이 되기 때문에 이는 효과적이지 못하다. 이 과정을 통해 청소년들은 일상생활 속에서 자연스럽게 변화를 경험하며, 부정적인 행동을 줄이고 긍정적인 행동을 습득하게 된다. 행동 수정을 통해 스스로를 되돌아보는 계기를 만드는 것이 핵심이다. 새로운 방법이 체득되어 가면서 청소년들은 적응적인 방법을 사용하며 '신기하다, 나쁘지 않다'고 느끼게 되고, 이러한 체험을 바탕으로 긍정 행동을 반복하게 된다. 외적 강화로 시작하여 내적 강화로 이어지며, 진정한 변화의 의미를 스스로 발견하게 되는 것이다. 이 과정은 라포 형성의 계기가 되기도 하며, 반복적인 행동은 인지적 변화를 동반하고 심층적인 접근과 변화의 기회가 된다. 이러한 단기적 변화의 성공은 장기적이고 심층적인 변화로의 접근을 돕는다. 이러한 긍정 경험은 변화 동기를 강화시켜 주며, 비행청소년의 정서와 심리적 안정감에 도움을 준다. 비행청소년들은 자신의 행동을 개선하고 긍정적인 변화의 의미를 깨닫게 되며, 건강한 사회 구성원으로 성장할 수 있게 된다. 과거의 행동을 탓하고 문제 삼아 지적하는 것만으로는 비행청소년을 지도하는 데 한계가 있다. 행동 수정은 행동의 원인으로 과거 사건을 강조하지 않는다. 이들의 행동을 변화시키고 그 변화 지속력을 강화시키기 위해서는 섬세한 전략이 필요하다. 행동 수정 절차는 교사, 부모 등 행동을 변화시키고자 하는 많은 사람들이 일상생활에서 많이 활용하는 기법이다. 비행청소년을 지도하기 위해서는 그들의 특성을 잘 이해하고, 행동 수정에 관한 전문적인 교육과 훈련, 연습이 필요하다.

강화와 처벌로 설명되는 행동 수정은 즉시적 접근이 가능하다. 이와 더불어 강력한 학습 요인은 사회적 학습인 '관찰 학습'이다. 이는 개인이 타인의 행동을 관찰하고 이를 통해 새로운 행동을 학습해 가는 과정을 말한다. 청소년에게서 보이는 모든 과정과 말, 행동이 청소년에게 주는 변화의 메시지가 된다. 저자가 지도한 정말 많은 비행청소년들이 "저도 선생님처럼 비행청소년을 가르치는 일을 하고 싶어요.", "선생님 같은 강사가 되려면 어떻게 해야 하나요?", "심리학과에 진학하고 싶은 마음이 생겼어요. 심리학자가 되는 것도 나쁘지 않은 것 같아요."라고 말했다. 강사의 모습을 보고 그대로 학습하며 모델링해 나가는 것이다. 청소년들은 정체감을 형성하는 데 큰 관심을 가지며, 자신의 삶을 어떻게 살아가야 할지에 대해 깊이 고민한다. 이 과정에서 그들은 주변의 긍정적이고 적응적인 모델을 관찰하고, 이러한 모델의 행동을 학습하며 모방한다. 이때 적응적이고 긍정적인 모습을 가진 대상의 행동을 학습하고 모델링해 나간다. 청소년들이 존경하는 인물이나 역할 모델의 행동을 통해 자신의 행동을 조정하고, 그들의 가치관과 태도를 내면화하는 과정을 거친다. 같은 성별인 경우 모델링이 쉽게 되며, 모델에게 호감이 있어야 좋다. 자신과 유사하거나 자신이 갖고 있지 않는 것을 가진 경우, 모델의 행동이 긍정적인 결과를 초래하는 경우, 모델이 권위가 있는 등의 경우에 관찰 학습이 쉽게 나타난다.

법은 우리가 살아가며 지켜야 할 최소한의 규칙이다. 이를 지키지 못하면 처벌을 받게 된다. 그러나 비행청소년들은 법을 최소한의 규칙으로 생각하지 않고, 최대한의 규칙으로 여겨 법만 피하면 되고 걸리지 않으면 된다고 생각한다. 이러한 안일하고 이기적인 생각은 행동으로 이어져, 타인을 배려하고 존중하지 못한 채 범법 행위를 일삼게 된다. 잘못된 삶의 기준으로 인해 하지 말아야 할 행동과 해야 할 행동을 구분하지 못한다. 이처럼 기본적인 최소한의 질서조차 지키지 못하기 때문에, 이들은 사회화 과정에서 규칙을 강조하는 학교생활에 적응하지 못하고, 결국 절도, 음주, 무면허, 폭행, 협박 등으로 재판을 받게 된다. 이들에게 일방적으로 규칙 준수를 기대하며 강요만 해서는 안 된다. 특별 교육, 경찰서, 법무부의 보호관찰소에서 교육을 받는 청소년들에게 때때로 담당자들이 구조화를 하는 시간을 가진다. 구조화 과정에서 몇 가지 필요한 규칙을 정하지만, 이 규칙을 지키는 것은 그들에게 어렵다. 그들은 규칙을 지키지 못해서 이 장소에 왔다는 것을 이해하고, 이를 행동 수정으로 지도해야 한다. 문제 행동의 인식은 비행청소년들이 자신의 문제 행동을 인식하고, 그것이 자신과 주변에 미치는 부정적 영향을 이해하도록 돕는 중요한 단계이다. 이는 자기반성을

비행의 저주 [그릇된 삶의 기준]

촉진하며, 자신의 행동이 잘못되었음을 깨닫게 한다.

긍정적 행동 강화는 청소년들이 긍정적인 행동을 보일 때마다 이를 칭찬하고 보상함으로써 긍정적 행동을 강화하는 방법이다. 예를 들어, 규칙적인 학교 출석이나 책임감 있는 행동을 보일 때 보상을 제공하여 좋은 행동을 계속하도록 동기를 부여한다. 일관된 규칙 적용은 일관된 규칙과 기대치를 설정하고 이를 엄격히 적용하는 것이다. 청소년들이 규칙을 어겼을 때 즉각적이고 공정한 결과를 경험하게 하여, 행동의 결과를 깨닫고 책임을 지도록 한다.

저자는 과거 보호관찰소에서 2호 처분을 받은 소년을 지도하면서 질서를 지키는 것을 강조하기 위해 한 가지 중요한 규칙을 정했다. 그 규칙은 '교육을 받으러 올 때 슬리퍼를 신고 오지 않는 것'이었다. 교육을 받으러 오는 청소년들에게 슬리퍼 대신 운동화, 없으면 앞뒤가 막힌 구두, 고무신이라도 신고 오라고 했다. 슬리퍼를 금지한 이유는 청소년의 안전 때문이기도 했지만, 더 근본적인 이유는 교육을 받는 기본자세와 태도를 가르치고 최소한의 규칙을 정해 질서를 지키는 법을 배우게 하기 위해서였다. 보호관찰소에 교육을 받으러 올 경우에는 안전상의 문제로 슬리퍼를 신고 오지 않는 것이 원칙이며, 건강상의 문제로 신발을 신지 못하고 슬리퍼를 신어야 하는 경우에는 담당 선생님께 사전에 정당한 사유를 이야기하도록 가르쳤다. 이 과정은 문제를 해결하고 상황에 맞는 책임감 있는 대처 방법을 지도하는 것이다. 그걸 가르쳐야 하며 선생님이라 불렸던 저자는 그걸 지도할 명분이 분명했고, 소년수강은 사실상 교육에 참석한 후기 비행청소년들에게 질서를 가르칠 수 있는 마지막 기회였기 때문이다. 이때 주의해야 할 점은 어떠한 과정에서도 흔쾌하게 슬리퍼의 착용을 허가해서는 안 되며, 정한 최소한의 규칙은 끝까지 일관성 있게 유지해야 한다는 것이다.

만약 발가락 혹은 발이 아프거나 기타 이유로 운동화를 신고 오지 못하는 상황에는 어떻게 해야 할까? 상황을 배려하여 흔쾌하게 슬리퍼를 허락하는 순간 모든 기준은 무너지게 된다. 비행청소년들이 강의실에서 그 모든 과정을 지켜보고 있다는 사실을 기억해야 한다. 이러한 상황이 발생한 경우 슬리퍼를 강요할 수는 없다. 이때는 슬리퍼의 착용을 명분 있게 일시적으로 허용해 주고, 다른 친구들이 보는 앞에서 슬리퍼 착용의 이유를 구체적이고 논리적으로 설명하며 슬리퍼를 착용한 친구는 운동화를 신발주머니에 넣어 들고 교육에 참여하도록 해야 한다. 불편한 상황의 청소년을 충분히 배려하면서도 질서 교육을 위한 최소한의 기준은 물러서지 않게 된다. 이 과정을 지켜보는 청소년들은 기준을 지키는 것에 대해 생각해 보게 되고, 쉽게 기준이 바뀌지 않는다는 것을 학습하여 스스로 납득하고 정해진 규칙을 준수하기 위해 노력하게 된다. 실제로 진행했던 보호관찰소의 수강명령을 들었던 모든 청소년은 오랜 기간 동안 전원 운동화를 착용하고 와서 질서정연하게 교육을 들었다.

저자는 질서를 '자동차로 한 시간이 걸리는 거리를 한 시간 만에 도착할 수 있는 것'으로 가르친다. 운전하는 시간 동안 함께 도로에 있던 모든 사람이 각자의 자리에서 질서를 지켰기에 아무런 사고와 지체 없이 정확한 시간에 안전하게 도착할 수 있는 것이다. 결국 질서는 타인을 지키는 동시에 나를 지키는 행동이며, 우리 모두가 질서를 지켰기 때문에 서로가 원하는 행동을 자유롭게 할 수 있게 되는 것이다. 한 사람이라도 편의를 위해 슬리퍼를 신고 오게 된다면 그 과정을 본 다른 이들도 슬리퍼를 신고 오게 될 것이고, 이는 질서가 무너지는 것과 같다. 가정에서의 훈육과 학교에서의 생활 지도, 상담과 교육 장면의 행동 수정에서 가장 기본적이면서도 중요한 원칙은 기준의 '일관성'이다.

▎2. 마음의 성장: 그릇된 삶의 기준에 대한 교정

청소년기는 신체와 마음이 함께 성장하는 중요한 시기이다. 사춘기가 시작되는 후기 아동기나 초기 중학생 시기부터 신체적인 변화가 급격하게 나타나며, 이 변화는 중기 청소년기에 이르러 성인과 유사한 모습으로 성숙해진다. 이러한 신체적 성장은 청소년들에게 실질적인 힘과 에너지를 제공하며, 이로 인해 자신이 어른이 되었다고 착각하게 만든다. 청소년들은 이 시기에 부모나 교사처럼 자신에게 간섭하고 영향을 미치는 사람들을 싫어하게 되고, 그들로부터 벗어나 독립적인 영역을 만들고 그 안에서 뿌리를 내리려 한다. 자신만의 세상에서 어른이 되었다고 착각하는 이들은 비행에 빠져 무질서하게 살아가며 비슷한 상황에 처한 또래들과 함께 준거집단을 형성하고 그 속에서 생활하게 된다.

비행청소년은 어른의 몸을 가진 어린아이로 비유될 수 있다. 이들은 학교 교육을 정상적으로 받지 않아 인지적 성숙이 늦어지며 즐기는 삶을 우선시하는 경향이 있다. 공부는 생각하는 힘을 기르는 과정으로 공부하는 시간은 논리적이고 추상적으로 사고하며 여러 가지 지식들을 토대로 인지적 능력을 키워 가는 시간이다. 그러나 비행청소년들은 이러한 교육을 받지 못해 생각하는 능력이 부족하다. 몸의 성장은 밥을 잘 먹고 잘 자면 자연스럽게 이루어지며 그 과정이 표면적으로 드러나지만 마음의 성장, 즉 사고력은 자연적으로 길러지지 않는다. 생각하는 힘을 기르기 위해서는 깊이 있는 사고와 이를 조직화하고 적용하는 노력이 필요하다. 무엇이 옳고 그른지를 생각하고 판단할 수 있는 능력을 갖추는 것은 우리의 삶에 깊은 영향을 미친다. 따라서 청소년기에는 단순히 신체적 성장뿐만 아니라 인지적 성장을 도울 수 있는 환경과 교육이 필요하다. 깊이 있는 사고와 이를 조직화하고 적용하는 능력을 키워 주는 교육은 청소년들이 성숙한 성인으로 성장하는 데 필수적이다. 이를 통해 청소년들은 자신이 어른이 되었다는 착각에서 벗어나, 진정한 의미의 성숙을 이룰 수 있을 것이다.

앞서 [올바른 가치관의 중요성]에서 설명한 것처럼, 우리의 삶은 선택의 연속이며 각 선택은 결과를 가져온다. 이런 선택의 결과들이 모여 선순환 또는 악순환의 패턴을 형성한다. 선택은 우리가 가장 중요하게 생각하는 '가치'에 따라 이루어지며, 이 가치들이 모여 가치관을 형성하게 된다. 올바른 가치관은 올바른 선택을 이끌어 내고 이는 긍정적인 결과를 낳아 선순환을 만든다. 반면, 잘못된 가치관은 잘못된 선택을 유도해 악순환을 초래한다. 비행청소년을 지도하는 데 있어 이 원리는 더욱 중요하다. 청소년들은 신체적으로는 성숙해졌지만 사고의 깊이나 가치관이 아직 확립되지 않아 잘못된 선택을 할 위험이 크다. 이들을 올바른 방향으로 이끌기 위해서는 깊이 있는 사고와 생각의 힘을 강조해야 한다. 청소년들에게 깊이 있는 사고의 중요성을 가르치고 훈련시켜 그들이 단순히 감정이나 충동에 따라 행동하는 대신 각 상황을 깊이 있게 분석하고 이해하도록 돕는 것이 필요하다. 이를 위해 다양한 방법을 통해 서로 다른 관점을 논리적으로 정리하고 표현하는 법을 배우고 생각해 볼 수 있도록 해야 한다.

비행청소년들은 그들만의 세상에서 형성된 그릇된 가치관을 가지고 있기 때문에, 올바른 삶의 기준을 확립하기 위해 이러한 가치관을 교정할 필

비행의 저주 [그릇된 삶의 기준]

요가 있다. 이들이 중요하게 생각하는 가치를 발견하고 사회에 적응할 수 있는 행동과 질서 의식을 함양하여 건강한 가치관을 세울 수 있도록 도와야 한다. 그들이 무엇을 중요하게 여기고 왜 그렇게 생각하게 되었는지를 이해함으로써 스스로에 대한 이해를 증진시키고 그릇된 가치관의 근원을 파악할 수 있다. 자신을 되돌아보고 깊게 생각해 보는 연습과 동시에 사회적 적응력을 기르는 교육도 필요하다. 사회의 규범과 질서를 이해하고, 그에 맞는 행동을 할 수 있도록 도와주며 적응적인 대처 기술을 가르치는 것이 중요하다. 질서를 함양하는 준법정신이 가치관에 뿌리내릴 수 있도록 지도해야 한다. 사회적 적응력은 단순히 규칙을 지키는 것을 넘어 다른 사람들과 협력하고 상호작용하는 능력을 포함한다. 질서 의식은 사회에서 필요한 규칙과 규범을 이해하고 이를 준수하는 능력을 의미한다. 청소년들이 규칙을 지키는 것은 단순히 벌을 피하기 위해서가 아니라, 사회 구성원으로서의 책임을 다하기 위한 것임을 인식하게 하는 것이 중요하다. 청소년들이 매 순간의 선택이 얼마나 중요한지 깨닫도록 하는 것이 필요하다. 잘못된 선택이 반복되면 악순환에 빠질 수 있음을 이해시키고 결과를 예측해 보는 과정을 통해 자신의 선택이 어떤 결과를 초래할지를 생각해 보며, 관련 피드백을 제공하여 스스로의 선택의 책임감을 키울 수 있도록 해야 한다. 이러한 접근을 통해 비행청소년들이 깊이 생각하는 능력을 기르고 올바른 가치관을 형성하며 신중한 선택을 할 수 있도록 도울 수 있다. 이는 그들이 악순환의 고리를 끊고 선순환의 길로 나아가는 데 중요한 역할을 할 것이다.

┃ 3. 진로 지도: 건강한 사회 구성원으로서의 준비

> "10대에는 능력을 갖추고,
> 20대에는 그릇을 만들고,
> 30대부터는 그릇을 채우면서 살아가는 것이다."

저자가 청소년들과 청년들에게 진로 특강을 할 때 항상 서두에 하는 말이다. 비행청소년들의 지도에서 가장 중요한 것은 진로이다. 그들 역시 청소년이고 성장하는 친구들이기 때문에 진로는 무엇보다 중요하다. 그들에게 과거를 이야기하면 '관심 밖의 듣기 싫은 말을 하는 사람'이 되어 버리고, 현재를 이야기하면 '잔소리를 하는 사람'으로 인식되어 버린다. 하지만 미래를 이야기하면 '자신의 미래를 함께 고민해 줄 수 있는 영향력이 있는 사람'이 된다. 미래를 중심으로 현재의 삶을 되돌아보게 하면 비행청소년들은 거부감을 갖지 않는다.

비행청소년은 돈에 관심이 많고 사업가가 되는 것이 꿈이다. 이를 과거와 현재를 중심으로 이야기하면 다음과 같다.

> "사업? 이런 식으로 살면서 무슨 사업을 하겠다고? 고등학교도 졸업 못 하고, 가진 기술도 없는데 어떻게 사업 자금을 모으고 무슨 능력으로 사업을 한다는 거야? 아직 어려서 세상을 잘 모르나 본데, 그런 식으로 사업하려면 세상에 사업 못 하는 사람은 아무도 없겠다."

이렇게 대화하면 대화의 진행은커녕 관계가 손상되고 마음만 상하게 된

318   **비행의 저주** [그릇된 삶의 기준]

다. 현재의 비행청소년이 답답하게 느껴지며 열심히 노력하고 치열하게 살아야 한다는 것을 알려 주고 싶어 하는 말이지만, 본래의 뜻은 전혀 전달되지 않고 청소년으로부터 공감받지 못한다는 생각만 증폭시킬 뿐이다. 이는 최악의 결과를 초래할 수 있다.

이를 미래를 중심으로 현재로 다가오는 방식으로 이야기하면 다음과 같다.

"돈을 많이 벌고 싶지? 사업가가 되고 싶지 않아? 사업을 잘하고 돈을 많이 벌 수 있는 방법을 알려 줄까? 어떤 사업을 하고 싶어? 그걸 하기 위해서는 무엇부터 준비하면 좋을까?"

이렇게 접근하면 금세 마음을 활짝 열게 된다. 이것이 비행청소년과 가장 쉽게 대화할 수 있는 핵심 기술이다. 과거지향적 교육은 실패한다. 미래지향적 교육을 하면서 현재로 생각의 초점이 이동하도록 하고, 미래를 위해 현재 어떤 노력을 해야 하는지 스스로 되돌아보게 하는 것이 중요하다.

30대가 되어 돈을 많이 벌기 위해서는 20대를 열심히 살아야 하고, 20대에 다양한 경험을 하며 삶의 토대와 근간을 만들어 놓기 위해서는 10대에 잘 준비가 되어야 한다. 이렇게 전략적으로 접근하는 것이 중요하다. 구체적으로, 30대 이후 '자신이 중요하게 생각하는 것을 이루는 삶'을 목표로 설정할 수 있다. 이는 곧 '가치 있는 삶'을 의미하며, 이 과정을 통해 자신의 가치관을 탐색할 수 있는 중요한 기회를 제공한다. 스스로를 중심으로 깊이 생각해 보는 연습을 하게 되는 것이다. 그러한 삶을 실현하기 위해서는 20대에 자신의 그릇을 준비해야 한다. 이 그릇을 만들기 위해서는 찰흙 반죽이 필요하며 이 반죽에는 '인간관계를 잘할 수 있는 능력, 돈을 관리하는 능력, 문제 해결 능력, 대처 능력, 위기관리 능력, 사회의 흐름을 읽고 이해하는 능력'과 같은 다양한 재료들이 들어가야 한다. 이 모든 요소가 합쳐져야 30대 이후에 자신의 그릇을 채워 나갈 수 있는 탄탄한 기초가 마련된다.

이를 받쳐 줄 기반은 10대에 갖추어야 하며 가장 중요하다. 10대에는 '능력을 갖추는 것'이다. 여기서 말하는 능력 能力 은 무언가를 할 수 있는 준비된 힘을 의미한다. 이 능력은 건강한 신체와 마음에서 비롯되며, 건강한 마음은 정체성의 확립, 자존감, 정서 조절 능력, 자신감 등을 포함한다. 정서적으로 건강하게 성장하는 것이 필요하며, 이는 청소년이 안정적이고 긍정적인 자아를 형성하는 데 필수적이다. 또한, 생각하는 힘도 매우 중요하다. 추상적인 개념을 이해하고 생각을 정리하며 조직화하고 변별해 낼 수 있는 능력을 학습 과정을 통해 길러야 한다. 이 과정을 통해 기본적인 읽기, 쓰기, 계산하기 등의 능력을 습득하게 되며, 기본적인 사회화 과정을 배우는 것도 10대에 이루어야 할 중요한 발달 과업이다.

이렇게 다양한 요소들이 자연스럽게 스며들면서 청소년들은 자신의 미래의 꿈을 이루기 위해 무엇을 노력해야 할지 깊이 생각해 볼 시간을 가지게 된다. 미래지향적이고 진취적인 지도는 청소년의 사고를 확장시키고 스스로를 되돌아보는 데 중요한 기회를 제공한다. 이는 그들이 자신의 삶의 악순환을 끊고 그들만의 세상에서 벗어나 성숙한 어른으로 성장하는 변화의 시작점이 된다.

반복되는 악순환

비행의 저주

또다른 악순환의 시작

비행의 배드

MEMO

비행의_늪 # 비행의_공식 # 비행의_저주

MEMO

비행의_늪 # 비행의_공식 # 비행의_저주